우주통일시대 α 처음과 끝 & Ω

한승연 지음

한누리 미디어

국립중앙도서관 출판시도서목록(CIP)

우주통일시대 α & Ω / 한승연 지음. -- 서울 : 한누리미디어, 2008
　p. ;　cm

ISBN　978-89-7969-321-8 03210 : ₩12000

230-KDC4
230-DDC21　　　　　　　　　　　　　　　　　　　CIP2008001554

이 세상에서 가장 작은 것이 있다면 원초적인 생명이다. 미세하고 작은 씨앗 하나가 풍요로운 한 그루의 과일 나무를 만들고, 작은 소리들이 모여 엄청난 교향악을 이루듯이 지구촌 인류도 마찬가지다. 인류 시원의 역사에서 그처럼 천지분간을 하지 못하던 원시인간 조상들로부터 육신 색소를 유전으로 그 혈류가 이어져 나온 것이 현생인류다.

그처럼 동서로 갈라져 진화 성숙해 나온 인간 종자 씨들이 오늘에 이르러서 놀랍게도 문명화된 우주시대를 열어가면서 과거 여호와의 물질인간 창조 모습을 그대로 재현해 보이고 있는 현대인들의 지적 설계는 과거 하늘과 땅을 자유자재로 오르내리며 자신의 성호를 빛내던 창조신들, 그 4차원의 지적 의식 수준에 도달해 있다.

그것이 바로 각 족속의 창조신들이 목적하고 고대하던 피조물들의 의식 진화로써 비로소 본자연(本自然)으로 회귀하는 하나님이 목적한 우주만물 삼천대세계가 하나로 완성도에 이르는 우주통일시대로 진입해 들어가고 있는 현상임에는 틀림이 없다. 그 징조가 많은 경전들에서 예언하고 있는 지구 종말의 말법시대, 그것이 바로 알파와 오메가로 하나님이 목적한 추수의 계절이라고 했다.

그때를 목적하고 본체신(영계) 하나님이 세상이라는 밭에 이른 봄에 종(신계)들을 내려 보내 물질인간(인계) '종자 씨'를 뿌리게 했으며,

그 잎새들이 무성해지는 여름, 성자들을 내려보내 종들이 심어 놓은 인간 종자들을 알곡으로 익히기 위해 영생하는 하늘나라 호흡의 생명수를 뿌리게 했었음을 예수께서는 주인이 농사짓는 비유를 들어 말씀하신 것이다. 그래서 마지막 추수 때에는 주인이 직접 알곡과 쭉정이를 고르는 타작마당에 출현할 것이라고 했고, 그것이 또한 모든 경전들이 예언하고 있는 천지개벽으로 말세론이고 보면, 그 예언의 말법시대 그리스도 예수의 형상을 이룬 진리체 알곡(神人)들을 모아 새롭게 하나님 진리의 나라, 지상천국을 이 땅에서 펼친다는 것이 알파와 오메가의 성공시대라고 했다.

그때에 알곡으로 익어 진리체로 거듭난(탈겁) 자들이 의인으로 성부 하나님이 기뻐하시는 아들의 반열에 오르게 된다는 것을 그리스도 신약 복음에 담아 두고 있다. 그것이 바로 한 알의 밀알이 땅에 떨어져 썩으면 많은 열매를 맺는다는 자연의 이치로 그 사랑나무 씨알을 심기 위해 세상에 출현하여 성체에 물과 피를 흘린 성자 예수였고, 그래서 십자가 위에서 마지막 운명의 순간에 "다 이루었다"고 하신 그리스도 말씀의 의미를 오늘날 우리가 되새김질해 보아야 할 것이다.

이제 그 지혜를 얻기 위해서 많은 독자들이 '우주통일시대 알파와 오메가' 를 열어가는 시대 변천사의 현장을 함께 지켜봐 주었으면 하는 마음 간절할 뿐이다. 지구촌에 널리 알려져 있는 성경 신·구약 속에는 삼천대세계가 하나로 연결 고리를 잇고 있으면서, 조화주 하나님이 지상낙원을 이루기 위한 천지공사(天地工事) 역사의 현장이 눈부실 만큼 가득히 펼쳐져 있기 때문이다.

자! 이제 '나' 라는 인간생명체가 어디서 와서 어디로 가는가?

생명의 근원자리를 찾는 것은 우리 독자들의 몫으로 남겨두고 싶다.

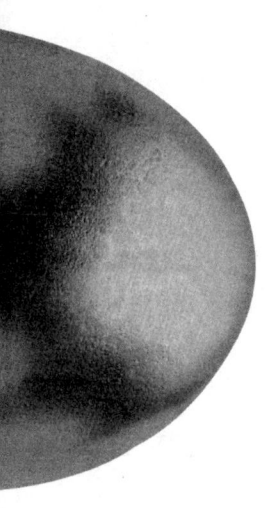

우주통일시대 α 처음과 끝 & Ω

Contents

작가의 말 · 3

프롤로그 ··· 7
1부 여호와 하나님과 조화주 하나님 ····················· 13
2부 유일신론 비판의 화살 ···························· 25
3부 현대 과학이 밝혀낸 우주 원소 ··················· 41
4부 인류 시원 에덴동산의 비밀 ····················· 70
5부 여호와 하나님과 이방족속의 신들 ················ 102
6부 신화 같은 각 민족 뿌리 역사 ··················· 136
7부 우주 4차원의 지성 ···························· 175
8부 신과 인간의 함수관계 ························· 217
에필로그 ·· 253

우주통일시대

α & Ω 처음과 끝

돈, 물질이 세계를 지배하는 시대다. 이러한 시대에 종교란 과연 무엇인가?

오늘날 우리는 그리스도를 상징하는 십자가에 불을 켜고 세워지는 수많은 교회들을 보면서 문득 세계적인 서양의 철인 F.W 니체가 한 말을 떠올려 보게 된다.

'기독교도는 단 한 사람 밖에 없었다. 그리하여 그 사람은 십자가 위에서 죽었다. 그 이후, 복음이라고 불리어지는 것은 이미 그가 살아온 것의 정반대, 즉 화음이었다.'

참으로 깊이 음미해 볼 말이다.

하지만 예수께서는 그것이 말세에 일어날 징조라는 것으로, 제자들에게 귀띔하시기를 "말세에 참 믿는 자를 보겠느냐" 하신 것이고 보면, 그리스도 복음의 진리, 그 가르침을 바로 알고 믿는 자들이 오늘날 그 많은 교회들 속에서 얼마나 되는 것인지 다시 생각해 보게 하는 말이다.

그런 의미에서 어느 책에서 읽은 〈미래에의 위험〉이라는 한 토막의 이야기를 떠올려 본다.

어느날 많은 신문 기자들이 구세군의 창립자인 윌리암 부드 장군에게 특별 기자 회견을 요청했다.

부드 장군이 기자 회견장에 모습을 드러내기가 바쁘게 한 기자가 기다렸다는 듯이 질문을 했다.

"다가오는 미래에 있어 가장 큰 위험은 무엇인지 장군의 의견을 말씀해 주십시오."

늙은 장군은 마치 하나님의 영감이라도 받은 듯 번개와 같이 대답했다.

"이 세계에 다가올 가장 큰 위험은 교회가 세계에 주게 되는 것들입니다. 그것은 거듭남이 없는 용서를 제공하는 철학적 기독교와 그리스도 없는 기독교, 그리고 성령이 없는 기독교와 하나님이 없는 정치, 지옥이 없는 천국을 주게 되는 것입니다."

그가 말한 미래에의 위험, 이제 우리 주변은 어쩌면 그가 말한 그대로 그리스도 없는 기독교회들로 성부 하나님의 아들이 아닌, 신(여호와)의 노예로 만들어 종의 나라를 만들어가는 일에 열중하고 있는 것인지도 모른다.

기독교의 스승 그리스도는 분명히 그의 입에서 나오는 말, 즉 진리를 듣고 깨닫는 자는 신의 종이 아니라, 그리스도께서 형제라 부르기를 부끄러워하지 않는 성부 하나님의 아들의 반열에 오르게 된다는 것이 신약복음의 말씀이다.

그런 뜻에서 "말씀을 받은 자를 신이라 하였거늘" 하시고 영원한 하늘나라 기업의 상속을 얻지 못하는 영계의 종, 신계에 의해 창조된 피조물들을 신의 소생으로 탈겁(거듭남)시켜 주기 위해서 그가 세상에 온 것이라고 했다. 그것이 인류구원이라는 그리스도 신약복음이 담고 있는 진리로서 "목마른 자는 내게 와서 마시라" 그리고 "먹고 마시는 자는 살아나리라"고 말씀하신 것이다.

바로 이것이다. 신약복음에서 전해 준 그리스도 새 계명이라는 영혼법은, 허망한 인간 육신 안에 내재된 영혼 생명력의 불씨 곧, 참 '나' 의 실체를 눈 뜨게 하여 인간성 회복으로 신성을 이루게 해 준다는 것으로, 그 말씀을 듣고 깨닫는 자는 영생을 얻으리라고 하신 것이다.

이것이 그리스도 예수가 세상에 출현하여 제자들에게 족속을 초월하여 전파하라는 하늘나라 복된 소식으로 신약 복음서 안에 담고 있는 성부 하나님의 우주정신이라는 '사랑' 이며 기독교 정신이다. 그러므로 그 영혼법의 정신을 듣고 깨닫는 자는 성자 예수가 영존하시는 성부 하나님의 아들인 것같이 영혼 생명을 얻어 하나님의 종자 씨로 거듭남을 받게 된다는 것이 그리스도의 메시지다.

그러나 오늘날 세계의 기독교 신학자들은 인간 영혼 생명을 불어 넣어 줄 수 없는 성부 하나님의 종복들이 지구에 내려와 각기 구획을 긋고 인간 종자 씨를 뿌리고 다스려 오던 구약의 세계관과 성자 신약복음의 세계관을 하나의 세계관으로 묶어 지엽적인 유대족의 민족신 여호와를 성자 예수가 지칭한 전 우주적인 성부 하나님으로 왜곡시켜 지구촌에 전파함으로써, 모든 민족이 유대족의 조상 아담과 이브로부터 비롯된 한 자손이라고 설파하고 있다.

하지만 지구촌은 각 민족마다 유대민족 뿌리 역사인 구약성경이 기록하고 있는 상황전개나 조금도 다를 것이 없는 고유의 전설 같은 뿌리 역사를 나름대로 가지고 있다는 사실이다.

그것이 실재성이 없는 신화로 꾸며진 이야기라고 한다면, 구약성서 속에서 보여주는 유대족의 조상신 여호와의 물질인간 창조 역시도 마치 신화 같은 이야기로 우주시대를 열어가는 현대인의 시각에서는 합리성이 없는 '비과학적'인 것이라고 부정할 수밖에 없을 것이다.

특히 구약성서 속에 수없이 등장하는 수많은 신들의 이름과 그들이 전개하는 행사를 과학적으로 입증하기에는 너무나 불가능한 이야기로 신화적이기 때문이다.

그러나 그것이 부정할 수 없는 유대민족의 뿌리 역사로 인류시원에서 동서가 그와 조금도 다를 것이 없는 신화적인 요소를 내포한 신인합발의 시대가 있었음을 구약성서 속에서 밝혀 볼 수가 있다.

이처럼 동서의 종교는 그 밑바탕에 신화성을 두고 있으면서, 특히 기독교 구약성서 속에서 무수히 많은 신들이 등장하며 인간과 대화를 나눈 이야기들을 어느 민족이나 그 뿌리 역사에서 공통적으로 가지고 있고, 그로부터 형성된 민족 뿌리 정신이 지구촌 각 민족 문화를 이루어 나왔다는 것을 특히 구약성서 속에서 유추해 볼 수 있게 하고 있는 것이다.

이처럼 서양에 성자 예수 출현으로 신약시대가 열리기 전 천상의 신들이 지구에 내려와 각기 민족을 이루고 그들에게 민족정신으로 심어준 유일신 사상의 정신은 우주 자연 섭리 속에 일대사를 인연한 부분집합체였음을 구약성서를 통해 유추해 볼 수 있게 한다는 사실이다.

특히 신약 복음에서 예수께서는 여호와를 절대자 천주 하나님으로 믿고 있는 이스라엘 백성들을 향해 "너희가 그동안 본질상 하나님이 아닌 자들에게 종노릇하였더니……" 하신 말씀이 그 이치를 더욱 분명히 해 주고 있다고 할 것이다.

예수께서 말씀하신 '본질상 하나님이 아닌 자들' 이란, 본체이신 성부 하나님의 종들이 주인의 뜻에 따라 지구에 내려와 인간 '종자 씨'를 뿌리고 가꾸던 역사시대 기록이 구약성서로 하나님 종들이 각기 일구고 가꾸어 나온 씨 밭, 그 족속으로부터 '절대자' 하나님으로 영광을 받아오던 시대, 그 역사서임을 말씀해 두고 있다.

그처럼 엄연히 세계관이 다른 성경 신·구약을 서양 신학자들이 하나의 세계관으로 묶어 설파함으로써 성자 예수가 지칭한 "내 아버지는 사랑이시라"고 한 대우주적인 성부 하나님의 실상을 바로 볼 수 없게 할 뿐만 아니라, 지구촌 각 민족의 뿌리 역사까지도 불투명하게 왜곡시키고 있다는 사실이다.

그러나 성경 신·구약은 지구촌 인류문명의 발전사와 민족 뿌리 시원을 보다 분명히 밝혀볼 수 있게 해 주고 있으면서 오늘날 현대 과학자들과 인류가 그처럼 두려워하는 지구 미래의 상황까지도 신들의 입을 통해 예언해 두고 있다.

그러한 대우주적인 성부 하나님의 섭리를 밝혀 보기 위해서는 먼저 구약시대에 등장하는 하늘 '사람' 선지자들의 예언이란 무엇이었으며, 또한 신약성서 속에서 성자 예수의 예언이 과연 무엇을 암시해 두고 있는 가를 나누어 보는 안목의 지혜가 필요할 것이다.

구약성서 속에는 지구촌에 유전인자 색소를 달리한 오색인종의 창조신들이 그 민족을 어떻게 이루어 나왔는가 하는 것을 미루어 짐작해 볼 수 있게 하는 기록들이 원시형태 그대로 진솔하게 묘사되고 있고,

그리스도 신약 복음서에는 허상뿐인 육체를 위해 사는 삶은 쾌락을 추구하며, 영생하는 아름다운 영혼을 위해 사는 삶은 고뇌가 따른다는 것으로, 자기 몫의 십자가를 부인하지 않고 진리의 좁은 문으로 들어가는 자는 영생을 얻으리라는 하나님 약속이 그 속에 담겨져 있기 때문이다.

1부

여호와 하나님과 조화주 하나님

우주통일시대
α & Ω 처음과 끝

이 세상의 모든 악은 언제나 선으로 위장하여 스며든다고 했다. 예수께서 예언으로 말씀해 둔 적그리스도라는 거짓 성직자들도 마찬가지다. 찬란한 진리의 이름으로 사람을 유혹하고 신비한 기적이라는 소리로 사람을 미혹케 한다.

진리의 실상을 바로 알지 못하는 것처럼 어리석고 무서운 형벌은 없다. 그러한 망령된 악에 깊이 물들면 그 악을 바로 분별해 볼 수가 없기 때문이다.

그래서 활활 타오르는 불길 속을 향해 들어가면서도 천국의 꽃밭 속을 연상하는 기쁨이 잠시 후면 그 반대편에 서 있게 된다는 사실조차 까마득히 모른 채, 그것이 진리가 주는 기쁨이라고 확신하며 또 그렇게 말하며 전하기를 서슴지 않는다. 그러한 신앙의 오류, 오늘날 서양 신학자들은 이스라엘의 유일신 여호와를 태초 빛으로 천지와 만물을 창조하셨다는 조화주 천지 부모 하나님과 동일시하는 무지의 오류를 범하고 있다.

그러한 서양문화 기독교리는 유대족의 조상 아담을 인류의 조상이라고 오늘날 지구촌에 전파해 오고 있다.

그러나 인간 존재 시원의 문제를 놓고 세계 인류학자들은 인류의 시조가 과연 서양 성서학자들의 주장대로 여호와 신의 창조물이라는 그 '아담' 일까? 하는 논제를 가지고 그에 대한 연구를 거듭하고 있다.

서양 기독교 성서학자들에 의해 풀이되고 있는 인종의 시조와 생명체의 기원은 성서 창세기 2장을 바탕으로 그 시간대를 6천년으로 하고 있다. 하지만 그것은 어디까지나 왜곡된 서양 기독교 문화가 성서를 잘못 해석하고 있는 것으로 서양 과학자들은 그 문제를 놓고 고려해 보지 않을 수 없게 되었다.

오늘날 지구 도처에서 발굴되는 수천만 년 전의 고대 생명체의 실증인 반화석체들이 수백만 개에 이르고, 전 세계 박물관과 실험실에서 지금도 연구되고 있기 때문이다.

그 반화석체들을 성서 여호와의 '창조론' 시간대 역사에 맞추었을 때는 너무나 거리가 먼 이야기임에 틀림이 없다. 그와 일치점을 이룰 수 없는 시간대의 역사를 두고 일부 기독교 성서학자들은 "측정하는 방사성 탄소기계가 얼마나 신빙성이 있는 것이냐?" 하고 그것을 오히려 부정하려는 측면에 서 있다.

그러나 현대의 문명 과학의 방사성 '시계' 가 화석의 연대를 수백만 년이나 틀리게 측정하는 시대라면 과거 아득하게 바라보던 우주 속 달나라를 로켓으로 오고 갈 수 있게 된 사실조차 부정적으로 의문을 가질 수밖에 없다는 이야기다.

이렇듯 기독교 창조론 해석과 과학이 일치점을 이루지 못하는 문제점 속에서도 과학자들은 과거 '진화론'에서 '창조론' 쪽으로 서서히 그 시각을 돌리고 있다.

이렇게 생명의 본질이라는 우주 기원의 문제에서 서양 과학자들은 종교적인 해석과 그 합일점을 아직도 찾아내지 못하고 있는 채 진화론과 창조론을 가지고 거듭 연구를 하고 있다.

그처럼 일부 과학자들이 진화론에 대해서 회의적인 면을 보이는 이유는 사고하게 하는 인간의 뇌야말로 만물의 영장이라고 할 만큼 단세포 동물의 것과는 다르게 정신력을 만들어 내고 조절, 관장하는 대뇌의 신경세포에서도 고등 동물들일수록 대뇌신피질이 잘 발달되어 있다는 점이다.

그처럼 미세한 인간 세포 정자 하나가 그토록 반짝이며 사고하게 하는 정신을 가지고 한 생명체로 태어나 그 많은 지혜와 영감으로 창조성을 발휘한다는 것은 그 누군가에 의해 설계된 특수 작품이라고 할수밖에 없다는 것으로 그만큼 인류 시원의 문제는 결론의 한계에 봉착해 있는 것이 사실이다.

인간의 뇌는 신비의 존재라고 할 만큼 작은 머리 속에 동시에 전달되는 수백만에 달하는 정보를 손쉽게 소화, 처리하는 신경망 망상체 부서기관이 있어 뇌로 쏟아져 들어오는 각종 정보를 점검해서 걸러낸다고 한다.

그러한 뇌의 기능은 거기에서 중요한 정보는 따로 대뇌피질에서 골라내는데 이 작은 신경망에서 걸러 들어간 정보가 일초에 수백만 개로 인간 정신 의식 속에 저장 입력되면서 인체의 모든 기관의 행사에 연결을 짓고, 인체의 모든 것을 총괄한다는 것이다.

이처럼 정밀 정교한 인간의 뇌야말로 이 지상에 존재하는 어떤 사물보다 신비스럽고 놀라워 과학자들은 그 신비 앞에서 우주의 어떤 지성의 개입이 없이는 도저히 그러한 설계를 할 수 없다고 경탄하기에 이르면서, 정밀한 인간 두뇌구조 그대로를 모방해서 만들어 내놓은 것이 오늘날 과학자들이 창안해 낸 컴퓨터라고 했다.

그래서 창조론을 무시하던 진화론자들도 어떤 미생물체가 많은 세월을 거듭하는 동안 돌연변이로 진화된 것이 인간이라는 주장에서 서서히 물러나 그 어떤 지성의 개입에 의해서 제작되었을 것이라는 쪽으로 기울어지고 있다는 것이다.

그만큼 인간 두뇌의 조직에 대해서 어떤 과학자들은 절대자의 창작품이며 기적이라고 밖에 달리 표현할 수가 없다는 것이다. 그러한 창조주의 기적을 인간 역시도 자손을 낳아 만들어 보이는 인간의 행위가 바로 대우주와 연결된 지구의 작은 창조주임을 시사하고 있는 것이다.

세계적인 물리학자 H.S 럽슨은 생물의 자연발생 가능성에 대해서 이렇게 말했다.

"받아들일 만한 유일한 설명은 창조론뿐이다. 나는 이것이 물리학자들에게 금기라는 것을 안다. 내게도 참으로 그러하다. 그러나 우리는 실험상의 증거가 지지하는 한 우리가 싫어하는 이론이라고 해서 물리쳐서는 안 된다."

그런가 하면 카르디프대학 찬드라 위크라매싱히 교수는 그 견해를 다음과 같이 말했다.

"내가 과학자로서 훈련을 쌓기 시작한 시초부터 과학은 여하한 의도적 창조와도 일치할 수 없다고 믿도록 매우 강력하게 세뇌 당하였다. 매우 고통스럽기는 하지만 그 개념을 내버리지 않으면 안 되게 되었다. 내 정신 상태는 매우 거북한 입장에 처해 있다. 그러나 거기에서 빠져 나갈 만한 논리적인 방법이라곤 없다. 생물이 지상에서 우발적인 화학결합으로 생긴 것이라 함은 전 우주의 모든 행성에 있는 모든 모래밭에서 하나의 특정 모래알을 찾아다니다가 그것을 발견하는 것과도 같은 것이다."

그리고 그는 다시 덧붙여 말했다.

"우주적 규모의 창조물이라고 말하는 것 외에는 생명체 내에 화학물질들이 정교하게 배열되어 있는 것을 이해할 수 있는 다른 방법은 없다."

이렇게 세계의 과학자들이나 생물학자들은 이제 어떤 커다란 지성의 개입에 의해서 생명체가 설계, 창조된 것이라는 쪽으로 관심을 가지고 기울어져 가고 있는 것이 사실이지만, 아직도 상당한 논란 속에 봉착해 있는 것도 사실이다.

그것은 그들이 유일신론인 서양정신문화 속에서 살아온 때문으로, 구약성서 창세기 6000년을 훨씬 넘어 수백만 년 전에 지구에 생명체가 이미 존재했었음을 인류 고고학자들이 지구 도처에서 발굴해 내고 있는 사라진 동식물의 화석체들이 그 의문을 제시해 주고 있기 때문이다.

고고학자들이 발굴해 낸 기원전 고대 초기 인류 화석에서 나온 '골'의 특징은 지구 인류의 시조라는 아담 이후의 시대에서부터 나온 두개골과는 전혀 다른 하나로, 원시 '호모사피엔스'라고 했다.

그 뼈의 유전인자 염색체 분석결과에서 지구의 모든 남자들이 가지고 있는 Y염색체가 없다는 것으로, 최소한 6만년 전에 존재했던 고대 인간 생명체의 유전자라는 견해는 지구 최근에 속하는 아담의 후예들이 아니라는 것을 입증해 주고 있다는 것이다.

그러한 인류 생명체의 존재 연구에 대해서 〈인도 문명의 수수께끼 토다족〉에 관한 기사는 이렇게 싣고 있다.

"인도에 인간이 살기 시작한 것은 매우 오랜 시대의 일이라고 한다. 1,400 ~ 800만년 전의 호모사피엔스(인류) 화석이 발견된 것과, 1922년 인더스 문명의 발상지라는 하랍파 모헨조다로의 발굴 등이 잇달았으나 아직도 풀 수 없는 수수께끼들이 많다."

바로 이러한 인류 고고학자들의 연구는, 그렇다면 과연 어떻게 하여 그러한 유전적 인간 변이의 호모사피엔스라는 생명체가 과거 지구에 존재하게 되었던 것일까? 하는 의문의 숙제를 제시해 준다.

그들 역시도 오늘의 현생인류처럼 지구에 분포되어 한 시대를 열고 존재해 왔었음을 중동이나 아시아, 그리고 아프리카 등지에서 뿐만 아니라 지구 도처에서 발굴되고 있는 그 화석체들이 말해 주면서, 그들이 남긴 유적들 또한 흥미로운 수수께끼로 그 의문을 던져주기 때문이다.

이처럼 지구촌은 태고로부터 전해 내려오는 수많은 신화 같은 전설과 함께, 오늘 현재도 지구 도처에서 발굴되는 불가사의한 기원 미상의 유적과 비지구형 문화유산들이 구약성서 창세기 이전에도 지구에 4차원 세계의 신들이 내방해 왔었음을 그 흔적들로 미루어 짐작해 보게 한다는 것이다.

하지만 고대 사람들은 그러한 신의 내방 흔적을 신화적으로 생각하였고, 이후 문명이 발달된 현대인들은 논리적으로 신빙성이 없는 다만 신화적 이야기로 웃어넘기고 있다.

신화란 비유적인 이야기로 신화(myth)의 어원인 무토스(muthos)와 논리(logic)는 본래 다 같은 '이야기' 라는 의미로 이것을 증명한다고 했다.

오늘날 서양이 발전시켜 나온 물질과학 문명의 '과학적 합리성' 은 동양과는 달리 인간 자체 속에 내재한 '무제한성' 의 정신문명 앞에서 서양 신학자들의 인류 시원의 창조론을 놓고 재고하지 않을 수 없는 상황에 이른 것이다.

서양의 기계적으로 전문화된 종적인 첨단과학문명은 인류문화의 편의에 크게 기여해 온 것이 사실이지만, 그처럼 인류 시원의 문제를 기술해 놓고 있는 창세기 기술을 밝혀내지 못하고 있기 때문이다.

그러나 서양과는 달리 동양의 횡적인 삼일철학은 곧 하늘과 땅과 사람이 하나에서 비롯되었다는 우주 영혼사상으로 성서가 기술해 놓은 창세론을 과학적으로 일치시켜 가며 밝혀볼 수 있게 한다는 사실이 주목을 끈다.

이러한 동양철학의 신비에 서양이 낳은 철인 토인비는 죽어 다시 태어난다면 동양철학에 심취해 보고 싶다고 말했을 정도다.

이러한 우주만물 근원의 진실은 창세기 1장과 2장으로 나누어 생명체의 '대원인' 빛의 창조주 하나님과, 유대족 창조신 여호와가 지구에 내려와 물질계를 여는 창조 세계관이 분명히 다름을 기록해 두고 있다.

창세기 1장의 창조는 분명히 태초의 '빛' 이 우주와 만물을 창조해 나가는 이름 없는 조화주 하나님의 창조 세계관이다. 그러므로 그 빛이 우주와 만물을 다섯째 날에 이르기까지 창조하고 여섯째 날 그것들을 다스리고 관리할 종의 신분인 신계를 창조했음을 창세기 1장에서 기록하고 있다.

이렇게 태초의 빛, 그 '이데아'라고 부르는 형태 없는 하나님 말씀 (Logos)으로 창조했다는 하늘 '사람'이 번성하여 각기 그 성호를 붙이고 지구에 내려온 천상의 '신'이라는 존재들임을 창세기 1장과 2장으로 나누어 밝혀 볼 수 있게 한다는 사실이다.

창세기 1장에서 태초 하나님 빛의 로고스로 창조된 하늘 사람 신들은 '하나님의 신'과 '수면'으로 대별하고 있는 음양의 이치에 따라 하나님의 형상을 따라 남자와 여자가 동시에 지음을 입었다고 했으며, 또한 창조와 동시에 조화주 하나님의 숨결인 우주 지성을 부여 받았기 때문에 지구에 내려와 그들이 창조성을 보인 물질 인간들처럼 무지하지 않았다는 사실이다.

그것이 대자연계를 다스리게 하기 위해 조화주 하나님이 태초 빛의 말씀으로 천상의 사람, 곧 그 신계를 창조한 목적임을 창세기 1장 성구에서 분명히 나타내 주고 있다.

창세기 1장에서는 하나님 말씀으로 지은 사람에게 창조와 동시에 다스림의 권세를 축복으로 주었다는 것이었고, 그들이 번성하여 하늘과 땅을 정복하고 다스려 온 하늘 권세자들로 각기 그 성호를 나타내고 있음이다.

그들이 태초의 빛, 곧 창세기 1장에서 '우리'로 복수형을 나타내는 하나님의 '일곱 영' 그 부분집합체인 색소의 유전인자를 달리하고 창조된 천상의 '사람'으로 체계적인 하늘 정부를 세우고 있음을 구약성서를 통해 유추해 볼 수 있게 한다는 사실이다.

그래서 세상은 하늘나라 그림자 형상이라고 한 것으로 지구촌은 그 색을 달리하는 창조신들의 호흡이라는 그 유전인자 염색체에 의한 5색 인종들이 번성되어 나온 것이며, 그것이 조화주 하나님 섭리에 의

한 것임을 창세기 1장 기록에서 나타내 주고 있는 것이다.

이렇게 그 색을 달리하고 성호를 붙인 신들은 전 우주적인 하나님이 아니라 각자가 부분적인 사명을 맡은 천상의 사람, 곧 신으로서 지구에 내려와 물질계를 여는 모습을 창세기 2장 4절에서부터 기록하고 있음이다.

그렇기 때문에 창조의 세계관이 1장과 2장으로 나뉘어져 그처럼 창조의 세계관이 다름을 보여주는 2장에서의 여호와 신의 물질인간 창조는 엄연히 창세기 1장에서 조화주 하나님이 '빛'의 말씀으로 천지와 만물을 다 이루고 '쉼'으로 안식에 들어가셨다는 그 이후부터의 기록이다.

그런데도 성서학자들은 지엽적인 사명을 받고 이스라엘을 세운 여호와를 전 우주적인 전지전능하신 하나님으로 해석하고 있으면서 그 여호와 신의 창조물 '아담'이 지구촌 전체의 인간 시조라는 논리를 펴고 있는 것이다.

그러나 오늘날 문명사회에서 인류 고고학자들의 연구는 성서학자들의 논리적이지 못한 견해와는 다르다. 그래서 지구에 생명체가 존재하게 된 기원은 인류의 조상이라는 '아담' 그 훨씬 이전부터 존재해 왔었음을 지구 도처에서 발굴해 내고 있는 동식물의 화석체들과 기원 미상의 유적들이 입증하고 있다는 반증을 내놓고 있다.

고고학자들이 내놓는 실증적인 고대 화석체의 증거물에 인류시원을 6000년대로 놓고 보는 성서학자들의 입장에서는 난해한 숙제일 수밖에 없다.

하지만 그것은 많은 현자 성인들이 예언하고 있는 지구 최후의 종말론 같은 생명체의 멸종 위기가 이 세대 그 훨씬 이전에도 지구에 거듭 있어 왔었음을 나타내 주는 분명한 증거물이라고 할 수 있을 것이다.

신약 복음 성서 예언에서 "이 세대가 다 지나가기 전에" 있을 것이라는 그 불 심판의 천지개벽, 그 지구 종말론의 징후는 사실상 21세기 벽두에서부터 급격한 기후 변화와 온난화 현상으로 지구촌 곳곳에 지진과 침수 등의 그 이변현상을 나타내 보이고 있기 때문이다.

그러한 재앙 경고는 1988년 세계기상기구(WMO)와 국제연합환경계획(UNEP)이 공동으로 창설한 '기후 변화에 관한 정부간 패널'(IPCC)이 기후 변화에 관해 인류 역사상 가장 암울한 전망이 담긴 보고서를 잇달아 내놓아 충격을 주고 있다.

보고서에 의하면, 2100년까지 지구 평균기온이 1.8 ~ 6.4도, 해수면은 18 ~ 59㎝ 상승할 것이라는 내용으로 태평양의 섬나라, 방글라데시, 네덜란드 등 저지대 국가들은 침수 위기를 맞게 될 것을 예상하고, 아시아에서만 1억 명 이상이 식량난을 겪고, 세계 인구 절반이 물 부족에 직면할 것이다, 라는 경고다.

세계기상기구는 기후 변화에 관련된 과학적, 기술적 사실에 대한 평가를 제공하고 그 대책을 마련하기 위한 유엔 산하 정부간 협의체로 1990년 1차, 1995년 2차, 2001년 3차에 이어 2007년에 4차 평가 보고서를 낸 것이다.

이 보고서에 113개국이 동의 표명했으며, 6년 동안 130개국 과학자들 2500여명이 보고서 작성에 참여하여 발표된 것이다.

또한 최근 폐막된 다보스포럼도 "기후 변화는 앞으로 10년간 최대 2500억 달러의 경제 손실이 예상되고 세계 경제는 매년 GDP 가운데 5%를 잃게 된다."고 경고했다.

이러한 과학자들의 보고서에 미래학자들의 예고도 만만치 않다. 진짜 문제는 기상재난과 물 부족, 환경난민 이주 등이 불러올 국제적 긴장과 패권의 변화다.

'세계 3차 대전은 물 때문에 발생할 것이다.'

거기에 언론 사설은 지구에 발을 딛고 사는 인류로서 인간이 초래한 재난에 책임을 느끼는 자세로 문제에 대처해야 할 시점으로, 기후 재앙에 인한 인류적 경각심이 필요하다고 말했다.

이것이 모든 종교의 경전들이 경고해 두고 있는 지구 종말론의 예언으로 금세기에 들어와 유례없는 이상난동의 급격한 기후변화는 말세에 나타날 현상임에는 틀림이 없다고 하겠다.

이러한 지구 기상이변의 현상을 이미 감지해 온 일본의 고토벤이라는 지질학자는 북극 빙하가 녹아내릴 수 있는 상황을 예고하는 수준을 넘어 이미 '진행 중'임을 알고, 섬나라인 일본의 일부분이 바다로 침수될 것에 대비한 해상도시를 오래 전부터 은밀하게 준비해 온 것으로 전해지고 있다.

세계 과학자들의 이와 같은 경고는 빙하가 현재의 추세대로 녹아 해수면이 상승하면 산호초 섬뿐 아니라, 중국 상하이, 아르헨티나 부에노스아이레스 같은 도시 역시도 그 일부가 물에 침수될 가능성이 높아지고 있음을 보고하고 있다.

이제 지구 온난화 현상으로 인한 지구재앙은 '일어날 수 있는 상황'을 예고하는 수준을 넘어 이처럼 진행되고 있음을 분명히 하면서, 기후 변화 재앙에 대비할 시간이 그리 많지 않다는 점을 강력한 메시지로 전하고 있다.

그와 같은 세계 과학자들 보고서에 의한 예상은 지구상에서 인간과 더불어 살고 있는 동물과 식물 가운데 상당수는 멸종하고 교과서에서

만 볼 수 있는 공룡처럼 사진으로만 남게 될 것이 금세기 말의 모습일 것이라고 경고했다.

그것은 모든 종교에서 말해 온 지구 종말론으로 눈앞에 천지개벽의 시간이 도래하고 있음을 이제 과학적으로 입증해 주고 있다 할 것이다.

오늘 과학자들의 그와 같은 보고서에 그린피스 관계자는 '이전의 보고서가 잠을 깨우는 전화였다면, 새 보고서는 절규하는 사이렌'이라고 말했다.

이처럼 지구 재앙의 경종이 울리고 있는 사이렌 소리와 함께 지구촌은 '종교 전쟁'에서 비롯된 '테러와의 전쟁'으로 더욱 암울해져 있다.

그것은 특히 유일신론을 주장하는 서양문화권이 만들어낸 '종교적 망상'에서 비롯된 것으로서 지구의 나이를 현대과학과는 맞지 않는 성경 6000년의 역사에 맞추는 성서학자들의 태도가 오히려 종교의 월권을 조장하고 있다는 비난을 학계로부터 받기에 이르렀다.

지금까지 서구 신학자들의 성서 해석은 우주 시원의 창조론에서도 과학자들이 내놓은 지구 생성의 시간대와는 그처럼 거리가 먼 것이 사실이며, 또 성서 해석의 오류 역시도 무수히 많지만 만고불변의 진리는 오직 하나뿐이다.

우주통일시대

α & Ω 처음과 끝

이제 문명사회의 현대인들은 유일신론을 주장해 온 기독교를 향해 인류 역사를 원시적으로 퇴보시키고 있다는 비난을 쏘아 올리면서 그 논리의 원시성을 과감하게 비판하고 나서기에 이르렀다.

현대 물리학에서나 천문학자들이 보는 우주의 기원은 150억년으로, 이러한 과학자들의 견해와는 달리 하늘과 땅, 그리고 지구 최초의 인간이 신으로부터 창조된 시간대를 6000년으로 보는 신학자들의 논리는 어불성설이라는 것이다.

이러한 과학자들의 비판은 '유일신' 주장의 교리가 현대인의 의식을 미신적 원시신앙으로 퇴보시키고 있다는 것이며, 그러한 반론에 대중적 종교인들은 위험한 망언이라고 반발했고, 교황 베네딕토 16세조차 그리 했다.

하지만 이제 과거와는 달리 문명화된 현생 인류는 논리에 부합되지 않는 종교는 미신이라고 고개를 돌리기에 이르렀다.

그만큼 현대인들은 합리적이지 못한 서구 유일신 논리에 '왜?' 라는 질문을 던지게 되었고, 지금까지 그래 왔듯이 '성직자' 들은 신의 이름을 내세워 '의심은 죄니라' 하고 과거에 그래 왔듯이 무조건적인 맹신을 강요하지만, 이제 4차원의 신문명 시대로 돌입해 들어가고 있는 현대인들의 지적 의식은 변화를 보이기 시작한 것이다.

서양문화권 속에서 만들어져 나온 기독교리의 원시성을 비판하게 되면서 '유일신' 에서 깨어나야만 진정한 자아를 찾음과 동시에 인간 존엄성을 회복함으로써 인류평화를 기대할 수 있다고 말하기를 주저하지 않고 있다.

오늘 진보 발전된 현대인들의 의식에 대두되고 있는 것이 바로 '지적설계론' 으로 1990년 이후 새롭게 등장한 과학이론이다. 그 논제는 서구 신학이 합리적이지 못한 생명의 기원과 복잡성에 대해 과학적 이론으로 반격하고 있는 종교와 과학의 대결 구도인 것이다.

현생 인류가 우주시대를 열어가는 오늘, 이러한 인류 시원의 복잡성에 대한 문제는 유물론 세계관에 큰 영향을 끼쳐 온 찰스 다윈의 '진화론' 에 대한 반론도 제시하면서 지금도 계속되고 있다.

그것은 인류의 자존심을 추락시킨 이론이라는 것으로 찰스 다윈의 진화론이나 성서학자들의 유일신에 의한 창조론이나 모두 이치적이지 못하다는 것이 현대 과학자들의 견해다.

그래서 지구촌 5색인종이 여호와 신의 창조물인가? 자연발생적인 동물의 진화인가? 하는 반론의 논쟁이 지금까지도 계속되고 있다. 하지만 이러한 논란은 놀랍게도 성경 신 · 구약을 통해서 분명히 밝혀볼 수 있게 한다는 사실이다.

문제는 성서 창조론의 이해의 과정에서 서구 신학자들이 창세기 1장의 기록을 원시적으로 바로 해득하지 못한 관계로 명쾌한 해답을 제시해 주지 못한 채 논란의 시비를 만들어 나오게 했음을 발견하게 된다는 데에 있다.

　창세기 1장은 서구 신학자들이 설파하고 있는 유일신론 주장과는 전혀 다른 우주 생명의 존재 근원에 대해서 태초의 빛으로 우주와 만물이 생성되고 있는 전개 과정을 담아 두고 있다. 다만 그 기록들이 성령의 감동을 받아 쓴 구시대 사람의 기술에 의한 것으로, 그 점을 먼저 이해하고 감안하여 보는 현대인의 지혜와 안목이 필요한 것이다.

　거기에는 우주의 대원인인 '있음'의 시발점, 그 우주신도의 변화도를 기술해 놓고 있기 때문이다. 창세기 1장의 '존재 원인'에 대한 기록을 서양의 물질과학의 원리라는 쌍립적 상대성 양자역학으로 접근시켰을 때, 여기에서 물질을 만들어 낸다는 '빛'의 존재, 그 조물주 하나님의 능력이라는 참 모습을 새롭게 유추해 볼 수 있게 하기 때문이다.

　이러한 현대문명 앞에서 아직도 원시성을 탈피하지 못한 성서 해석은 이제 일반인들로부터 미신적인 종교라는 비판을 받게 되면서 진정한 영혼 구원의 종교로 기독교가 다시 깨어나야 한다는 그 숙제를 제시해 주고 있다.

　이제 지구 개벽의 현상이 목전에 와 있고, 또 과거에도 그와 같은 지구 종말이 있어 왔으므로 하늘의 신들이 다시 지구에 내려와 역사하는 물질계 창조를 구약성경(창세기 2장 4~6)에 기록해 두고 있다.

† 여호와 하나님이 천지를 창조하신 때에는 대략이 이러하니라. 여호와 하나님이 땅에 비를 내리지 아니 하셨고, 경작할 사람도 없었으므로 들

에는 초목이 아직 없었고, 밭에는 아직 채소가 나지 아니 하였으며, 안개만 땅에서 올라와 온 지면을 적셨더라.

바로 이것이다. 분명히 여호와 창조 2장에 앞서 기록된 창세기 1장에서는 이름 없는 빛의 하나님이 우주와 만물을 지으신 그 모든 것들 속에 '사람' 까지도 지어 그것들을 다스리고 정복하라고 했었다.

그런데 6000년 전 창세기 2장에서부터 신의 성호를 붙이고 모습을 나타내는 여호와의 창조 마당은 안개만 땅에서 올라와 온 지면을 적시고 있었으며, 초목도 그리고 채소도 나지 아니 했으며, 경작할 사람도 없었다고 했다.

그것은 지구 개벽 이후, 하늘 사람 신계가 지구에 내려와 그들의 창조성을 나타내기 위해 일정한 구획을 나타내는 동산을 창설하고 다시 물질계 창조 역사를 재현하고 있었음을 보여주는 기록이다.

지구는 그동안 6번에 걸친 대이변의 개벽이 있어 왔음을 미루어 볼 수 있게 하는 다음 성구 기록이다.(요한 계시록 16장 1절)

† 또 내가 들으니 성전에서 큰 음성이 나서 일곱 천사에게 말하되 너희는 가서 하나님 진노의 일곱 대접을 땅에 쏟으라, 하더라.

여기서 '하나님 일곱 대접' 은 창조의 전개 단계가 7의 숫자로 이루어졌고, 천지개벽 역시도 그 7이라는 숫자로 이루어진다는 사실이다. 천지개벽이 있을 때마다 새로운 창조를 다시 시작하는 신들의 창조 모습을 구약성경 창세기 2장에서부터 기록해 두고 있음이다.

하지만 지금까지 서양 신학자들의 성서 해석 무지에 의해서 창세기

1장에서 빛의 하나님이신 조화주가 우주만물을 창조한 세계관과 2장에서부터 비롯되는 유일신 여호와의 구획적임을 나타내는 '에덴동산'에서의 물질계 창조역사를 동일한 세계관으로 해석하고 있기 때문에 지구 생명체 존재 시원을 명쾌하게 밝혀내지 못하고 있는 것이다.

이러한 서양 신학자들의 오류는 다스림의 권세자로 창조된 신계의 여호와를, 그렇기 때문에 창세기 1장의 본체신 영계의 전지전능하신 성부 하나님 신위에 올려놓고 믿게 하고 있다.

성자 예수가 지칭한 성부 하나님은 피조물처럼 이름이 붙여지지 않는 스스로 존재하신다는 본자연하신 조화주 하나님의 존체다.

그 하나님이 태초의 빛으로 창세기 1장에서 천지와 만물을 다 이루셨다는 생명의 근원으로, 창세기 1장은 태초 빛, 조화주 하나님이 어떻게 존재하게 되었으며, 그로 하여 만물이 화성되어지는 전개 과정을 기록해 두고 있는 대원인의 장이다.

성서가 기록하고 있는 태초 대원인의 장을 서양이 낳은 과학자 아인슈타인의 상대성 원리의 양자역학으로 접근했을 때, 우주 팽창설의 '빅뱅론' 과 그 합일점을 발견하게 된다는 사실이다.

그것이 지구촌 물질문명의 바탕이 되는 과학의 원리로서 태초 생명의 우주 원소는 음양 상대성 원리로 대대불휴하는 관계에서 발양성의 양기는 양전자파로 '화이트홀' 이며, 응고 수축되는 성질의 음기는 음전자파로 '블랙홀' 이라는 것이다.

이러한 과학의 상대성 원리로 창세기 1장을 접근했을 때, 태초 하나님의 '신' 이 '수면' 에 운행하기 전 땅이 혼돈하고 공허하며 흑암이 깊음 위에 있었다는 것은, 태고의 광활한 우주공간에는 물질적 본질인 수소가스가 수십억 광년쯤 흐르면서 충만한 상태였을 것으로, 그 '흑암' 을 '공허하며' 라고 표기했음을 알 수 있게 한다. 그 수소가 우주의 본질이면서 원자량으로, 음전자 고유의 질량을 갖고 있는 소립자이기 때문이다.

그 소립자는 수소를 구성하고 있는 부속품이나 마찬가지이며, 그 보유하고 있는 전자 수소의 핵이 원소물질로 결합되어 일정 기간 잠복하게 되면 빛이나 전자파 등의 에너지로 결합된다고 했다.

그러한 본질적 수소의 에너지는 변형은 있어도 그 에너지 전자 자체가 소멸되지 않는다는 것으로, 이것이 '우주소' 로서 영원불멸하다는 태초의 하나님 그 생명의 본질이라는 것이다.

이러한 태초의 본질이 물질의 형태를 만들어내는 능력의 힘으로, 이 수소의 응집된 소립자 원자량 전자파를 끌어낼 수 있는 것은 양적인 기운에 의해서만이 가능하다는 것이 양자역학의 상대성 원리로 밝혀졌다.

이러한 서양과학의 원리가 오늘날 지구촌 물질문명을 발전시켜 주도해 나왔다. 그런데도 태초를 기준으로 하는 성서 창세기 1장의 창조론과 2장의 창조론은 전혀 다른 창조의 전개과정이라는 것을 서양 신학자들이 그처럼 이해하지 못했을까? 하는 의문을 갖게 한다.

물론 서양의 우주관이 단일적이라는 것을 감안해 볼 수는 있지만, 그러나 이제 과거와는 달리 아인슈타인의 상대성 양자역학에 의해서 불확정성 원리인 존재하는 물질의 수에는 변화가 있다고 했다. 그래서 물질의 크기와 위치에 따라서 끊임없는 변화가 일어난다는 것을 강조해 오고 있는 것이 서양 과학의 현주소다.

그런데 그 물질과학의 원리를 지구 '대원인' 창세기에 적용시켜 보지 않았을 리가 없다는 생각을 해보게 하는 것이다. 그것은 어쩌면 과거 갈릴레오의 지동설에서 갈릴레오가 '지동설'을 주장했을 때 신학자들만큼은 갈릴레오의 지동설을 은연중에 수긍했듯이 창조론 역시도 그 모순을 인정하면서도 그 어떤 혼란의 우려 때문에 원시적인 성서풀이의 모순 그대로를 묵과해 오고 있을지도 모른다는 생각이다.

서양 물질문명을 발전시켜 나온 과학의 원리가 쌍립적인 양자역학에 그 바탕을 두고 있는 만큼 이치적인 합리성으로 존재하는 '진리'는 반드시 이치적이고 논리적이어야 한다는 것을 모를 리가 없기 때문이다.

그런데도 창세기 1장의 구체적인 변수와 상황전개를 무시한 채 창조의 경계를 긋고 있는 2장에서 홀연히 존재하여 물질이라는 개념, 흙으로 인간을 창조한 여호와를 만물을 창조하셨다는 전지전능한 하나님으로 승인하여 아직도 조물주 하나님의 위치에 올려놓고 설파한다는 것은 어떤 의도에서든지 스스로를 기만하고 있음이나 마찬가지다.

이제 과거 서양의 우주 사상과는 달리 서양의 과학자들이 우주의 본질이 수소라는 사실을 양자역학으로 이미 밝혀냈기 때문이다.

그런데도 지금까지 서양 신학자들은 유일신으로 등장하여 아담과 이브를 창조한 여호와가 절대자 창조주 하나님으로서 지구촌에 조상신을 달리하고 세워진 각 족속들을 그 유대 족속의 뿌리 역사에 오색 인종의 뿌리를 예속시켜 설파하고 있다.

그것은 서양인의 대단한 긍지의 자존심이 됨과 동시에, 그러므로 서양문화권에서 비롯된 기독교 이외의 종교는 진리로 인정하지 않으려는 풍조를 만들어 나오게 했고, 그래서 인류 역사에서 종교처럼 끊임없이 그 논란의 시비가 가려지지 않은 것이 없게 만들어 놓은 것이다.

그러나 이러한 성서학자들의 오류 속에서 서양이 낳은 철학자 볼테르는 그의 작품에서 다음과 같이 말했음을 주시하지 않을 수 없다.

"우주의 지성과 인간의 지성은 원래 하나이므로 신과 인간은 동격이다."

그리고 또 다음과 같이 열거했다.

"우리들이 믿어야 하는 종교는 신을 숭상하며, 성실한 인간이 되는 종교다. 그렇다. 우리들도 종교를 필요로 한다. 그러나 그것은 단순하고 공명정대하며 가장 신에 어울리는, 그리고 가장 우리들을 위해 주는 종교이다. 한 마디로 우리는 신과 인간에게 종사하고자 하는 것이다."

이렇게 그는 서양 신학자들과는 분명히 다른 견해로 이러한 생각을 이신론이라고 한다. 곧 신이란 세계를 지배하고 있는 우주의 지성이라는 것이며, 이 우주의 지성을 일컬어 보편적 존재, 보편적 원인, 영원의 조물주 등 여러 가지 이름으로 부르고 있지만 실은 같은 말일 뿐이라고 했다.

그는 인간이 보편적인 존재이듯이, 신 또한 보편적 존재로서 성서학자들처럼 신과 인간이 멀리 동떨어진 신비적인 개체로 두지 않고 신과 인간은 어디까지나 일체라는 동격의 개념으로 열거했다.

이처럼 신과 인간은 같은 동격으로 인간 영혼이 성숙되면 하나님의 분자적인 아들로서 '형제'가 된다는 가르침이 특히 성자 예수의 가르침이었고, 붓다 역시도 자아견성(自我見性)을 하게 되면, 바로 내가 천상천하유아독존(天上天下唯我獨尊)하는 진리체로서 자신이 '부처'임을 깨닫게 된다는 것이나 마찬가지다.

이것이 본체신 분자적 성자의 위치에서 그 모습이 우리 인간과 조금도 다르지 않은 보편적인 존재로 인자한 모습을 하고 세상에 출현했던 성현들의 가르침이었던 것으로, 예수께서 "나를 본 것이 하나님을 본 것이다"라고 말씀했던 뜻이 바로 여기에 있는 것이다.

이렇게 신과 인간은 멀리 동떨어진 신비의 존재가 아니라 보편적인 존재로서, 다만 인간 영혼이 참된 진리의 말씀으로 신성을 이루었을 때 비로소 하나님 아들의 자격을 이룬 신인이 된다는 이 가르침이었다.

이러한 가르침이 고등종교 스승들로 하여 이 땅에 영혼 도맥으로 심어진 기독교 신약 복음서며, 불교 경전에 담아 두고 있는 참 이치의 말씀들인 것이다.

그 진리의 하나님이 인류가 믿어야 하는 대우주의 주재자로서 성부 하나님의 사랑과 성모 하나님의 자비로 만물을 낳고 기르신다는 조화주 하나님이다. 그 대우주적인 하나님의 몸체가 단계적으로 빛으로 만들어져 나감을 〈창세기 1장〉에 기술해 두고 있음이다.

그 우주 창조론의 전개 상황을 신학자들은 아직도 언급을 하지 못한 채, 신비의 세계로 묶어두고 있으면서 신도들에게 원시신앙 형태와 크게 다르지 않은 신앙관을 주입시켜 오고 있는 것이다.

하지만 그들과는 달리 진보한 현대 지성의 과학자들은 우주시발의 '대원인'을 찾아 오늘도 끝없는 경주를 시도하고 있음을 보여주는데, 지난 1999년 9월 26일자 조선일보에 실린 기사다.

블랙홀을 찾아라. 전 세계가 우주 생성의 비밀을 간직하고 있는 블랙홀 (Black Hole)을 찾기 위해 치열한 경쟁을 벌이고 있다. 우리나라 천체물리 학자들도 최근 블랙홀 찾기에 본격적으로 뛰어 들었다.

지난 7월 발사된 우주왕복선 컬럼비아호는 5일간의 우주 여행중 15억 달러짜리 최첨단 우주망원경 '챈드라'를 우주공간에 설치하고 돌아왔다. 챈드라의 주요 임무는 향후 5년간 우주공간의 신비물인 블랙홀로부터 나오는 X-선의 비율을 이용한 공식으로, 우리 은하계에서 이미 발견된 블랙홀의 질량을 측정하는 데 최근 성공했다. 이는 블랙홀의 존재를 입증하는 방법 중 한 가지, 현재 블랙홀은 우리 은하계에서만 10여 개 발견되었으며, 다른 은하계에서 겨우 수십여 개 찾아낸 상태이다. 천체물리학자들은 전 은하계에 수천억 개가 더 있을 것으로 보고, 이들 블랙홀을 통해 우주생성의 비밀을 캐내는 작업을 벌이고 있다.

*블랙홀은 왜 생기나=블랙홀은 주변 물질을 삼키기만 하고 내뱉지 않는 우주 공간으로 빛조차도 빠져 나가지 못한다. 지난 1969년 미국 천체물리학자 휠러가 처음 '블랙홀'이란 용어를 사용했으며, 영국 천체물리학자 스티븐 호킹에 의해 사람들에게 본격적으로 소개되었다.

지금까지 블랙홀은 크게 빅뱅(우주대폭발)이나 별들 간의 대충돌로 생성된다고 알려져 왔다. 블랙홀은 엄청나게 높은 밀도를 지녀 끌어당기는 힘이 탈출속도보다 커야 한다. 따라서 지구가 블랙홀이 되려면 탈출속도(11km/sec)를 능가하기 위해 현재의 크기를 5cm로 압축하면 가능하다. 사람의 경우는 10cm로 압축해야 한다.

*보이지 않는 블랙홀을 어떻게 찾나=천체물리학자들은 블랙홀 주변의 별들이 빠져 들어가면서 발생하는 X-선 등 전자파들을 추적, 블랙홀의 존재를 입증하고 질량까지 구해 왔다.

미국항공우주국(NASA)은 지난 1993년 일본과 공동으로 발사한 'X-선 위성'을 통해 지난 8월 지구에서 1억 광년(빛이 1년 동안 도달하는 거리) 떨어진 N3516 은하에서 블랙홀의 존재를 발견했다고 발표하였다. 고등과학원 이 교수는 최소 1년 이상 걸리던 블랙홀을 질량측정기간을 수시간 ~

수일 내로 줄이는 방법을 개발, 블랙홀의 존재를 보다 빠르게 입증할 수 있는 길을 열었다.

바로 이것이다. 과거 그처럼 지각이 없었던 원시 인간시대에서 오늘 이처럼 문명화된 현생인류의 지성은 과기 신들이 지구에 내려와 그들 닮은 복제인간을 창조했던 것처럼 그 능력을 보이고 있으면서, 마침내 우리 인간을 창조했다는 창조신들의 거처를 찾아 떠나기 위한 준비를 서두르고 있는 것이다.

그만큼 태초에 우주와 만물을 형상화하여 만들어낸 에너지 생성원이 블랙홀과 화이트홀이라는 상대론적인 우주원리를 터득했다는 이야기다.

그들이 과학적으로 연구해낸 것은 우주의 기원이 되는 최초의 '우주소'는 수소의 집합체로서 수소는 전자를 거느리고 있는 물질의 본질이며, 만물을 형상화시키는 모태로 이것이 과학자들의 연구가 되고, 그러므로 찾아 나서기를 서두르는 블랙홀이다.

그 블랙홀이 바로 신학자들이 언급하지 못하고 있는 창세기 1장의 "땅이 혼돈하고 공허하며, 흑암이 깊음 위에 있고"라는 성구로서, 처음 우주는 공의 상태에서 '우주소'라는 수소가스 수중기가 가득 메워져 산재해 있었음을 기술해 두고 있음이다.

이러한 '우주소' 블랙홀이 우리 은하계에서 계속 발견되고 있음은 무엇을 뜻하는 것일까?

이제 세계 물리학자들은 밤하늘에 반짝이는 행성의 별들이 그 일생의 경영을 끝내고 산화되어 흩어지지만 그 무게의 질량만큼 다시 새로운 별로 탄생되고 있다는 사실을 발견해 내기에 이른 것이다.

그 일생의 경영을 끝내고 산화되어 흩어지는 별의 모습을 보고 우리는 별똥별이라고 말하는 것처럼, 물질계인 인간 생명 역시도 일생의 경영을 끝내고 육체와 이완되어 흩어지는 영기를 혼백이라고 하며, 그 혼백이 일정한 시간을 지나 다시 태어남이 불교에서 설하는 윤회의 이치로서 환생이다.

이것이 본자연계로부터 대자연 그리고 자연계로 이어지는 블랙홀이라는 우주 원소의 질량으로서, 지구 역시도 언젠가는 그 경영을 끝내고 다시 새롭게 태어남을 많은 경전들이 예언해 두고 있는 것이 천지개벽의 종말론으로, 특히 성서는 다음과 같이 기록하고 있다.(요한 계시록 6장 12 ~ 17)

✝ 내가 보니 여섯째 인을 떼실 때에 큰 지진이 나며 해가 총담같이 검어지고, 온 달이 피같이 검어지며, 하늘은 별들이 무화과나무가 태풍에 흔들려선 과실이 떨어지는 것같이 땅에 떨어지며, 하늘은 종이 죽이 말리는 것같이 떠나가고 각 산과 섬이 제 자리에서 옮기우매 땅의 임금들과 왕족들과 장군들과 부자들과 강한 자들과 각 종과 자주자가 굴과 산, 바위틈에 숨어 산과 바위에게 이르되 우리 위에 떨어져 보좌에 앉으신 이의 낯에서와 어린 양의 진노에서 우리를 가리우라. 그들의 진노의 큰 날이 이르렀으니 누가 능히 서리요 하더라.

이러한 6번째의 재난이 지난 후, 하나님의 성공시대가 도래한다는 지상낙원이 땅에서 준비되어짐을 '7수가 돌았을 때' 라고 기록해 두고 있다.(요한 계시록 8장 1 ~ 7)

† 일곱째 인을 떼실 때에 하늘이 반시 동안 쯤 고요하더니 내가 보매 하나님 앞에 시위한 일곱 천사가 있어 일곱 나팔을 받았더라. 또 다른 천사가 와서 제단 곁에 서서 금향로를 가지고 많은 향을 받았으니 이는 모든 성도의 기도들과 합하여 보좌 앞 금단에 드리고자 함이라. 향연이 성도의 기도와 함께 천사의 손으로부터 하나님 앞으로 올라가는지라 천사가 향로를 가지고 단 위의 불을 담아다가 땅에 쏟으매 뇌성과 음성과 번개와 지진이 나더라.

여기에서 언급되고 있는 '성도의 기도'는 하나님의 존체를 바로 알고 믿는, 즉 허망한 신들에게 맹종하지 않고 진실한 참 하나님을 바로 알고 믿는 자들의 기도가 그 일을 지상에서 돕고 있는 천사들에 의해 하늘에 상달된다는 뜻이다.

이처럼 그 일이 있은 후에 하나님의 지상낙원 세계가 도래함을 성서는 다음과 같이 기록하고 있다.(요한 계시록 21장 1 ~ 8)

† 또 내가 보매 새 하늘과 새 땅을 보니 처음 하늘과 처음 땅이 없어졌고 바다도 다시 있지 않더라. 또 내가 보매 거룩한 성, 새 예루살렘이 하나님께로부터 하늘에서 내려오니 그 예비한 것이 신부가 남편을 위하여 단장한 것 같더라. 내가 들의 보좌에서 큰 음성이 나서 가로되, 보라, 하나님의 장막이 사람들과 함께 있으매 하나님이 저희와 함께 거하시리니 저희는 하나님의 백성이 되고 하나님은 친히 저희와 함께 계셔서 모든 눈물을 그 눈에서 씻기시매 다시 사망이 없고 애통하는 것이나 곡하는 것이나 아픈 것이 다시 있지 아니 하리니 처음 것들이 다 지나갔음이더라. 보좌에 앉으신 이가 가라사대, '보라, 내가 만물을 새롭게 하노라.'

하시고 또 가라사대, '이 말은 진실하고 참되니 기록하라.' 하시고 또 내게 말씀하시되, '이루었도다, 나는 알파와 오메가요 처음이요 나중이라, 내가 생명수 샘물로 목마른 자에게 값없이 주리니 이기는 자는 이것들을 유업으로 얻으리라.'

여기에서 '이기는 자'는 육신의 정욕을 진리의 말씀으로 다스려 허망한 물질 세상을 쫓지 않고, 내 자신의 정욕과 싸워 신성을 이룬 자들, 그 성도가 바로 하나님이 오랫동안 고대하고 바라시던 진리의 아들로서 그의 백성이 된다는 것이다.

이처럼 성서는 창조론에서부터 7이라는 숫자를 완성 숫자임을 나타내 주고 있는 것으로, 창세기 1장에서 우주와 만물이 7이라는 숫자에 의해서 완성됨을 보여주고 있는 것처럼, 본자연과 대자연, 그리고 자연이라는 삼천의 대세계가 하나로 반듯하게 완성되어지는 시대, 그 성구 예언에서도 '일곱째 천사가 나팔을 불 때에' 하고 그 7의 숫자를 담아 두고 있는 것이다.

그 때에 지상강림하실 것이라는 주인 하나님이 성서 기록으로 '백보좌'에 앉아계신 하나님으로, '나는 처음이요 나중'이라는 '알파와 오메가' 그 하나님의 존재인 것이다.

하지만 그 본체신 하나님의 비밀을 창세기 1장에서 밝혀 풀어내지 못하고 있는 서양 신학자들은, 천지창조 7수가 끝난 다음부터 홀로 등장하여 에덴동산을 창설하고 흙으로 사람 아담을 빚어 만들었다는 '여호와'를 전지전능하시다는 절대자 하나님 신위에 올려놓고 설파하고 있다.

그것이 서양 신학자들이 주장하는 유일신론으로, 그 여호와 신이 창조한 유대족의 조상 아담과 이브로부터 지구촌 5색 인종이 번성되었다는 원시적인 논리를 펴고 있는 것이다.

그러한 궤변은 여호와 하나님의 능력은 전지전능하기 때문에 그의 호흡을 불어넣었다는 파란 눈에 노랑머리의 유전인자 염색체를 변질시켜 지구촌 5색 인종인 흰둥이, 검둥이, 불경이, 푸링이, 황색 인종의 누렁이 등 모두가 그로부터 비롯되었다는 논리다.

물론 그러한 논리를 뒷받침해 주는 성구는 없다. 다만 억지로 거기에 꿰맞춘 것이, 당시 다른 신들의 색소와 그 자손들이 섞여 혼혈됨으로 '죄가 관영함으로' 쓸어버렸다는 노아 홍수 이후 방주에서 구원을 받은 노아의 세 자손 '셈'과 '함'과 '야벳' 이 세 아들로부터 비롯되었다는 주장은 이치적으로나 논리적으로 맞지 않는 것이 사실이다.

그들이 억지로 꿰맞춘 성구는(창세기 9장 19 ~ 28) 여기에 기인한다.

† 방주에서 나온 노아의 세 아들로 좇아 백성이 온 땅에 퍼지니라. 노아가 농업을 시작하여 포도나무를 심었더니 포도주를 마시고 취하여 그 장막 안에서 벌거벗은지라. 가나안의 아비 함이 그 아비의 하체를 보고 밖으로 나가서 두 형제에게 고하매 셈과 야벳이 옷을 취하여 자기들의 어깨에 메고 뒷걸음쳐 들어가서 아비의 하체를 덮었으며 그들이 얼굴을 돌이키고 그 아비의 하체를 보지 아니 하였더라. 노아가 술이 깨어 그 작은 아들이 자기에게 행한 일을 알고 이에 가로되 '가나안은 저주를 받아 그 종들의 종이 되기를 원하노라.' 또 가로되 '셈의 하나님 여호와를 찬송하리로다. 가나안은 셈의 종이 되고 하나님이 야벳을 창대케 하사 셈의 장막에 거하게 하시기를 원하노라 하였더라.'

이처럼 그 세 아들로 하여 백성이 온 땅에 퍼졌다고 하는 여기에서의 '온 땅'을 성서학자들은 전 지구적인 해석으로 풀고 있으면서, 또한 지엽적인 '에덴동산'의 창조신 여호와를 대우주적인 창조주 하나님으로 설파하고 있으며, 뿐만 아니라 노아 홍수 역시도 전 지구적인 물 심판으로 주입시켜 오고 있는 것이다.

그러나 그들 자손의 번성은 노랑머리에 파란 눈의 흰둥이가 검둥이, 푸렁이, 불겅이, 누렁이로 그 색소 변질이 아닌, 어디까지나 그 혈통 계보인 유대 12지파에 국한된 우위로서의 상징을 축복과 저주로 나타내 주고 있는 것이었다.

사실 기독교 스승을 상징하여 세워진 것이 십자가로, 그 의미는 하늘과 땅을 통합한 대도로서 참되신 하나님의 진리임을 그 상징성으로 나타내 주고 있다.

진리란 그 이치가 논리적이지 못할 때는 성립될 수가 없다. 그래서 실재성이 없고 논리적이지 못한 신을 우리는 미신이라고 한다.

그런 의미에서 서양 신학자들은 지금까지 진리의 참 형상이 아닌, 미신적 하나님을 만들어 '의심은 죄니라' 하고 신도들을 무지했던 원시인간 시대의 신앙형태를 답습하게 함으로써, 신의 이름을 없고 마치 구약시대 제사장들처럼 그들을 치리하는 목자라는 명분을 내세워 무리를 이끄는 군장제도를 지속해 온 것이다.

하지만 하늘은 그들이 설파하고 있는 참 진리가 아닌, '쑥물'의 보응에 대한 것이 어떤 것이라는 것을 성서 요한 계시록에 그처럼 분명히 기록해 두고 있는 것이었다.

3부

현대 과학이 밝혀낸 우주 원소

우주통일시대

α & Ω 처음과 끝

오늘 서양 신학자들의 성서 해석은 최초의 우주가 음양론적 상대성 원리에 의해 비롯되어졌음을 이해하지 못한 무지에서 비롯된 것임을 현대과학이 밝혀내 주고 있다.

또한 기독교 스승 예수께서도 이 땅에 출현하여 가르치신 그 진리의 말씀을 통해 그들의 가르침이 얼마나 원시적인 신앙형태를 답습하고 있는지 분별해 주고 있는 신약 성구 기록이다.(사도행전 17장 24 ~ 25)

† 우주와 그 가운데 있는 만물을 지으신 신께서는 천지의 주재시니 손으로 지은 전에 계시지 아니 하고, 또 무엇을 부족한 것처럼 사람의 손으로 섬김을 받으시는 것이 아니니 이는 만민에게 생명과 호흡과 만물을 친히 주시는 자심이라.

이 성구에서 "만민에게 생명과 호흡과 만물을 친히 주셨다는 하나님이 바로 예수께서 지칭한 성부 하나님이며, '무소부재' 하시다는 진리의 하나님으로 절대자, 그 위상의 모습일 것이다.

그와 같은 하나님이 창세기 1장 기록에서 태초에 빛의 말씀으로 만물을 창조하셨다는 하나님의 존체로서, 오늘에 이르러 문명화 된 세계의 과학자들은 태초 우주의 원소가 되는 음양 전자파의 원기는 오랜 시간이 쌓이게 되면 서로가 끌어당기는 자장에 의해 마찰을 일으키게 된다는 것을 밝혀낸 것이다.

이때 물질을 만들어 내는 원소의 중성자, 곧 '빛' 이 만들어진다는 것이 바로 물질과학의 상대성 원리로, 미국의 프랭클린(1706 ~ 1790)이 연을 이용하여 번개와 전기의 동일성을 증명했고, 또 뇌성과 번개를 동반하는 천둥이 대기 중의 방전 현상임을 밝혀냈다.

이처럼 서양의 물질과학이 입증하고 있는 이 중성자의 빛이 바로 시간과 공간의 개념을 갖게 하는 '타임홀' 로서, 그 태초의 빛이 분열 팽창되면서 만들어낸 은하계에는 태양과 같은 별(항성)들이 무려 2천 2백억 개나 존재하며, 20억 광년 이내의 우주 속에는 1억조에 달하는 별이 있다는 것이 현대 첨단과학에 의해 밝혀진 것이다.

이것이 현대 물질과학이 밝혀낸 우주 팽창설 '빅뱅론' 으로 세계적 석학 7명이 1961년에 채택한 소위 '그린뱅크 공식' 으로 추산한 우주 은하계 속에는 3차원의 지구인과 전파 교신을 할 수 있는 4차원의 문명 수준의 혹성들이 최소한 2백만 개나 된다는 추정을 내놓기에 이르렀다.

그렇기 때문에 4차원 이상 세계의 과학지식과 초광속 우주비행기술을 지닌 'UFO' 로 아득히 먼 옛날 지구인이 짐승의 털로 몸을 가리고 돌도끼로 사냥하던 원시시대에서부터 천상의 사람이라는 '우주아' 들이 지구를 내방했을 것이라는 과학자들의 추측과, 구약성서 속에 수없이 지구를 왕래하는 신들의 행사 기록이 그 입증이 되어 주고 있는 것이다.

그 당시 사람들의 눈에는 그러한 4차원 문명의 초광속 비행기술로 하늘을 오르내리며 그들을 감시 감찰하는 '우주아' 들이 그들의 생명을 주관 하는 신으로 절대 복종해야 하는 주종의 관계로 '절대자' 하나님으로 숭상할 수밖에 없었다.

그러한 원시시대를 거쳐 나온 오늘의 문명으로 발전된 지구인들은, 그러나 코페르니쿠스의 과학혁명 이후 겨우 5세기 정도 지나 3차원의 과학문명기술로 달에 다녀왔으며, 이제 과거의 조상들이 상상도 할 수 없는 화성 진입을 서두르고 있다는 사실이다.

이처럼 지구인의 의식이 진화된 오늘, 과거 문명을 모르던 사람들이 하늘을 오르내리는 천상의 신, '우주아' 들의 운송 수단 로켓 비행기를 보고 큰 '까마귀' 혹은 '독수리' 로 표현해 놓고 있는 그대로를 사실적으로 받아들여 믿게 한다면 그로부터 진화해 온 현대인의 의식을 퇴보시킬 수밖에 없는 것이다.

과거 그들의 운송 수단이었던 로켓이 이륙할 때 점화되는 불과 연기, 그리고 회오리바람을 보고 그것이 여호와의 권능이라고 했고, 또 '그의 영광이 나타나더라' 는 표현 그대로를 받아들여 설파하고 있는 성서신학자들의 무지는 그렇기 때문에 이스라엘의 민족수호신 여호와를 전지전능한 대우주적인 슈퍼 하나님으로 주입시켜 오고 있는 것이다.

그들의 이러한 성서 해석은 생명의 본체신이 아닌 우상 앞에 절하게 하는 유죄를 만들어 '죄인' 이라는 굴레를 씌워 본체신이 아닌 신들의 노예로 만들고 있는 커다란 과오를 범하고 있다는 사실이다.

거기에서 비롯된 성서 해석의 오류는 태초 빛의 존체이신 성자 예수를 오히려 본체신의 종인 여호와의 아들로 설정함으로써 오늘까지도 그렇게 받아들여 믿고 있는 지구촌 기독교도들이다.

하지만 성서는 영적인 본자연계 태초의 말씀이라는 로고스로 우주만물을 지으신 창조 세계관과 신적인 대자연계 위치에서 지구에 내려와 '흙' 으로 표현되는 물질인간 창조 세계관을 성경 신·구약으로 분명히 나누어 기록해 두고 있다는 사실이다.

구약 창세기 1장에서 우주만물의 대원인, 그 빛이 나타나기 전에 우주는 혼몽한 무극으로 허허한 공 상태였음을 창세기 1장에서 "땅이 혼돈하고 공허하며 흑암이 깊음 위에 있고" 라고 기술해 두고 있다.

그처럼 공허한 속에서 이윽고 모습을 나타내 보인 '하나님의 신' 이 "수면을 운행하시니라" 하고 그 행사력을 보여주고 있는 이것이 태초 만물의 근원이라는 우주 원소로서 스스로 존재하신다는 음양 천지 부모로 조화주 하나님의 존재 모습이다.

창세기 1장에서 태초의 혼몽한 속에 모습을 나타낸 하나님의 신은, 분열 팽창되는 발양성으로 양적 기 운행의 성부 하나님의 신위가 되는 것이며, 수면은 응고 수축되는 물질 기운으로 음적인 성모 하나님의 신위가 되는 것이다.

이것이 태초 음양이 합덕하는 기 운행의 마찰로서 태초의 천지 부모 이성 교합이며, 그 성교에 의해 '보시기에 좋았더라' 고 하신 중성자 곧 빛이 만들어져 나왔음을 창세기 1장이 기술해 두고 있다.

이렇듯 '조물주' 라는 천지 부모 음양 합덕으로 만들어진 분자, 그

'빛' 속에는 개체적인 색소가 빨, 주, 노, 초, 파, 남, 보 7색으로, 그 빛이 만물을 조물해낸 조화주의 능력행사를 해보인 바로 그 본체신 성자들의 신위가 되는 것이다.

그렇기 때문에 성자 예수께서 "아버지가 내 안에, 내가 아버지 안에 있느니라" 하시고 또 "나를 본 것이 하나님을 본 것이라"고 하셨던 말씀의 뜻이다.

이렇게 태초 성부와 성자와 성신이라는 삼신일체가 우주 만물을 조물해낸 존재의 근원이었음을 신약성서 요한복음(1장 1 ~ 3)에서 기록하고 있다.

"태초에 말씀이 계시니라. 이 말씀이 하나님과 함께 계셨으니 이 말씀은 곧 하나님이시니라. 그가 태초에 하나님과 함께 계셨고, 만물이 그로 말미암아 지은 바 되었으니 지은 것이 하나도 그가 없이는 된 것이 없느니라."

이러한 성서 기록을 동양 배달겨레의 우주사상인 삼일철학을 바탕으로 하고 풀어본다면, 창세기 1장은 만 생명을 주관하고 있다는 '있음'의 근원으로 삼신 일체관이며, 또한 성서가 기록하고 있는 성삼위지만 서구신학자들이 창세기 2장에서 성호를 붙이고 유일신으로 홀로 모습을 나타내는 여호와를 전지전능한 하나님의 신위에 올려놓고 해석하기 때문에 성부와 성자와 성신이라는 성삼위 문제를 오늘까지 풀어내지 못한 채 숙제로 안고 있는 것이다.

그것이 바로 서양 문화권에서 해득하고 있는 기독교 성서신학의 문제점으로, 그로 하여 만들어진 진리의 오류는 진리체 성자 문제에서도 그와 같은 오류를 범하고 있다.

하나님 빛의 아들 독생자는 오직 성자 예수뿐이라는 해석으로, 그 빛의 목소리를 달리하고 있는 성현의 가르침, 곧 타종교는 진리가 될 수 없는 미신이라고 매도하고 있는 것이다.

그러나 성서에서 '독생자'라고 표기된 뜻은, 누구에 의해서 창조된 하나님이 아니라, 스스로 존재하신 하나님으로 그의 분자적인 아들이 라는 뜻이다.

이처럼 태초 '있음'의 근원을 풀어내지 못하는 성서학자들의 성서 해석은 본체신의 아들 성자 예수를 영계의 종의 신분인 여호와의 아들 로 신계의 족보에다 꿰맞춤으로, 기독교의 스승 성자 예수의 신위를 격하시키고 있는 것이다.

신약복음에서 성자 예수는 시대 변화의 천기를 구별하라고 하셨다. 이른 봄 주인의 밭에 종자 씨를 뿌리고 가꾸는 일은 종복들의 몫이다. 그리고 그 종자 씨들이 무성하게 자란 여름이면 주인의 아들은 그 종 자 씨들이 알곡으로 열매를 맺게 하기 위해서 수기 곧 영생수며 감로 수를 들고 나타나 뿌린다는 것이며, 그 생명수로 익어 알곡이 된 열매 를 결실의 계절에 주인이 거두러 온다는 뜻이다.

그래서 큰 나무에게는 큰 나무로서의 일이 있고, 작은 나무에게는 작은 나무로서의 쓰임이 있듯이, 성자들 역시도 크고 작은 법계의 진 리로 그것은 방편법의 차이일 뿐, 각각 맡은 바 할 일이 따로 있고, 그 때가 따로 있음을 자연에서 보고 배우라 한 것이다.

그러한 성자들의 신위는 엄연히 태초 빛의 존체들로서 창세기 1장에 서 '우리'라는 복수형을 나타내는 성령체들이다. 그 빛의 성자들이 만 물을 조물해 나가는 그 전개과정을 다음과 같이 기록하고 있다.(창세 기 1장 4 ~ 25)

† 그 빛이 하나님 보시기에 좋았더라. 하나님이 빛과 어두움을 나누사 빛을 낮이라 하고, 어두움을 밤이라 칭하시니라. 저녁이 되며 아침이 되니 이는 그 첫째 날이니라.

하나님이 가라사대 "물 가운데 궁창이 있어 물과 물로 나뉘게 하리라" 하시고 하나님이 궁창을 만드사 궁창 아래의 물과 궁창 위의 물로 나뉘게 하시매 그대로 되니라. 하나님이 궁창을 하늘이라 칭하시니라. 저녁이 되며 아침이 되니 이는 둘째 날이니라.

하나님이 가라사대 "천하의 물이 한 곳으로 모이고 뭍이 드러나라!" 하시매 그대로 되니라. 하나님이 뭍을 땅이라 칭하시고 모인 물을 바다라 칭하시니라. 하나님이 보시기에 좋았더라.

하나님이 가라사대 "땅은 풀과 씨 맺는 채소와 각기 종류대로 씨 가진 열매 맺는 과목을 내라!" 하시매 그대로 되어 땅이 풀과 각기 종류대로 씨 맺는 채소와 각기 종류대로 씨가진 열매 맺는 채소와 각기 종류대로 씨가진 열매 맺는 나무를 내니 하나님이 보시기에 좋았더라. 저녁이 되며 아침이 되니 이는 셋째 날이니라.

하나님이 가라사대 "하늘의 궁창에 광명이 있어 주야를 나뉘게 하라, 또 그 광명으로 하여 징조와 사시와 일자와 연한이 이루라, 또 그 광명이 하늘의 궁창에 있어 땅에 비취라!" 하시고 큰 광명으로 낮을 주관하게 하시고 작은 광명으로 밤으로 낮을 주관하게 하시며, 또 별들을 만드시고 하나님이 그것들을 하늘의 궁창에 두어 땅에 비취게 하시며 빛과 어두움을 나뉘게 하시니라, 하나님이 보시기에 좋았더라. 저녁이 되며 아침이 되니 이는 넷째 날이니라.

하나님이 가라사대 "물들은 생물로 번성케 하라!" 땅위 하늘의 궁창에는 새가 날으라 하시고 하나님이 큰 물고기와 물에서 번성하여 움직이는 모든 생물을 그 종류대로, 날개 있는 모든 새를 그 종류대로 창조하시니 하나님이 보시기에 좋았더라. 하나님이 그들에게 복을 주어 가라사대 "생육하고 번성하여 여러 바다 물에 충만하라, 새들도 땅에 번성하라! " 하시니라. 저녁이 되며 아침이 되니 이는 다섯째 날이니라.

하나님이 가라사대 "땅은 생물을 그 종류대로 내되 육축과 기는 것과 땅의 짐승을 종류대로 내라! " 하시니 그대로 되니라. 하나님이 땅의 짐승을 그 종류대로 육축을 그 종류대로, 땅에 기는 모든 것을 그 종류대로 만드시니 하나님의 보시기에 좋았더라.

하나님이 가라사대 "우리의 형상을 따라 우리의 모양대로 우리가 사람을 만들고 그로 바다의 고기와 공중의 새와 육축과 온 땅과 땅에 기는 모든 것을 다스리게 하자! " 하시고 하나님이 자기의 형상, 곧 하나님의 형상대로 사람을 창조하시되 남자와 여자를 창조하시고 하나님이 그들에게 복을 주시며 그들에게 이르시되 "생육하고 번성하여 땅에 충만하라! 땅을 정복하라! 바다의 고기와 공중의 새와 땅에 움직이는 모든 생물을 다스리라! " 하시니라.

하나님이 가라사대 "내가 온 지면의 씨 맺는 모든 채소와 씨 가진 열매 맺는 모든 나무를 너희에게 주노니 너희 식물이 되리라! 또 땅의 모든 짐승과 공중의 모든 새와 생명이 있어 땅에 기는 모든 것에게는 내가 모든 푸른 풀을 식물로 주노라! 하시니 그대로 되니라.

하나님이 그 지으신 모든 것을 보시니 보시기에 심히 좋았더라, 저녁이 되며 아침이 되니 이는 여섯째 날이니라. 천지와 만물이 다 이루니라.

하나님의 지으시던 일이 일곱째 날이 이를 때에 마치니 그 지으시던 일이 다하므로 일곱째 날에 안식하시니라. 하나님이 일곱째 날을 복 주사 거룩하게 하셨으니 이는 하나님이 그 창조하시며 만드시던 모든 일을 마치시고 이 날에 안식하셨음이더라.

이처럼 창세기 1장에서 우주라는 하나님의 몸체를 빛으로 조물해 낸 스스로 존재하시는 하나님이다. 그 빛이 조화의 7색으로 '우리' 라는 그 복수형을 나타내고 있는 '성령체' 들이며, 이들이 바로 이 땅에 그 빛의 강약에 따르는 색의 목소리로 시대와 나라를 달리하고 출현하여 천도를 설파했던 세계 칠대 성현들의 존체임을 성서는 또한 비밀리에 기록해 두고 있는 것이다.(요한 계시록 5장 1 ~ 2)

† 내가 보매 보좌에 앉으신 이의 오른 손에 책이 있으니 안팎으로 썼고, 일곱 인으로 봉하였더라.

일곱 인으로 봉해져 있다는 책의 비밀에 대해서 성서는 또 기록해 두고 있다.(요한 계시록 2장 19 ~ 20)

† 그러므로 네 본 것과 이제 있는 일과 장차 될 일을 기록하라. 네 본 것은 내 오른손에 일곱 별의 비밀과 일곱 금 촛대라. 일곱 별은 일곱 교회의 사자요 일곱 촛대는 일곱 교회니라.

바로 그것이었다. 크고 작은 방편법으로 시대를 따라 인간진화를 위해 보내졌다는 진리의 성자들이 일곱 금 촛대의 비밀이었음을 기록하고 있는 다음 성구다.(요한 계시록 5장 6 ~ 7)

† 내가 또 보니 보좌에 네 생물과 장로들 사이에 어린 양이셨는데 일찍

죽임을 당한 것 같더라. 일곱 뿔과 일곱 눈이 있으니 이 눈은 온 땅에 보내심을 입은 하나님의 일곱 영이더라.

태초 하나님의 섭리에 의해서 세상에 보내졌었다는 진리체 일곱 성자들, 그 머리 도맥이 성부 하나님의 우주정신 '사랑' 으로, 그 빛을 나타내 보이기 위해서 만세전에 희생의 제물로 예정되어 있었다는 성자 예수다.

그 일곱 성령체가 배달민족 조상신 환웅께서 백성들에게 가르쳐 주신 삼신 일체관에서 비롯된 분자적인 '칠성님' 의 존체들로서 세계 속에 유일하게 칠성각뿐 아니라, 우주생명의 근본 성삼위 일체를 뜻하는 삼신각을 세우고 기도발원의 대상을 삼았던 풍습이 그로 비롯된 것이었다.

그 우주신도는 서양에 앞서 하늘 제사권 민족으로 일찍이 '동방의 등불' 로 세워 놓은 배달겨레의 우주사상이 아니면 풀어내지 못하게 성서 속에 인봉해 두게 한 바로 그 '비밀' 이란 것이다.

이러한 본자연의 섭리는 동서가 태초 음양의 이치 그대로 서양의 경전이 자물통이라면, 그것을 여는 열쇠는 일찍부터 정신문화를 이루어 나오게 한 동양 우주사상에 있다는 것을 보여줌으로써 그것이 선택받은 천손의 권위 상징임을 장차 오는 세상에 나타내 주고자 한 것으로서 성서 속에 '인봉' 해 두라는 하나님의 비밀한 경륜임을 담아두고 있는 것이었다.

이것이 태초의 하나님 그 섭리였기 때문에 물질문명을 발전시켜 나온 서양 문화권의 성서학자들이 존재 '있음' 의 근원을 그처럼 헤아려 보지 못한 채, 창세기 1장과 2장의 창조를 하나의 세계관으로 오도시키고 있는 그 무지의 이유였다.

하지만 이제 성서 속에 '인봉' 해 두라고 한 우주 본체신의 비밀이 동방의 배달겨레 위에 심어주신 천지인이 하나라는 삼일철학 바탕 위에서 풀어지게 하는 그 시간대에 와 있는 것으로, 하늘은 말법시대에 사람을 보내 그 일을 하게 하신다는 것을 성서에 또한 기록해 두고 있다는 사실이다.

그러므로 세계 속에 하늘 제사권 민족임을 드러내고 그로 하여 후천에 이화선경세계가 동방의 해 뜨는 나라 배달겨레가 그 주축이 될 것임을 성서는 다음과 같이 암시해 두고 있는 것이었다.(요한 계시록 10장 1 ~ 8)

† 내가 또 보니 힘센 다른 천사가 구름을 입고 하늘에서 내려오는데 그 머리 위에 무지개가 있고, 그 얼굴은 해 같고 그 발은 불기둥 같으며, 그 손에 펴 놓은 작은 책을 들고 그 오른발은 바다를 밟고 왼발은 땅을 밟고 사자의 부르짖는 것같이 큰 소리로 외치니 외칠 때에 일곱 우레가 그 소리를 발하더라. 일곱 우레가 발할 때에 내가 기록하려고 하다가 곧 들으니 하늘에서 소리가 나서 말하기를 일곱 우레가 발한 것을 인봉하고 기록하지 말라, 하더라.

내가 본 바 바다와 땅을 밟고 서 있는 천사가 하늘을 향하여 오른손을 들고 세세토록 살아계신 자, 곧 하늘과 그 가운데 있는 물건이며 땅과 바다와 그 가운데 있는 물건을 창조하신 이를 가리켜 맹세하여 가로되 지체하지 아니 하리니, 일곱째 천사가 소리 내는 날 그 나팔을 불게 될 때에 하나님의 비밀이 그 종 선지자들에게 전하신 복음과 같이 이루리라.

바로 이것이다. '일곱 우레가 발할 때에' 하고 있는 그 비밀이란, 하나님의 모든 창조 전개의 완성 숫자는 칠요설의 7수로서, 지구는 그동안 6번의 개벽이 거듭 있어 왔던 것으로 그것은 알파와 오메가의 하나님께서 아직 미완성의 단계에서 완성을 향해 가고자 하는 큰 호흡작용인 것이다.

그것이 바로 선지자 요한이 일곱 인으로 봉해진 하늘의 비밀로 '적으려 할 때에' 아직 그 때가 아니었으므로 일곱 우레가 발하는 것을 적지 말라고 했음이다.

그리고 이어지는 성구에서 일곱째 천사가 소리 내어 입(나팔)을 열 때 시대에 따라서 선지자를 보내 전하신 복음처럼 새롭게 전파될 것이라고 했다.

그 복음이 지구촌에 새롭게 전파될 때에는 시대 지난 구약은 말할 것도 없고, 신약의 예언이 다 이루어진 상태에서 새로운 복음의 예언이 나오게 될 것임을 기록해 두고 있는 그 성구 기록이다.(요한 계시록 10장 8~11)

† 또 내게 말하여 가로되, 네가 가서 바다와 땅을 밟고 서있는 천사의 손에 펴 놓인 책을 가지라 하기로 내가 천사에게 나아가 작은 책을 달라 한 즉 천사가 가로되 갖다 먹어버리라, 네 배에는 쓰나 내 입에는 꿀 같이 달리라 하거늘, 내가 천사의 손에서 작은 책을 갖다 먹어버리니 내 입에는 꿀같이 다나 먹은 후에 내 배에서는 쓰게 되더라, 저가 내게 말하기를 네가 많은 백성과 나라와 방언과 임금에게 다시 예언하여야 하리라 하더라.

이렇듯 성서는 하나님 최종 목적인 지상낙원 시대가 열리기에 앞서 새로운 복음과 예언이 있을 것임을 암시해 두고 있으면서, 그로 하여 그리스도와 같은 왕의 반열에 들어가게 되는 도통군자들이 분명히 동방에서 나타나 세계로 그 복음을 전파하게 될 것임을 기록해 두고 있다.(요한 계시록 16장 12절)

† 또 여섯째가 그 대접을 큰 강 유브라데에 쏟으매 강물이 말라서 동방에서 오는 왕들의 길이 예비되더라.

이처럼 성서는 그때에 하늘의 뜻을 전파하는 하나님의 아들들이 동방에서부터 나타날 것임을 암시적으로 나타내고 있으면서 서양 기독교의 발원지에 진리가 고갈됨을 '강물이 말라서' 라고 기술해 두고 있는 것이다.

뿐만 아니라 성서는 그들로 하여 이 땅에서 알파와 오메가의 지상낙원세계가 열리는 때에 상황을 계시록에 "또 내가 보매 거룩한 성 새 예루살렘이 하나님께로부터 하늘에서 내려오니 다시는 사망이 없고 애통하는 것이나 곡하는 것이나 아픈 것이나 다시 있지 아니 하리니 처음 것들이 다 지나갔음이더라." 하고 기록하고 있다.

거룩한 성 새 '예루살렘' 은 예배를 드리는 성전을 뜻하는 것으로서, 이것이 기독교 성서 예언의 지상낙원 세계이면서 석가 불교 경전에서 말하는 월단월 미륵용화세계이며, 또한 제사장 민족으로 동방의 밝은 터에 배달겨레를 세우신 환웅 한울님께서 말씀해 두신 홍익인간 이화세계인 것이었다.

그 때에는 지엽적인 민족 수호 조상신은 말할 것도 없고, 태초에 우주와 만물을 지으신 본체신까지 지상 강림하신다는 것으로, 지구에 새로운 신천지가 펼쳐지게 된다는 성서 기록이다.(요한 계시록 21장 5 ~ 7)

† 보좌에 앉으신 이가 가라사대, 보라 내가 만물을 새롭게 하노라, 하시고 또 가라사대, 이 말은 진실하고 참되니 기록하라, 하시고 또 내게 말씀하시되 이루었도다. 나는 알파와 오메가요 처음이요 나중이라. 내가 생명수 샘물로 목마른 자에게 값없이 주리니 이기는 자는 이것들을 유업으로 얻으리라.

이처럼 새로운 복음의 말씀으로 자신의 마음을 다스려 그리스도와 같이 육신의 정욕을 물리치고 세상을 '이긴 자' 들에게 영원한 생명을 주어 함께 있을 것이라는 '처음과 나중' 이라는 알파와 오메가의 하나님, 바로 그분이 태초에 우주와 만물을 빛으로 창조하신 이름 없는 본체신, 하나님의 신위임을 또한 성구가 기록하고 있다.(요한 계시록 19장 11 ~ 17)

† 또 내가 하늘이 열린 것을 보니 보라, 백마와 탄 자가 있으니 그 이름은 충신과 진실이라, 그가 공의로 심판하며 싸우더라. 그 눈이 불꽃같고 그 머리에 많은 면류관이 있고, 또 이름 쓴 것이 있으니 자기 밖에 아는 자가 없고 또 그가 피 뿌린 옷을 입었는데 그 이름은 하나님의 말씀이라 칭하더라. 하늘에 있는 군대들이 희고 깨끗한 새 마포를 입고 백마를 타고 그 뒤를 따르더라.

말법시대에 지상 강림하시는 알파와 오메가 하나님은 신계의 피조물처럼 이름이 없는 것으로, 그 이름은 곧 태초의 '말씀'임을 나타내 주고 있는 것이다.

그 알파와 오메가 하나님의 지상 강림하실 때에 하늘의 군대로 표현하고 있는 많은 보좌 신장신관들이 그의 뒤를 따라 함께 지상 강림하여 그 일을 돕게 된다는 것과 그 지상낙원 세계를 열기 전에 먼저 그로 하여 심판이 있을 것임을 기록해 두고 있다.(요한 계시록 19장 15~21)

† 그의 입에서 이 한 검이 나오니 그것으로 만국을 치겠고, 친히 저희를 철장으로 다스리며 또 친히 하나님 곧 전능하신 이의 맹렬한 진노의 포도주 틀을 밟겠고 그 옷과 그 다리에 이름 쓴 것이 있으니 만왕의 왕이요, 만 주의 주라 하였더라. 또 내가 보니 한 천사가 해에 서서 공중에 나는 모든 새를 향하여 큰 음성으로 외쳐 가로되 와서 하나님의 큰 잔치에 모여 왕들의 고기와 장군들의 고기와 장사들의 고기와 말들과 그 탄 자들의 고기와 자유한 자들의 고기와 모든 자의 고기를 먹으라 하더라.
또 내가 보매 그 짐승과 땅의 임금들과 그 군대들이 모여 그 말 탄 자와 그의 군대로 더불어 전쟁을 일으키다가 짐승이 잡히고 그 앞에서 이적을 행하던 거짓 선지자도 함께 잡혔으니 이는 짐승의 표를 받고 그의 우상에게 경배하던 자들을 이적으로 미혹하던 자라, 이 둘이 산 채로 유황불 불붙는 못에 던지우고 그 나머지는 말 탄 자의 입으로 나오는 검에 죽으매 모든 새가 그 고기로 배를 불리우더라.

그 심판주의 이름이 곧 '만왕의 왕'으로서 그동안 땅을 정복하고 다스리며 각 민족 창조신으로 영광을 받아오던 유일신들을 빛의 말씀으로 창조한 '본자연' 하신 참 하나님의 존재임을 나타내고 있다.

그의 지상 강림의 잔치는 먼저 참되지 못하게 이적을 행사하며 진리를 팔아 자신의 배를 불리는 거짓 선지자들과, 또한 세상의 물질만을 추구하여 짐승처럼 자유분방하게 살아가며 실상이 없는 것들을 향해 물질적 욕구로 더 많이 복을 내려 주십사 하고 경배하는 자들에게 오히려 기적을 보여 가죽배를 채워 오던 자들, 곧 교주들부터 먼저 심판을 한다는 것을 기록해 두고 있는 것이었다.

이러한 본자연하신 성부 하나님 섭리의 성서 기록을 코페르니쿠스 이래의 지난 500여 년 동안 걷잡을 수 없이 가속적으로 전지전능해진 서구의 과학문명으로도 풀어내지 못한 채, 왜곡된 성서학자들의 독존과 독주를 계속해 오게 함으로써 지구촌은 핵무기나 지구 온난화로 인한 심각한 환경파괴보다도 더한 종교 공해의 표리성으로 인류를 질식시키고 있는 것이다.

그것을 성서는 또한 예언적으로 기록해 두고 있었다.(요한 계시록 8장 10 ~ 12)

† 셋째 천사가 나팔을 부니 횃불같이 타는 큰 별이 하늘에서 떨어져 강물의 삼분의 일과 여러 물 샘에 떨어지니 이 별의 이름은 쑥이라 물들의 삼분의 일이 쑥이 되매 그 물들이 쓰게 됨을 인하여 많은 사람이 죽더라.

바로 이것이다. 그처럼 하늘 도를 빙자하여 나타나 반짝이는 이름 '쑥물' 은 그리스도 예수께서 영혼 살리려는 순수복음의 생명수가 아닌, 그리스도 복음을 팔아 자신의 이득을 취하려는 거짓 선지자들에 의해서 많은 영혼이 신의 노예로 죽어가게 될 것임을 이처럼 예언해 두고 있다.

그런 그들의 처소가 바로 손으로 지은 큰 성전이라는 것이며, 거기에는 각종 더러운 영들이 모이는 귀신의 처소로 먹고 마시며 사치하는 세속의 음란한 행위의 장소로 '바벨론' 성이라고 성구의 예언은 비유해 두고 있다.

그 큰 성이 때가 이르면 마침내 무너지게 된다는 것으로 그 속에서 하나님이 택한 백성은 그들의 행위를 보며 빨리 깨닫고 나오라는 성서 예언의 경고다.

그 성에 들어 앉아 음란한 '여황' 들, 그들은 세속의 물질과 향락만을 추구하는 거짓 성직자들을 비유한 것이라고 보아야 할 것이다.

신약복음 성서의 가르침에서 예수는 '신랑' 이며, 그의 재림을 기다리는 신도들은 그를 맞기 위해 단장해야 하는 신부로 상징적 비유법으로 말해 왔기 때문에 '여황' 은 그 성 안에 모인 신도들 위에 군림하고 앉은 성직자를 의미하고 있음이다.

그들은 참된 진리가 아닌, 영혼성이 없는 망령된 우상을 섬기게 하는 음녀를 비유해 둔 '여황' 으로, 그 거짓 선지자들과 함께 그 날에 이르러 불의에 대한 심판을 받게 된다는 것을 또한 경고해 두고 있는 성서 기록이다.(요한 계시록 18장 1 ~ 11)

✝ 이 일 후에 다른 천사가 하늘에서 내려오는 큰 권세를 가졌는데 그의 영광으로 땅이 환하여지더라. 힘센 음성으로 외쳐 가로되, 무너졌도다, 무너졌도다, 큰 성 바벨론이여. 귀신의 처소와 각종 더러운 영의 모이는 곳과 각종 더럽고 가증한 새의 모이는 곳이 되었도다. 그 음행의 진노의 포도주를 인하여 만국이 무너졌으며, 또 땅의 왕들이 그로 하여 더불어

음행하였으며, 땅의 상고들도 그 사치의 세력을 인하여 치부하였도다, 하더라.

또 내가 들으니 하늘로서 다른 음성이 나서 가로되, 내 백성아, 거기서 나와 그의 죄에 참예하지 말고 그의 받을 재앙들을 받지 말라. 그 죄는 하늘에 사무쳤으며 하나님은 그의 불의한 일을 기억하신지라 그가 준 그대로 그에게 주고 그의 행위대로 갑절을 갚아 주고 그의 섞은 잔에도 갑절이나 섞어 그에게 주라. 그가 어떻게 자기를 영화롭게 하였으며 사치하였던지 그만큼 고난과 애통으로 갚아 주라. 그가 마음에 말하기를 나는 여황으로 앉은 자요 과부가 아니라 결단코 애통을 당하지 아니 하리라, 하니 그러므로 하루 동안에 그 재앙들이 이르리니 곧 사망과 애통과 흉년이라, 그가 또한 불에 살라지리니 그를 심판하신 주 하나님은 강하신 자이심이니라, 그와 함께 음행하고 사치하던 땅의 왕들이 그 불붙는 연기를 보고 위하여 울고 가슴을 치며 그 고난을 무서워하며 멀리 서서 가로되 화 있도다, 화 있도다, 큰 성 견고한 성 바벨론이여, 일시 간에 네 심판이 이르렀도다, 하리로다.

성서 예언이 기록해 두고 있는 '크고 견고한 성 바벨론', 예수께서는 그 시대에 여호와를 위해 이스라엘 백성들이 손으로 지은 성전을 자랑하는 것을 보시고 하나님은 손으로 지은 전에 계시지 않는다고 분명히 말씀했다.

그리고 하나님은 무소부재하심으로 너희 마음을 성전 삼아 그리스도 복음을 지키라는 것으로, '무릇 지킬 만한 것보다 네 마음을 지키라!' 는 말씀이었다.

그 말씀을 세상에 진리로 두시고 예수께서 부활 승천하신 2000년이 지난 오늘, 다만 달라진 것이 있다면 그 시대 이스라엘 백성들이 물질적인 제물을 바치며 면죄부를 얻던 여호와의 율법시대, 그들의 수호신을 위해 손으로 지은 성전 안에 예수의 이름과 함께 신약복음을 끌어넣고 있다는 것 이외는 달라진 것이 없다.

예수께서는 아무나 진리의 말씀을 듣고 깨닫는 것이 아니기 때문에 "성령이 하신 말씀을 들을 귀 있는 자들은 들으라"고 하신 것이었을 것이다.

그래서 성서 예언은 이처럼 하나님의 부르심을 입은 택한 백성은 자칭 그리스도인이라는 '사단의 회장'에서 나와 음란한 세상을 쫓지 아니 함으로 땅에서 열리는 하나님의 지상낙원에 들어가게 됨을 기록하고 있다.(요한 계시록 2장 7 ~ 10)

† 귀 있는 자는 성령이 교회들에게 하시는 말씀을 들을지어다. 이기는 그에게는 내가 하나님의 낙원에 있는 생명나무의 과실을 주워 먹게 하리라. 서머나 교회의 사자에게 편지하기를 처음이요 나중이요 죽었다가 살아나신 이가 가라사대, 내가 네 환란과 궁핍을 아노니 실상은 네가 부요한 자니라, 자칭 유대인이라 하는 자들의 훼방도 내가 아노니 실상은 유대인이 아니요 사단의 회라.

이 성구 기록에서 '처음이요 나중이요 죽었다가 살아나신 이'라는 그 존재에 대한 비밀이다.

그 비밀한 존재는 특히 여호와 유일신 주장의 서구 신학에서는 풀어낼 엄두조차 내지 못하고 있는 것이 사실이다.

하지만 그 하나님이 바로 음양 태극에 속하는 성모 하나님의 신위로, 요한 계시록에 담아두고 있는 '백보좌'에 앉아 계신 하나님이며, 석가 불교 경전에서 말하고 있는 미래 세상인 용화세계에 출현하신다는 그 미륵 부처님의 존체이신 것이다.

그 존체가 또한 서양에 앞서 동방의 중앙아시아 밝은 터에 하늘 천손으로 제사권 민족의 배달나라를 삼천의 신장과 더불어 내려와 세우셨다는 바로 그 음적 '한울님'으로 천지인 삼천대세계 대권주로 지상 강림하신 바로 그 환웅천제이신 것이며, 중국의 산해경이 기록하고 있는 태극의 하나님으로 천상모태황후라고 했다.

그처럼 처음과 나중이라는 알파와 오메가, 그 섭리의 뜻 가운데 지구에 맨 먼저 하늘 영계의 오모 성신께서 다스림의 신계, 즉 삼천의 신장 선관 그의 종들을 거느리고 지상 강림하여 하늘 제사장 민족으로 밝은 하늘나라 천손인 배달겨레를 세워 놓으시고 빛으로 승천하여 본자리에 오르셨다는 바로 그 '환웅' 한울님이 배달겨레의 조상신 하나님인 것이었다.

그렇기 때문에 "내가 네 환란과 궁핍을 아노니 실상은 네가 부요한 자니라" 하시고 이어 "자칭 유대인이라 하는 자들의 훼방도 아노니 실상은 유대인이 아니요 사단의 회라"고 요한 계시록에서 말씀해 두고 있는 것이다.

바로 그것이었다. 고대 지구촌 인류 역사 속에서 그처럼 동방의 정신 문화로 세계 속에 우뚝 솟았던 배달민족은 그 황금 시기에 만주 벌판을 중심으로 12제국을 다스렸던 천황의 시대가 있었던 것이다.

그러나 우주의 섭리가 음양 상대성이라는 선악 개념의 양면성으로 대별해서 선은 천도에 속하는 영적인 개념이며, 악은 지도에 속하는 허망한 물질개념으로, 유대족의 창조신 여호와는 땅 위에서 살아가는 여러 가지 육신의 법을 가르쳤으며, 그 보좌신명들은 그렇기 때문에 물질문명의 과학정보 지식을 그 백성들에게 가르쳐 주었던 것이다.

그리고 동양의 배달민족 창조신 환웅 천제께서는 우주의 근본 이치의 삼일철학으로, 천지인이 균형과 조화를 이루게 하는 근본이신 하나님, 그 하나에서 비롯되었다는 '한 사상'을 보좌신명들과 함께 가르쳐 줌으로서 세계 속에 정신문명을 꽃피우게 했던 것이다.

이것이 독보적 권위를 앞세우려는 서양의 물질문명의 문화권과, 너와 내가 '한울' 속에서 태어났기 때문에 인류는 형제라는 정신문명으로 동양 문화권의 백성은, 그래서 생존방식부터 그 실현의 목적이 달랐던 것이다.

그래서 현실적으로 독주하는 서양 물질문명에 밀려 그동안 그 빛을 잃어갈 수밖에 없는 동양의 정신문명이었지만, 그러나 다시 영원한 참 빛의 진리가 말법시대에 지구촌을 평화적인 복음으로 다시 주도해 나가게 될 것이 천도의 순행으로, "내가 네 환란과 궁핍을 아노니, 실상은 네가 부요한 자니라." 하고 그 성구에서 그 의미를 던져 주고 있다.

하지만 그들이 보아도 깨닫지 못하는 것은 여호와로부터 선택받았다는 유대인이 아니라, 성구의 기록대로 물질귀신의 음란한 포도주의 잔치에 눈이 어두워 있는 '사단의 회'라고 예언해 두고 있다는 사실이다.

이러한 연유에서 동양에 출현했던 현자들의 예언은 "너희가 12제국의 운수를 아느냐." 했던 것으로 만생명의 모태인 그 태극 한울님의 천지공사가 이 땅에서 새롭게 이루어질 때에 환란 속에 궁핍했던 배달민족이 다시 부유해질 것임을 성서는 그처럼 기록해 두고 있는 것이었다.

그 성모 한울님(환웅)이 다시 지상 강림하시어 아득한 옛날 처음으로 하늘 문을 열고 지구촌 물질계를 열었던 중앙아시아, 이 동토에서 참 진리로 익은 인간 종자 열매를 거두러 오신다는 것으로, 그 분이 '처음이요 나중' 이라고 하신 '알파와 오메가' 의 하나님이신 것이었다.

그러나 그처럼 하나님께서 계시록에 '인봉' 해 두라는 비밀의 경륜을 헤아려 보지 못한 서구 신학자들은 달랑 홀로 구름을 타고 지상 강림하는 예수 재림만을 설파하고 있는 것이다.

하지만 성서는 분명히 알파와 오메가이신 성모 한울님께서 성부 하나님의 머리 도맥인 장자방 성자 예수 '사랑' 의 등에 불을 밝히며 나타나실 것을 기록해 두고 있다.(요한 계시록 22장 22 ~ 27)

† 성안에 성전을 내가 보지 못하였으니 이는 주 하나님 곧 전능하신 이와 및 어린 양이 그 성전이심이라, 그 성은 해나 달의 비침이 쓸데없으니 이는 하나님의 영광이 비취고 어린 양이 그 등이 되심이라.

성부 하나님의 우주정신 사랑의 도맥을 이 땅에 심기 위해서 희생의 제물로 성체의 물과 피를 몽땅 쏟으셨던 그리스도 성자 예수의 십자가의 도가 인류 평화의 정신으로, 홍익인간 이화세계 지상낙원을 이루는 전능하신 하나님 영광의 성전에 함께 불을 밝혀 비취는 그 등이 된다는 것이다.

이러한 뜻에서 예수께서는 신약복음에서 "나를 통하지 않고는 결단코 천국에 들어갈 수 없느니라." 고 단호하게 말씀하셨던 것임을 알 수 있다.

결국 하나님의 '일곱 영', 그 금 촛대의 일곱 인으로 봉한 비밀한 경륜이 성부 하나님의 우주정신인 사랑의 도맥으로, 기독교 스승 그 신약복음을 바탕으로 하여 풀어지게 됨을 성서는 요한 계시록에 또 다음과 같이 기록해 두고 있다.(요한 계시록 5장 1 ~ 6)

† 내가 보매 보좌에 앉으신 이의 오른손에 책이 있으니 안팎으로 썼고, 일곱 인으로 봉하였더라. 또 보매 힘 있는 천사가 큰 음성으로 외치기를 누가 책을 펴며 그 인을 떼기에 합당하냐, 하니 하늘 위에나 땅 위에나 땅 아래에 능히 책을 펴거나 보거나 할 이가 없더라. 이 책을 펴거나 보거나 하기에 합당한 자가 보이지 않기로 내가 크게 울었더니 장로 중에 하나가 내게 말하대, 울지 말라, 유대 지파의 사자 다윗의 뿌리가 이기었으니 이 책과 그 인을 떼시리라, 하더라. 내가 또 보니 어린 양이 섰는데 일찍 죽임을 당한 것 같더라.

바로 그것이다. 구약 여호와 육신의 법이라는 물질제사 의식을 영적 제사로 개혁하기 위해 산제사의 제물로 만세 전에 준비되었다는 어린 양, 그 성자 예수 그리스도가 성부 하나님의 뜻에 순종했던 아들로 하나님 말씀, 곧 일곱 성자들의 '일곱 인'으로 봉해 둔 그 비밀한 책을 받아 개봉하게 된다는 것이었다.

그 인을 떼심과 심판의 권한이 성부 하나님의 머리 도맥인 그리스도 예수에게 있음을 다음 성구가 기록하고 있다.(요한 계시록 3장 9 ~ 14)

† 보라, 사단의 회 곧 자칭 유대인이라 하나 그렇지 않고 거짓말하는 자들 중에서 몇을 네게 주어 저희로 와서 네 발 앞에 절하게 하고 내가 너

를 사랑하는 줄을 알게 하리라. 네가 나의 인내의 말씀을 듣고 지켰은즉 내가 또한 너를 지키어 시험의 때를 면하게 하리니 이는 장차 온 세상에 임하여 땅에 거하는 자들을 시험할 때라. 내가 속히 임하리니 네가 가진 것을 굳게 잡아 아무나 네 면류관을 빼앗지 못하게 하라. 이기는 자는 내 하나님 성전에 기둥이 되게 하리니 그가 다시는 나가지 아니하리라.

내가 하나님의 이름과 하나님의 성 곧 하늘에서 내 하나님께로부터 내려오는 새 예루살렘의 이름과 나의 새 이름을 그이 위에 기록하리라. 귀 있는 자는 성령이 교회들에게 하시는 말씀을 들을지어다.

이 성구에서 '자칭 유대인의 자손이라고 하나 그렇지 않고 거짓말하는 자들', 그것이 바로 이스라엘의 조상신 여호와를 전지전능하신 우주적인 성부 하나님으로 믿게 하는 적그리스도들의 모임으로 '사단의 회' 라는 것이었다.

그리고 하늘로부터 내려오는 새로운 성전의 이름이 만들어지면서 유대 땅에 태어나 붙여졌던 '예수' 라는 이름이 아닌, 새 이름이 '그이' 곧 백보좌 하나님 위에 기록된다는 것이다.

이처럼 성서 기록은 그 '사단의 회' 에서 하나님의 이름을 부르고 예수를 믿는다고는 하나 실상은 거짓말 하는 자들이라고 못 박아 예언해 두고 있다는 사실이다.

그것은 참 생명의 말씀인 그리스도 복음의 진리를 구약시대 영혼 생명을 주지 못하는 신계의 유대족 여호와를 전지전능하신 성부 하나님으로 믿게 하는 것이 바로 진리 아닌 '쑥물' 이기 때문이다.

그러나 그 속에서도 구원 받는 이들이 있음을 성구는 기록해 두고 있다.(요한 계시록 3장 1~6)

† 사데 교회의 사자에게 편지하기를, 하나님의 일곱 영과 일곱 별을 가진 이가 가라사대 내가 네 행위를 아노니 네가 살았다는 이름은 가졌으나 죽은 자로다. 너는 일깨워 그 남은 바 죽게 된 것을 굳게 하라. 내 하나님 앞에 네 행위의 온전한 것을 찾지 못하였노니 그러므로 네가 어떻게 받았으며 어떻게 들었는지 생각하고 지키어 회개하라. 만일 일깨지 아니 하면 내가 도적같이 이르리니 어느 시에 네게 임할는지 네가 알지 못하리라. 그러나 사데에 그 옷을 더럽히지 아니한 자 몇 명이 네게 있어 흰 옷을 입고 나와 함께 다니리니 그들은 합당한 자인 연고라, 이기는 자는 이와 같이 흰 옷을 입고 나와 함께 다니리니 그들은 합당한 자인 연고라. 이기는 자는 이와 같이 흰 옷을 입을 것이요, 내가 그 이름을 생명책에서 반드시 흐리지 아니 하고 그 이름을 내 아버지 앞과 그 천사들 앞에서 시인하리라.

이렇듯 알파와 오메가의 지상낙원이 땅에 건설되기 전에 본체신 하나님과 성자 예수가 몸이 없는 영체로 구름을 타고 오시는 것이 아니라, 인자로 오시어 우리 속에 거하며 그 일을 보좌신명들과 함께 이루신다는 기록이다.

오늘 서구신학이 태초의 하나님 빛의 창조를 풀어내지 못하기 때문에 요한 계시록의 이 같은 성구를 헤아려 볼 수 없는 것으로, 구름을 타고 오시리라는 예수 재림만 믿고 있는 것이다.

하지만 성서 창세기 1장에서 체에 속하는 음적 하나님을 '수면' 으로 표기하였듯이, 예수께서 "구름을 타고 오시리라"고 한 것 또한 물질 개념으로 2000년 전에 인간 세상 육신의 모양으로 탄생하심같이 그 '예수' 라는 이름이 아닌, 새 이름으로 세상에 출현한다는 것을 분명히 밝히고 있는 것이다.

　이렇게 하늘 본체신 성령님들께서 인자의 모습으로 세상에 출현하신다는 것이 말법시대로 배달민족 조상 하나님이신 환웅께서 배달겨레를 세우고 뿌리 정신으로 심어준 '한 사상' 이 그것이었다.

　그러므로 그때를 당하여 누가 그 본체신 하나님이며, 또 보좌신명들인지 알지 못함으로 사람을 외모만 보고 판단하지 말라는 뜻으로, 사람을 중시해야 하는 인존시대라는 것이었다.

　이것이 하나님의 감추어 둔 비밀로 과거 유대 백성들이 그 비밀을 알았더라면 성자 예수를 십자가에 못 박지 않았을 것이라는 성서 기록의 말씀이다.

　그런데 초림 예수께서 부활 승천하시고 다시 재림하실 것이라는 예언의 말씀인 그 징후가 지구 도처에서 일어나고 있는 이 말법시대에 아직도 구약의 유대족 조상신 여호와를 절대자 하나님으로 지구촌에 설파하고 있는 서양 신학자들의 모순에 대해서 성서 요한 계시록은 그들이 받을 심판이 어떤 것인가를 말해 주고 있는 것이었다.

　그러한 종교적 모순의 공해는 어쩌면 민족주의적 우월성을 고집하는 유대민족의 타민족을 지배하려는 정신문화에서 비롯된 것으로서, 서양의 '패권주의적' 정당성 확보를 위한 방편의 무기로 존재해 왔다고도 볼 수 있다.

　그것이 유대민족 위에 심어준 조상신 여호와의 정신 호흡으로 일찍부터 그 백성들에게 정복문화 기술을 가르쳐 나온 것이 그것이었기 때문이다. 이제 지구촌 인류에게 있어서 무엇보다도 시급한 것은 자신의 '뿌리 찾기' 일 것이다. 성현들의 천도의 가르침에서 제일 으뜸이 "네 부모를 공경하라" 는 것이었다.

그런데 문제는 서양 문화권을 여과 없이 그대로 받아들여 믿는 일부 종교인들에 의해 소중한 우리 배달민족 뿌리의 역사관까지도 바로 세울 수 없는 것이 오늘 우리의 현실로, 그것은 왜래 문명에 만연된 중독 현상의 결과인 것이다.

그러면서도 정부가 한민족이 세워진 경축일로 제정하고 있는 10월 3일 개천 행사에서 그 뜻도 모르는 채 노래를 부르고 있다.

우리가 나무라면 뿌리가 있고
우리가 물이라면 새암이 있다.

무엇을 알고 그 노래 부르고 있는 것일까?

그야말로 육신의 제 조상 뿌리의 역사도 모르는 사람이 영혼 생명을 있게 한 본 자리를 알아볼 수 없는 것은 당연한 일인지도 모른다.

그것은 그동안 본질적으로 인간 실상의 생명을 주지 못하는 대자연계의 신, 곧 우상을 섬겨 왔기 때문인 것으로 내가 나의 주인공이라는 주체성 상실감에서 비롯된 것이라고 할 수 있을 것이다.

오늘 우리는 성서가 기록하고 있는 의미를 바로 깨달아야만 생명을 있게 한 천지 부모 하나님의 아들로서 거듭남을 받게 되면서 무서운 지구 종말의 환란을 면할 수 있게 된다는 것을 성서는 기록해 두고 있다.

신약복음 성서에서 예수께서 하신 말씀이 바로 그것이었다.

"말씀을 받은 자를 신이라 하였거늘 너희가 이것을 믿느냐?"

바로 그것이다. 그리스도가 주신 말씀을 듣고 깨닫는 자는 신에게 의탁하고 부림을 받는 신의 노예로서 종이 아니라, 천상천하 유아독존하는 진리의 하나님, 그 분자적인 아들로서 천하보다 귀한 생명체이기 때문에 구원을 받게 된다는 것이다.

이것이 그리스도가 신약복음에서 외친 인류 구원이라는 메시지로서 그리스도가 하나님의 아들인 것같이, 그 아들 됨을 믿게 하는 자각의 현상이 바로 기독교 스승이 주는 참 진리라는 신약복음으로 '깨달음'의 말씀이다.

그 깨달음의 진리를 일찍이 동방의 배달겨레 조상신 환웅께서 그 백성들에게 심어 주셨던 '한사상'으로, 하늘 근본의 이치를 듣고 깨달음을 얻으면 바로 내가 하늘이라는 인내천 사상인 것이었다.

그러나 오늘 허구적인 서양 물질문명에 중독되어 실상을 잃어버리고 살아가는 현대인들에게는 무엇보다도 먼저 서양문화가 가져다 준 모순된 교리부터 바로 조명해야 되는 것이 그 수순일 것이다.

구약에서 "나 이외는 다른 신을 섬기지 말라." 하고 그 이스라엘 백성들이 지켜야 할 계율을 세워 놓은 여호와의 명령부터가 '절대자'로서의 품격에 어울리지 않는다는 사실이다.

질투란 동등한 격의 상대에게서 느낄 수 있는 의식의 발로인 것으로, 여호와가 '절대자'로서 전지전능하신 하나님이라면 다른 신의 존재를 그처럼 의식할 필요가 없는 것이다. 모든 존재하는 것은 그 절대자의 능력에 의해서 창조되는 것이기 때문이다.

그러한 여호와의 계명은 그의 능력으로도 어쩔 수 없는 그 불가능이 있음을 나타내는 것이며 그 상대의 존재가 바로 '이방 족속을 창조한 신들로서' 다른 이방의 족속들에게는 상관되지 않는 계율인 것이었다.

그래서 여호와는 그 이스라엘 백성들에게 다른 신을 섬기지 못하도록 "나는 너희를 애굽에서 구해 낸 이스라엘 하나님 여호와로다." 하고 스스로가 대우주적인 하나님이 아님을 밝히고 있다.

그런데도 성서학자들은 그 여호와가 대우주적인 절대자 하나님으로 승인하는 커다란 오류를 범하고 있는 것이고 보면, 그 진리의 실상을 밝혀내기 위해서라도 인류의 조상 뿌리를 유대민족에 붙이고 있는 그 구약성서 속으로 들어가 보자는 것이다.

그 속에서 과연 그 유대 민족의 창조신 여호와가 처음 사람으로 만들었다는 '아담'이 인류 공통의 조상인가? 하는 것부터 밝혀봄으로써 지구촌 5색 인종의 피부색이 다른 만큼이나 그 조상신을 달리 하고 창조된 특징의 모습들이 각양각색으로 다르면서, 또한 지능과 성품이 그처럼 다르게 형성되어 각 민족문화를 이루어 나왔음을 유대민족의 뿌리 역사에서 밝혀 볼 수가 있기 때문이다.

4부

인류 시원 에덴동산의 비밀

우주통일시대
α & Ω 처음과 끝

우리는 오늘 기독교 신학이 인류의 시조라고 믿게 하는 유대민족의 조상 '아담'이 창조되었다는 '에덴동산'을 성경 속에서 찾아보아야 할 것이다. 세계적인 예언서 성서는 그 에덴동산이 세상 끝에 다시 회복될 것임을 기록해 두고 있기 때문이다.

성서학자들이 인류의 조상이라고 주장하는 처음 사람 아담이 창조신 '여호와'의 계율을 불순종함으로 쫓겨났다는 에덴동산은 6000년전 지구 어디에 위치하고 있었던 것일까?

서구 신학자들은 유대족의 시원지 에덴동산을 지금까지도 명쾌하게 밝혀내 주지 못한 채 구구한 추측이 서로 엇갈리고 있음을 보여준다.

여호와 신의 에덴동산 창설은 창세기 2장에서부터 기록되고 있다. 그 물질계 창조의 서막에 앞서 기록되어 있는 성구다.(창세기 2장 5 ~ 9)

† 여호와 하나님이 땅에 비를 내리지 아니 하셨으므로 들에는 초목이 아직 없었고 밭에는 채소가 나지 아니 하였으며 안개만 땅에서 올라와 온 지면을 적셨더라.

그리고 그로부터 시작되는 여호와의 창조는 창세기 1장에서 태초의 이데아 빛의 로고스로 남자와 여자가 동시에 지음을 받았다는 것과는 달리, 물질인간 남자부터 만들어 나가는 창조의 서장이다.

† 여호와 하나님이 흙으로 사람을 지으시고 생기를 그 코에 불어 넣으시니 사람이 생령이 된지라 여호와 하나님이 동방의 에덴에 동산을 창설하시고 그 지으신 사람을 거기 두시고 여호와 하나님이 그 땅에서 보시기에 아름답고 먹기에 좋은 나무가 나게 하시니 동산 가운데에는 생명나무와 선악을 알게 하는 나무도 있더라.

여기에서 '에덴' 이라 함은 '기쁨' 이라는 뜻으로, 여호와 신은 그의 기쁨이 된다는 '에덴동산' 창설에 앞서 이렇게 남자부터 창조하고 난 다음으로 일정한 구획을 나타내는 에덴동산을 창설을 하여 그가 지은 사람을 거기에 두고 그 땅에서 보기에 아름답고 먹기에 좋은 나무가 나게 했다는 기록이다.

이처럼 여호와의 물질계 창조는 그 전개 순서부터도 창세기 1장과는 전혀 다른 모습을 보여준다.

그러한 여호와 창조역사 시작에서 에덴동산의 특징은 강이 '에덴' 에서부터 발원하여 네 줄기로 뻗어나갔다는 데에 있다. (창세기 2장 10 ~ 15)

† 강이 에덴에서 발원하여 동산을 적시고 거기서부터 갈라져 네 근원이 되었으니 첫째의 이름은 비손이라. 금이 있는 하윌라 온 땅에 둘렀으며, 그 땅의 금은 정금이요, 그곳에는 베델리엄과 호마노도 있으며, 둘째 강의 이름은 기혼이라, 구스온 땅에 둘렀고, 셋째 강의 이름은 힛데겔이라. 앗수르 동편으로 흐르며 넷째 강은 유브라데더라.

여호와의 물질창조 세계관에서 주목해야 하는 것은 강의 발원지로 인류문명은 강을 끼지 않고는 이룰 수가 없음을 동서로 갈라진 민족뿌리 그 시원에서 기록해 두고 있기 때문이다.

이처럼 여호와의 물질계 창조 동산 '에덴'은 분명히 동방에 있었다는 것으로 그 에덴동산에서부터 강이 발원하여 네 줄기로 갈라져 나왔다는 것이고 보면, 그것은 동양의 배달민족 뿌리의 시원지인 백두산을 중심으로 하는 태백산맥과 곤륜산을 근접하고 여호와의 창조 '에덴동산'이 창설되어졌음을 나타내 주고 있다.

세계 속에서 강이 발원하여 네 줄기로 흐르고 있는 곳은 유일하게도 백두산 천지 못 밖에 없는 것으로, 여기에서 모든 물질계의 강이 발원하여 갈라지는 물줄기는 북으로 토문강, 동으로는 송화강, 서로는 압록강, 남으로는 두만강으로 그 수맥은 저 멀리 태평양으로 이어져 있는 지구 유일의 강의 원천이라는 것이 그 증거다.

지구상에서 해가 솟아오르면 제일 먼저 비친다는 동방의 밝은 터에 천상의 신들이 내려와 물질계 창조 역사를 시작했음을 유대족의 뿌리 역사 기록인 창세기 2장에서도 이처럼 나타내 주고 있다.

중앙아시아, 이곳이 바로 지구 중심의 혈맥으로 우주의 모든 서기가 고루 뻗어 있어 물질계를 처음 열었다는 뜻을 담아 두고 있다.

글자의 어원으로 처음 아는 시초라는 곧 물질계의 초산을 시작했다는 뜻을 내포해 두고 있는 것으로서 아시아다.

이 옛말 '아시' 는 그로부터 전해 내려와 아직도 여러 지방에서 사용되고 있는 것으로 논밭의 초벌갈이를 할 때 '아시갈이' 또 길이나 터를 처음 닦는 것을 '아시닦이' 라 하며, 과일 등의 첫 맛을 '아시맛' 또 '아시빨래' 하는 것이나, 일본말에서 숫처녀를 '아다라시' 라고 하는 것과 또 여호와 신이 처음 지은 사람을 '아담' 이라고 한 것처럼 그 어원은 동양의 배달민족의 시원에서도 마찬가지다.

처음 시작의 터전임을 나타내는 것이 '아시땅' 또는 '아사달' 이라 했음은, 모두가 처음 물질계의 역사가 시작된 곳임을 의미하고 있는 것으로서, 처음 지음을 입은 남자 양(陽)을 '아반' , 여자 음(陰)을 '아만' 이라고 한 것으로, 아(亞)는 최초의 사람임을 뜻하고 있는 것이다.

이처럼 지구에 처음 물질계 창조가 시작된 중앙아시아 아시태백은 유대족의 창조신 여호와뿐만 아니라 하늘의 신들이 내려와 물질계를 처음 열었던 축복받은 땅으로 배달민족 백성들은 크고 웅장한 하늘나라 환웅 '한울님' 이 내려오셔서 처음 물질계를 열었다는 의미에서 아시태백이라고 했다.

여기에서의 태백은 서양 신학자들이 아직까지 풀어내지 못한 요한계시록 속의 '백보좌' 에 앉아 계신 한울님의 신위로서 태초에 우주와 만물을 형상화시킨 음양 태극의 성모 한울님의 존재다.

그 백보좌 환웅천제님으로 세워진 밝은 배달민족을 그래서 '백의민족' 이라고도 했던 것이며, 이분이 내려오신 아시태백을 태백산(太白山), 백산(白山), 천산(天山), 백두산(白頭山) 등이 모두 그 의미를 담아 두고 있는 것으로서 생명을 낳아 준 근원이라고 믿어 삼신산(三神山)

이라고 불렀다고 한다.

그로부터 심어진 배달민족의 만물감통(萬物感通) 사상은 높은 산은 생명의 근원으로, 생사화복(生死禍福)을 주관한다고 믿어 신성한 장소를 택하여 제단을 쌓고 산신제를 올린 풍습이 그로부터 비롯된 것이다.

이렇게 배달민족 백성들은 높은 산을 '한울님'이 내려온 산이라고 믿고 신성시했던 것으로, 밝은 하늘나라 한울님이 뜻을 펴신 터전이라는 뜻에서 신불(神佛)의 나라라고도 불렀다는 신불은, 곧 신이 세운 나라로 검벌(神國)이라고도 했다.

그래서 신불(배달)의 나라 백성들은 하늘 웅장한 환웅님이 내려와 세워진 나라로, 유대민족이 그 조상신 여호와로부터 선택된 민족이라는 자부심을 가지고 있는 것처럼 으뜸 장손민족으로 하늘 천손이라는 긍지를 갖게 된 것이었다.

그런데 조상신 환웅천제께서 그 정통성을 나타내 주는 원방각 3개의 증표가 바로 우주의 원리를 함축하고 있는 천부인으로 원방각의 둥근 도로방 모양은 원대 무궁한 우주를, 사각은 물질계 땅을, 그리고 세 뿔은 사람을 뜻하는 것이다.

이것이 하늘과 땅과 사람 곧 천지인이 합일을 이루었다는 진리의 표상인 것이라고 했다. 그것을 토대로 만들어진 배달민족의 천부경 속에 담아 두고 있는 일시무시란, 처음 하나가 없음에서 시작되었지만, 그 끝없음이 영원무궁하다는 뜻이며, 일석삼극무진본(一析三極無盡本)은 처음 하나를 쪼개 3극으로 되지만 근본은 없어지지 아니 한다는 뜻이다.

그리고 이어지는 천일일지(天一一地) 일이일삼(一二一三)이란, 근본은 무극인 하나에서 나눔으로 하늘이 그 첫 번째며, 두 번째의 나눔이 땅이 드러난 것으로, 그 둘이 합한 태극에서 세 번째로 사람이 태어났다는 뜻이다.

그 다음 일적십거무궤화삼이란, 하늘 일월이 음양으로 둘이지만 생물과 함께 셋이고, 땅도 물과 뭍으로 둘이지만 생물과 함께 셋이고, 사람도 남녀 둘이지만 자식까지 합쳐 셋이 된다는 것이다.

그리고 이어지는 대삼합륙에서의 큰 수 3은, 삼천대세계를 이룬 천지인으로 각각 음양을 합하면 6수가 된다는 천지의 이치를 함축하여 담아두고 있다.

그 다음으로 이어지는 것은 상수철학이므로 설명을 줄이겠지만, 이렇듯 환웅천황께서 하늘 이치의 증표로 가지고 오신 우주의 원리 원방각은 천하 만물이 태초 무극의 둥그런 세계와 같이 둥근 도로방 공(空)이기 때문에 생겨난 상생의 원리에 따라 동서남북 사방위와 상하를 배열하여 육합이 된 것이라는 대삼합륙(大三合六)은 주역의 근본 철학이자 종교가 주는 윤리며 과학의 진면으로, 이 운행도수가 하나님 예지의 숨결이라는 것이다.

이것이 성서학자들이 일체 언급을 하지 못하고 있는 창세기 1장의 창조론이다. 하지만 동양철학에서 나타내는 태시에 하늘을 나타내는 둥근 원은, 공기운 무색으로 누리를 감싸고 있는 태초의 모습이다.

그래서 움직임이 없고, 변화 없는 심연 속에서 살아 움직이고자 하는 엄숙한 생명의 시초로 조화주 하느님의 숨결이 천지만물의 생명수 즉, 수기를 포태하고 있는 장엄한 우주 이전의 모습이라고 했다.

이렇게 태초 우주는 둥근 원의 무극에서 두 극이 형성되어진 이것이 태극으로, 우주 원기의 음양 대립현상이 이루어지면서 마침내 생명이 살아숨쉬는 만물의 원소로 자존하며 두 극이 상생의 조화를 이루어 영롱한 빛을 발하기 시작했음을 나타내 준다.

이 빛이 태초에 만물을 조물해 낸 조화주 하나님 능력이라는 원기로서, 이것이 우주 천지 부모 음양 이성이 첫 교합으로 '파토스' 며, 율여성이라고 한 것이다. 이 때 환희의 빛을 뿜어내는 장엄한 파토스가 생명력의 진동소리로 성서에 '하나님의 보시기에 좋았더라' 는 천악성이며, 천지와 만물을 각기 모양대로 형상화시킨 태초의 로고스로 성서가 기술해 두고 있는 태초 하나님 뜻으로 만물을 이루어지게 했다는 '말씀' 의 소리다.

이것이 삼진일체라는 천부인 원방각 속에 들어 있는 우주의 원소라는 기운행의 당위법칙으로서 한민족의 삼일철학을 낳게 했던 것이며, 이것을 바탕으로 한 동양철학 오행음양의 진수인 삼태극의 원리가 그 속에 함축되어 있는 것이었다.

이러한 동양의 음양사상은 우주 대원인의 근본자리와 우주의 본질을 파악하는 우주관이다. 그래서 동양에서는 이 본자연의 음양 기운을 대별할 때 일월로, 일(해)력과 월(달)력을 사용한다.

그래서 동양에서는 달과 연결지어 생년월시 네 가지로 운명을 점지해 보는 사주학이 발달했다. 인간의 운명이 사람의 태어난 생년월시에 의해 이미 정해져 있고, 그래서 한생의 삶을 점처 보게 하는 사주학은, 창세기 1장에서 이미 기록해 두고 있는 것으로, "그 광명으로 하여 징조와 사시와 일자와 연한이 이루라." 하신 것으로 그것이 조물주 만물 창조의 법칙으로서, 태초의 수치를 바탕으로 만들어낸 것이 오늘날 물질문명을 열어가게 한 과학의 원리인 것이다.

바로 그것이다.

"그 광명으로 하여 징조와 사시와 일자와 연한이 이루라."

여기에 기인하여 별자리와 연결지어 운명을 점지해 보는 것이 서양의 점성술 별점으로, '나'라는 생명이 이 세상에 태어날 때 이미 그 사람이 살아갈 날의 삶의 질, 그 모형도가 그려져 있으면서 그 패턴에 의해 살아간다는 것이다.

이 원리에 의해서 하늘 천체의 광명의 징조를 살피던 동방박사들은 이상한 별의 태동을 보고 유대 땅에 만왕의 왕으로 '구세주'가 태어날 것임을 예견하고 그 별이 머문 베들레헴 말구유간에 태어나 누운 성자 예수에게 경배를 드렸다는 성서 기록이다.

이처럼 동서양이 두 광명의 징조를 바탕으로 점성술이 만들어져 나온 것으로, 태초 일월이라는 상대적인 두 원기가 자전과 공전의 법칙으로 운행하고, 달은 태양의 에너지를 받아 한랭으로 식혀 적당한 온도로만 생명을 오밀조밀하게 생성시킨다는 생명의 모체로 여자를 뜻했다.

그래서 과거 우리 조상들은 일월의 교감에 의해서 새로운 생명이 탄생하는 자연의 이치로 우주의 본질을 파악하는 역서 주역이 만들어진 것이다.

그 역서가 중국에서부터 비롯되어진 것으로 잘못 전해지고 있지만, 사실은 단군왕검께서 재위 67년 감성관(천문학자) 황보덕으로 하여 조선 역서의 시원인 달력을 만들게 한 데서 비롯되어졌다. 이 역은 삼신일체, 곧 우주의 무궁 조화가 기록되어 들어 있는 천부경(天符經) 속의 진리를 토대로 삼은 것이다.

천부경은 배달민족의 시조이신 환웅 천제께서 우주의 모든 원리가 들어있는 천부삼인(天符三印) 원방각을 토대로 하늘 천신 월광신지로 하여 글자를 만들어 전해지게 한 것이었다.

그것이 바로 천부경, 삼일신고, 참전계경으로 우주와 만물이 생겨난 모든 원리를 담아 두고 있는 진경이었다. 그 진경을 바탕으로 하여 감성관 황보덕은 삼백육십오일 다섯 시간 사십팔 분 오십 초를 일년으로 하는 역을 만들어 내놓게 된 것이다.

이 주역으로 우주가 생멸변화하는 원리를 밝혀볼 수 있을 뿐만 아니라, 소우주라는 인간 개인의 생년월시를 주역을 바탕으로 풀어보면 그 사람의 성정과 운명까지도 알아볼 수 있는 우주 암호의 해득서인 것이었다.

이렇게 만들어진 주역을 공자께서 그처럼 깊이 연구하여 마침내 천지의 비밀을 밝혀내는 동양철학서가 만들어진 것인데 그 유래를 알지 못한 후세 사람들은 주역이 마치 중국 사람들이 만들어낸 학문인 것처럼 만들어내고 있지만, 공자는 분명히 우리 동이족임을 중국 고서에서도 나타내고 있다.

이렇게 동양철학의 술이부작(述而不作)인 우주 역서는 우주 시발의 음양 일월의 변화도를 담아두고 있는 것으로 고대인들 중에서도 특히 유프라테스의 강 하류에 살고 있던 유목민 카르테안들은 이러한 자연의 이치를 적용시켜 천체를 관측하는 수학능력이 발달하면서 달력을 만들어 우리 조상들이나 마찬가지로 사용해 왔으며, 타고난 인간의 개성까지도 거기에 맞추어 점쳐 보았던 것으로 그로부터 점성술사를 카르테안이라고 부르게 된 유래라고 한다.

이렇게 일월의 교감에 의해서 신비의 생명이 탄생된다는 카르테안에 의해 실시되었던 남녀 교합의 의식이 오늘날 현대인들이 신혼여행을 떠나는 허니문의 유래가 된 것이라고 했다.

이처럼 남녀 신혼부부의 랑데부를 의미하는 애정의 신혼여행은 새로운 생명을 만들어낼 수 있게 기력이 성숙된 남녀가 능력의 창조를 행사하기 위해서는 그 몸 기운이 다른 반쪽을 찾아 한 몸을 이루었을 때, 비로소 생명력의 빛을 만들어 내면서 그 빛에 의해서 물질이라는 '얼'이 만들어진다는 자연법칙을 따른 것이다.

그러한 본자연의 법칙으로 태시에 생명이 만들어졌다는 우주 기원의 '대원인'의 장 창세기를 비추면, 창세기 1장에 기록된 '하나님의 신'이라는 것과, 두 번째 나타내는 '수면'은 상대성 음양의 이치로서 이 대별적인 두 기운이 한 몸을 이루기 위한 애정의 랑데부가 '하나님의 신이 수면을 운행하심으로'에서 나타내 주고 있다.

그 성구가 바로 태초 천지 부모 일월의 허니문 모습으로, 이때 '하나님의 신'은 성부의 양적인 기운으로 태양을 상징하며, 그 기운은 염열(炎熱), 승발(承發), 분산(分散), 팽창(膨脹)되는 성질이다. 그리고 '수면'은 성모의 음적인 달을 상징하면서 그 기운이 한랭(寒冷), 침강(沈降), 수축(收縮), 응결(凝結)되는 성질로서 수기(水氣)가 뭉쳐 있는 얼음 상태로 '수면'이라고 표기해 두고 있음이다.

이것이 태초 우주의 본질로 음양일월의 기운을 나타내고 있으면서, 성현들의 도맥 또한 본자연의 법칙 그대로를 나타내 주고 있는 것으로, 빛으로 에텔화하여 영적인 부활의 생명을 나타내 보인 성자 예수였으며, 응고 수축되는 음적인 물질개념의 사리로서 윤회를 나타내 보인 성자 붓다였다. 이러한 두 도맥이 천지 부모의 영과 혼으로 그 이치를 동서음양 대별적으로 나타내 준 것이다. 그래서 성부의 우주정신 '사랑'의 도맥으로 세상에 출현한 성자 예수를 성서는 하나님의 '머리'라고 한 이유가 여기에 기인하고 있는 것으로 성부의 뜻을 담은

'한알님' 의 머리가 태양을 상징하는 영이며, 그 뜻의 빛을 '한울' 로서 가슴에 품어 담고 물질을 형상화시키는 모태자리가 달을 상징하는 혼으로, 바로 우주 영혼 두 도맥의 스승이 예수와 석가였다.

그 두 성자의 도맥이 하나님의 비밀이라고 성서는 기록하고 있다.(요한 계시록 11장 3 ~ 13)

† 내가 나의 두 증인에게 권세를 주리니 저희가 굵은 베옷을 입고 일천 이백 육십일 예언하리라. 이는 이 땅의 주 앞에 서있는 두 감람나무와 두 촛대니 만일 누구든지 저희를 해하고자 한즉 저희 입에서 불이 나서 그 원수를 소멸할지니 누구든지 해하려 하면 반드시 이와 같이 죽임을 당하리라. 저희가 권세를 가지고 하늘을 닫아 그 예언하는 날 동안 비 오지 못하게 하고 또 권세를 가지고 물을 변하여 피 되게 하고, 아무 때든지 원하는 대로 여러 가지 재앙으로 땅을 치리로다.

저희가 그 증거를 마칠 때에 무저갱으로부터 올라오는 짐승이 저희로 더불어 전쟁을 일으켜서 저희를 이기고 저희를 죽일 터인즉 저희 시체가 큰 성에 있으리니 그 성은 영적으로 하면 소돔(죄악의 도시)이라고도 하고 애굽이라고도 하니 곧 저희 주께서 십자가에 못 박히신 곳이니라. 백성들과 족속과 방언과 나라 중에서 사람들이 그 시체를 사흘 반 동안 목도하며 무덤에 장사하지 못하게 하리로다.

이 두 선지자가 땅에 거하는 자들을 괴롭게 한 고로 땅에 거하는 자들이 저희의 죽음을 즐거워하고 기뻐하여 서로 예물을 보내리라, 하더라. 삼일 반 후에 하나님께로부터 생기가 저희 속에 들어가매 저희가 발로 일어서니 구경하는 자들이 크게 두려워하더라. 하늘로부터 큰 음성이 있어 이리로 올라오라 함을 저희가 듣고 구름을 타고 하늘로 올라가니 저

희 원수들도 구경하더라.

그처럼 두 도맥의 스승을 두 감람나무와 두 촛대로 비유해 두고 있는 것으로, 감람나무는 크고 우람하여 많은 새들이 깃들고 쉼을 얻게 하는 나무로 두 영혼 도맥의 스승을 거기에 비유해 두고 있는 것이다.

뿐만 아니라 성자 출현 이전에 지엽적인 신을 받들어 섬기던 그 백성들과 기존의 율법사들로부터 두 촛대의 스승 예수와 석가는 고등종교 영혼의 도를 설파하면서 똑같이 박해를 받아 온 것이었다.

그래서 여러 가지 이적과 기사로 천주의 능력을 나타내 보이면서 그들에게 기존의 사상을 버리라고 시대변화의 비유법을 들어 외친 성자 예수였고, 석가 역시도 마찬가지였다.

이렇게 두 촛대의 스승들은 그들이 세상에 출현하기 전에 원주민들이 믿고 숭상하던 신으로부터 해방되라는 진리의 설법으로 미움을 받고 충돌의 마찰을 빚어왔던 것이다.

그처럼 하늘 영혼의 천법을 이 땅에 심기 위해 고난의 생애를 마감한 불교의 스승 석가는 세상을 빗대어 '고통의 사바세계' 라고 했으며, 기독교의 스승 예수는 들에 짐승도 들어가 쉼을 얻을 굴이 있고, 들에 나는 새들도 각기 둥지가 있어 쉼을 얻지만, 인자는 머리 둘 곳이 없다고 세상이 주는 고독을 말해 두고 있었다.

이렇게 태초의 원기가 음양에서 비롯되어 우주와 만물이라는 삼천대세계가 천지인으로, 인간이 우주와 연결된 한 몸체로 소우주라는 것이며, 그러므로 자신의 정성으로 성정을 맑게 하면 그 내면에 본심본 태양이신 하나님 정기의 빛으로 내 자신이 곧 하나님이 거하시는 천국이 된다는 성자 예수의 가르침 신약복음의 말씀과 다를 것이 없는 것이었다.

이것이 배달민족의 조상신 환웅 한울님께서 천손으로 세우신 백성들에게 하늘의 진리 '한 사상'으로 심어주신 인내천 사상으로, 성자들로 하여 부분적으로 뻗어나간 지체 도맥 모두를 포괄한 대도로서 원통맥의 천도인 것이었다.

그 '한 사상'을 바탕으로 하고 있는 배달민족의 경전 삼일신고에서 '자성에서 구자하라, 강재이뇌(降在爾腦)니라' 한 것이 바로 그것이다.

본성에서 씨알을 구하면 네 머릿골에 이미 하느님이 내려와 계신다는 가르침의 천법으로, 소우주 인간이 우주 영혼의 혼신임을 깨달으라는 것이었다.

이것이 경천의 의미로 혼은 하느님 숨결의 기운행이며, 신은 완성의 목적인 도라는 것이다.

이렇게 우주만물을 창조하신 조화주 하느님의 영과 혼이 온 누리를 감싸고 연결되고 있음을 배달민족 위에 심어 주신 바로 그 '한 사상' 안에 모두 담아 두고 있는 것이었다.

이러한 우주 운행원리로 삼신천법을 일찍부터 배워 깨우친 배달나라 백성들은 삼신일체이신 조화주 성부 한알님, 교화주 성모 한울님, 치화주 성자 한얼님이 우주의 모든 생명을 주관하신다고 믿어 삼신각과 칠성각을 세우고 빌어 왔던 민간풍습이 그로부터 만들어져 나온 것이다.

그렇기 때문에 세계 속에서 유일하게도 귀한 자손을 얻게 되면 일곱색 색동저고리를 만들어 입혔던 것으로, 그것은 조화주 하나님의 분자적인 빛의 아들이 각기 그 색을 달리한 칠성님으로 존재한다고 믿고,

그 자손을 보호해 주실 것을 치성 기도로 드린 것이 칠성발원 기도였다.

그 칠성님의 존체가 서양 신학자들이 아직도 언급하지 못하고 있는 요한 계시록 속에 기록되어 있는 '보좌 앞에 일곱 등불' 로 '하나님의 일곱 영' 이라는 그 비밀한 존체다.

그 성자들 도맥의 골간을 이루는 것이 영혼 도맥이며, 그로부터 하나님 몸체에서 사지로 뻗어 나간 부분 지체 도맥으로 세상에 출현하여 크고 작은 도의 방편 법계로 그 사상을 심어준 것이다.

그 진리체 성자들이 시대와 나라를 달리하고 하나님의 종들이 세상이라는 밭에 뿌려 놓은 인간 종자 씨를 진화 성숙시키기 위해 출현했던 바로 그 세계 칠대 성현들이었으며, 또한 단군들이었다는 사실이다.

동양철학의 진수인 우주 역(易)의 오행음양사상을 바탕으로 하는 태극 팔괘도의 배치가 그 원리를 바탕으로 하고 있다.

이렇게 태초의 '우주 씨' 라는 정자와 난자가 음양태극으로 하나의 틀을 이루고 우주가 운행되어짐을 나타내 주는 동양철학을 바탕으로 성자들이 가지고 출현한 우주사상이라는 부분 지체 도맥의 가르침, 그 색을 풀어보면 다음과 같다.

먼저 노자 도교는 1.6 수(水)에서 나온 북방임계흑제현무(北方壬癸黑帝玄武) 은잠성으로 죽음이며, 상징은 거북이다. 그의 가르침은 모든 자연 만물이 대도의 근본 음양 일대사로 인연한 도덕물이기 때문에 그 존재 '있음' 을 드러낸 모든 사물을 도와 예로 대하라는 이것이 삼생만물의 학설이다.

그래서 노자 성현의 학설은 일생(一生) 이(二), 이생(二生) 삼(三)으로 시작된다. 그 논리가 바로 태초에 우주는 하나가 둘을 낳고, 둘에서 셋이 되어 만물의 시작을 이루었다는 학설이 삼생만물이다.

이것이 아직까지 기독교 성서학자들이 언급하지 못하고 있는 창세기 1장이 기록하고 있는 빛의 창조 전개와 일치하고 있는 것이며, 또한 배달민족 천부경에 담아 두고 있는 삼신일체관이나 동일한 수의 개념이다.

그래서 노자의 가르침은 도란, 결국 도를 얻어 자기 본성으로 삼는 것으로서 도가 자연의 만물을 낳고 기르는 처음 시작의 도를 대도라 하고, 이 대도가 본자연이기 때문에 자연발생적으로 대자연을 낳고, 그로 비롯하여 자연만물을 낳고 기르게 한 이것이 현덕(賢德)으로 신령한 대도의 정신이라고 했다.

이렇게 신령한 대도의 밝음(月)이 우주정신 '사랑'으로 성부(陽)의 신위이며, 그 정신 '얼'을 감싸 안은 성모의 우주정신이 대덕(日)의 '자비'로만 생명을 낳고 기른다는 이것이 삼생만물의 이치로 노자의 학설이다.

이처럼 대도와 대덕의 우주정신을 세상에 출현하여 가르친 성자들의 도가 바로 도덕으로, 그래서 한결같이 근본 이치의 자연성을 깨달아 도덕물이 되라는 것이 근본 대도의 몸체에서 사지로 뻗어 나간 성현들의 가르침이었다.

그러한 대도의 몸체에서 그 머리 도맥의 진리가 바로 성자 예수께서 이 땅에 출현하여 '참 진리'라고 외친 "네 이웃을 네 몸과 같이 서로 '사랑'하라"고 하신 하늘나라 영혼 생명의 '새 계명'으로, 그것이 바로 만물을 주관하신다는 성부 하나님의 우주정신이라는 것이었다.

그래서 성자 예수는 '무릇 지킬 만한 것보다도 네 마음을 지키라'고 말씀했던 것으로, 노자 학설이나 마찬가지로 자연이 본성을 상실하고 상대를 개체로 천대하는 인위성의 도를 좇는다면 자연 세계와 인간 사회는 혼탁하게 황폐해진다는 것을 가르치신 것이다.

이것이 '눈에는 눈, 칼에는 칼로 대적하라' 고 율법을 가르친 여호와의 백성 그 이스라엘 땅에 출현하여 그리스도 세계라는 신약복음에서 "나는 아버지 일을 행하러 왔노라"고 외치며 그 백성이 조상대대로 굳게 믿고 지켜오던 여호와의 "율법은 초등학문이니" 하신 말씀에 이어 "하나님은 사랑이시라"고 가르치신 진리로 '듣고 깨닫는 자는 영생을 얻으리라' 고 외치신 그리스도 성자 예수의 신약복음 안에 담아 두고 있는 전체의 뜻이었다.

그 신약복음으로 세워진 성자 예수 기독교는 2.7 화(火)에서 나온, 남방병정적색주작(南方丙丁赤色朱雀) 발양성(發陽性)으로, 1수에 속한 성부 '한알님' 의 우주정신 사랑이며 상징은 까치다.

그런 면에서 동양에 출현했던 성자 공자의 가르침 역시도 마찬가지의 맥락이었다. 도와 만물은 근본체로부터 나온다는 가르침이 오도일이관지(五道一以貫之)다. 즉 도는 하나로 관통이 된다는 뜻이다.

그러한 이치의 가르침은 '물유본말(物有本末) 사유종시(事有終始)' 라고 했다. 즉 사물은 본과 말이 있고 끝과 시작이 있다는 것으로, 결국 '종자됨' 의 본체의 도는 그 나무의 결실을 목적으로 하고 있으며, 그 목적을 향해 생멸변화하는 무궁한 조화로 그 묘술을 부린다는 이것을 시종지도(始終之道)라고 했다.

이렇게 공자께서 가르친 '사유종시' 에서 일(一)은 근본체의 종자됨 그 업(業)의 일로, 곧 천업(天業)의 기(氣) 운행의 천도로서, 도의 시발점을 본으로 하고 도의 끝을 말로 하여 그 '말' 이 또 시발점의 '본' 이 된다는 것이다.

이것이 성서가 기록하고 있는 '나는 시작과 끝' 이라는 '알파와 오메가' 의 하나님이라고 한 것이며, 그 창조의 섭리를 동일하게 가르쳐 나타내 주고 있는 진리체 성자들이었다.

그래서 공자의 가르침 역시도 도가 전개될 때 그 목적을 향해 온갖 변화를 보이지만, 그 변화에도 한계가 있어 마침내 종료를 하는 것이라고 했다.

이 변화 원리에 의한 기 운행이 오행육합으로 사방과 상하의 만물이 이러한 천도의 섭리에 의해서 생멸변화하게 된다는 것이며, 결국 도가 목적하는 그 소득을 얻기 위함이라는 것을 공자는 체성복귀(體性復歸)라고 했다.

이 체성이 태초 우주의 근원이며 본성의 자성으로, 그래서 기 운행을 하고 있는 것은 그 체성을 많이 거둬들임으로 우주 본체신 자성이 성숙해진다는 것이다. 그래서 천부는 그 농사의 도를 천업으로 근본 시발점에서 펼쳐졌던 기 운행에 의한 그 소득체를 얻어 다시 근본점으로 귀향한다는 것을 귀일이라고 했고, 그러므로 피조물 인간 종자가 마침내 근본의 자성을 깨달아 창조주와 만나게 되는 이 마지막 장을 동귀일체라고 한 것이다.

이렇게 피조물 인간은 본체신 삼생만물의 기 운행의 정기에서 화생되어진 분신들로, 공자께서는 하늘이 명으로 준 자성을 길러 나가기 위해서는 바름의 군자의 도를 행하라고 하셨고, 이것을 수행하여 닦는 것을 교라고 했다.

이러한 공자의 가르침 격물치지 천지사상은 지금으로부터 2천 5백여년 전에 시작하여 유교의 학문으로 옛 유학의 선비들이 배우지 않으면 안 되었던 격물치지, 성의정심, 수신제가치국평천하의 팔조목이었다.

격물이란 본질을 알고 이를 지식의 바탕으로 하여야만 마음이 성의로 가득 채워지면서 수신제가를 할 수 있으며, 가정과 사회를 소홀히 하지 않는 유익한 사람이 된다는 공자의 가르침이야말로 성자 출현 이전에 있었던 편협적인 유일신 사상을 앞서가는 우주사상인 것이다.

이처럼 오묘한 천리를 바탕으로 하는 동양철학사상은 그렇기 때문에 하늘이 돈다는 천동설 같은 허황된 가설이 서양처럼 만들어져 나오지 않았던 이유가 여기에 있었던 것이다.

그러한 공자 성현의 가르침 유교는 3.8 목(木)에서 나온 동방갑을청제청룡(東方甲乙靑帝靑龍) 직진성으로 자유며, 그 상징성을 나타내는 것이 용이다.

이렇듯 본체신 성자들의 가르침은 그 도맥의 근본을 하나로 관통하고 있는 것으로 석가 성현의 가르침에서 삼진귀일(三眞歸一) 회삼귀일(會三歸一)이 바로 그러한 원리로, 삼신일체론(三神一體論)이다.

그 가르침이 바로 동양배달민족의 삼일철학의 원리와 마찬가지인 천지인 삼태극으로, 석가 불교에서 삼신이 진리의 한 몸체라 하여 삼존불(三尊佛)을 세워 놓고 머리를 조아리는 연유가 이러한 원리에서 비롯된 것이다.

그래서 석가 불교에서 설하고 있는 인과응보라는 것은 삼천대세계(三天大世界)를 이루고 있는 본 자연의 법칙을 담아 두고 있는 것으로, 즉 원인과 결과는 반드시 이렇게 일치한다는 것이다.

이렇게 석가 불교의 가르침은, 우주가 생멸변화하는 것처럼 인간의 한 생의 삶은 죽음과 함께 있어서 언제나 죽음의 하나하나를 지켜보고 있다는 것을 다만 중생들이 모르고 있을 뿐이라고 설한 석가 성현은, 그러나 그의 법이 지극히 미묘해서 사람마다 느끼며 깨우치는 정도가 차별적으로 다르다고 했다.

그것은 전생에서 쌓은 공덕에 따라 다르고, 혹은 현생에서 수행하며 쌓은 그 덕행의 공덕에 따라 다르다고 말씀하신 것으로, 세상은 진여(眞如)의 이법이 만상의 물심으로 펼쳐져 있는 세계이기 때문에 선과 악이 공존하면서 그 차별 일체가 서로 그 고리를 맞물고 돌아가고 있는 것이라고 했다.

그렇기 때문에 중생들은 물심의 미혹한 속성을 쉽게 떠나지 못하고 자기 생각이 만들어가는 자신의 업행에만 매달려 그 고리를 얽어 놓은 인연과 그 과보에 의한 인과응보의 길흉화복이 교차한다는 것이며, 그래서 생멸취사가 끊이지 않는 현상세계가 바로 고통의 사바세계로 세상을 빗대어 고해라고 말씀했다.

이러한 고통의 사바세계를 벗어나기 위해서는 모든 중생은 반야의 지혜를 그에게서 배우라고 했다. 불교에서 말하는 반야는 천지 자연 만물의 기본 원리며, 진여란 만물을 있게 한 근본 자성의 씨알로 일신이라 하고, 그 쓰임의 기틀이 삼극으로 진성, 진명, 진정을 삼진이라고 한 것이다.

이것이 일체신의 자성이라는 것이며, 그 일신의 뿌리에서 비롯된 인간은 그 자성의 삼진을 물려받았기 때문에 그 일신 진여로 화하기 위해서는 그 씨알을 키워 나가야 하고, 그래서 생사윤회를 거듭 반복한다는 것으로 이것이 인간 중생들의 숙명이라는 것이었다.

그래서 이 삼진의 씨알이 성숙하여 비로소 진여로 화했을 때, 우주 만법이 사람과 '하나'라고 하여 '인중천지일(人中天地一)'이라고 했다. 즉 사람의 업신이 천지 부모 건곤 음양의 이기가 모여 일신을 이루는 것이기 때문에 인중천지일이라고 하는 것이지만, 그러나 그 체성의 삼진이 아직 채 영글지 못한 성숙되지 못한 씨알은 완전한 인중천지일이 아니기 때문에 그 씨알을 성숙시키기 위해서는 그 사람 영혼 닦음의 기운 만큼 다시 부모 인연을 맺고 세상에 태어난다는 것이다.

이것이 석가 불교에서 말하는 과보(果報)에 의한 숙명론으로, 결국 내 영혼 기운에 의해 그 몫으로 주어진 인연 고리의 업장에서 그 몸 기운을 잘 닦아 바로 섰을 때, 비로소 진여의 반야지혜(般若智慧)를 증득하게 된다는 것으로, 이것이 불교의 최종 결론인 불성을 이룬 근본체의 '종자 씨'가 된다는 것이었다.

그와 같이 불성을 이룬 상태가 바로 불변의 실재 '진여(眞如)'의 마음으로 그 상태에서는 진실하여 거짓이 없고 '참' 진실한 자성이 바로 인중무극(人中無極)이라고 했다. 즉 만법과 만사, 만유의 이기라는 속성이 소멸되고, 삼진을 이룬 진여 그 자체의 심성만 남은 상태로 유심(唯心) 유식이라 하여, 곧 텅 빈 것 같으나 충만되어 있어서 조금도 부족함을 모르는 '참' 마음이 바로 본심본태양(本心本太陽)으로 부처의 마음이라는 것이었다.

이처럼 모든 중생들이 이 반야의 지혜를 증득하여 부처의 반열에 들어가야 한다는 설법의 석가 불교는 4.9 금으로 서방경신백제백호(西方庚申百濟白虎) 신축성으로 2수에 속한 우주 성모 한울님의 자비정신으로 윤회의 탄생이며 호랑이가 상징이다.

이러한 믿음이라는 사상의 배치도에서 중앙 5.10 토에 위치한 중앙 믿음의 신, 대도의 자리가 바로 배달민족의 종교이자 환웅천황으로 심어진 '한 사상'의 단황교(壇皇教)로 중앙황색봉황(中央黃色鳳凰)의 조화성의 평화며, 그 상징이 봉황이다.

이렇게 우주정신 사상의 중앙에 위치한 믿음의 신 자리가 조화주 태극사상의 자리로, 유불선 기독교는 이 믿음 자리에서 부분지체 도맥의 방편법으로 지구촌에 퍼져 나갔다가 알파와 오메가 결실의 추수 계절에 이르러서 다시 원시반본으로 회귀하여 중앙의 대도 안에서 합일을 이루게 된다는 것이다.

이것이 천도의 순행으로 동서에 출현했던 현자들뿐 아니라, 유불선 기독교 경전들 모두가 예언으로 담아 두고 있는 그 말세론이다.

이처럼 커다란 축복을 받아 하늘 제사장 민족으로 세워진 배달민족은 조상 처음 시작에서부터 서양으로 갈라진 호족과는 달리 천신들로 하여 근본의 하늘 천법으로 정심 정도 정법을 배워온 민족이었다.

그러한 가르침을 배달나라 조상들이 받아오던 시대가 바로 하늘 사람 천신들이 성서 기록이나 마찬가지로 백성들과 함께 어우러져 교화를 시키던 선천시대로 배달나라 조상들 역시도 그 하늘나라 신들이 내려와 거하는 처소를 신성시하여 제단을 쌓았다는 기록이다.

그러므로 거기에는 길이 살고 안 죽게 하는 약초 장생불사약이 많았고, 하늘 사람 신선들이 이것을 취해 먹었다고 배달민족 뿌리 상고사에 기록해 두고 있는 것이다.

그 입증으로 성서 기록 역시도 에덴동산에는 '생명나무'가 있었다는 것을 미루어 볼 때, 아담이 불순종으로 쫓겨났다는 에덴동산의 위치가 배달민족의 조상신 환웅께서 물질계를 처음 열었다는 중앙아시아 아시태백과 근접하여 여호와의 에덴동산이 창설되어졌을 그 연계성을 더욱 확실히 해준다고 할 수 있다.

그러한 심증으로는 동서양의 뿌리 역사 기록에서 처음 시작이라는

'아'는 하늘 신들에 의해 공통언어로 사용되고 있었다는 점이다.

그러한 여러 가지 공통점으로 미루어 볼 때 인류 시원은 중앙아시아에서 비롯되어졌음을 확실히 밝혀 볼 수 있게 한다는 사실이다.

이처럼 중앙 '아시 땅'은 하늘로부터 축복 받은 지구 자궁혈로 동방에 에덴동산을 창설한 여호와였고, 거기에서 여호와는 먼저 남자 '아담'부터 지어 그 동산에 두고 그로부터 시작되는 창조 역사 기록이다.(창세기 2장 16 ~ 26)

† 여호와 하나님이 그 사람을 이끌어 에덴동산에 두사 지키게 하시고, 여호와 하나님이 그 사람에게 명하여 가라사대 동산 각종 나무의 실과는 네가 임의로 먹되 선악을 알게 하는 나무의 실과는 먹지 말라, 네가 먹는 날에는 정녕 죽으리라, 하시니라.

이렇게 2장에서부터 비롯되는 여호와 물질 인간 창조는, 1장에서 창조와 동시에 다스림의 권세를 축복으로 받은 하늘 '사람'과는 달리 선악을 알게 하는 나무의 실과는 먹지 말라는 명령의 계로, 먹는 날에는 죽으리라고 하는 '사망'이 뒤따른다는 사실이다.

이것이 태초에 말씀으로 창조되어졌다는 하늘 '사람'들과는 다른 형태의 창조로, 그 하늘 '사람' 곧 신계에 의해서 창조된 당시의 물질 인간은 동물과 마찬가지로 이성의 분별력이 없는 무지한 원시인간으로 육신의 본능뿐이었다는 사실이다.

그러한 원시인간 무지가 유죄로 죽을 수밖에 없는 죄인이라는 것으로 영혼 생명이 없는 허망한 육체뿐이었음을 그 기록에서 나타내 주고 있다.

여호와 신의 창조기록에서 나타내 주는 것이 바로 그것이다. 본체신 성부 하나님의 심부름꾼 사환으로 땅을 정복하고 물질인간 종자 씨를 뿌린 천상의 신들은 하늘나라 영혼생명을 불어넣어 줄 능력의 권한이 없었던 것으로서, 다만 불완전한 물질인간 창조에 불과했음을 보여준다.

그러한 물질인간 창조신에 따르는 의무는 동물성 그대로 지각이 없음으로 무지했다는 최초의 사람에게 이성의 눈을 뜨게 하는 방편이 필요했던 것이다.

그것이 바로 동산에 하나의 계율로 세워둔 '선악과 나무'로 그가 창조한 '아담'의 분별력을 키우기 위한 여호와의 지혜는 '그 나무의 과실만은 먹지 말라! 먹는 날에는 정녕 죽으리라!' 했던 것으로서, 그 방편을 삼은 것이다.

처음 원시 인간들은 동물의 본능적인 식욕만이 전부였기 때문에 그 하나의 명령이 아담이 지켜야 할 계율인 것이었다.

그 '선악과 나무'의 의미를 두고 신학자들은 지금까지도 '상징적인 나무다' 또는 '실재적인 나무다' 하는 분분한 해석으로 정의를 내리지 못하는 이유는 여호와를 전지전능한 성부 하나님의 신위에 올려놓고 믿고 있기 때문에 실제적인 나무로 해석하려는 입장이 강한 것이다.

여기에서 일반 신도들은 여호와가 전지전능한 하나님이라면 왜? 그 먹음직한 과실나무는 심어놓고, 또 무엇 때문에 '먹지 말라!'는 계율을 세웠는가? 하는 질문을 던지게 된다.

전지전능하신 하나님이라면 처음부터 이성이 완전한 신인을 창조하여 불순종으로 인한 '정녕 죽으리라!'는 사망의 형벌을 내리지 않아도 될 것이기 때문이다.

이 의문에서 신학자들은 "의심은 죄니라" 하고 이스라엘의 하나님 여호와를 전지전능하신 하나님으로 맹종하게 하고 있는 것이 오늘의 기독교 신학이다.

바로 그것이다. 태초의 말씀으로 지음을 받았다는 천상의 신계와는 달리, 그 신들에 의해 창조된 피조물 인간들은 처음부터 분별력이 없었던 무지가 유죄로 그것은 불완전한 조상신이 만든 사망의 원죄라는 것이었다.

그래서 원시인간에게 사물을 분별하게 하려는 선악의 경계, 그 분별지로서 에덴동산 중앙에 '선악과 나무'를 심었던 것이며, 그것이 여호와의 지혜였다.

그와 같은 원시인간의 무지는 지구촌 모든 족속들에게 마찬가지로 해당되는 유전적 육체의 유산으로 분별하지 못한 인간 무지의 혈류가 죽을 수밖에 없는 '죄인'으로 영혼 생명이 없는 사망의 자식들이라는 것이었다.

이처럼 불완전한 신계의 여호와의 물질인간 창조는 아담의 배필로 여자를 만드는 과정에서도 보여주고 있다.(창세기 2장 18~25)

† 여호와 하나님이 가라사대 사람이 독처하는 것이 좋지 못하니 내가 그를 위하여 돕는 배필을 지으리라, 하시니라.

여호와 하나님이 흙으로 각종 들짐승과 공중의 각종 새를 지으시고 아담이 어떻게 이름을 짓나 보시려고 그에게로 이끌어 이르시니, 아담이 각 생물을 일컫는 바가 곧 그 이름이라. 아담이 모든 육축과 공중의 새와 들의 모든 짐승에게 이름을 주니라.

아담이 배필이 없음으로 여호와 하나님이 아담을 깊이 잠들게 하시니 잠들매 그의 갈빗대 하나를 취하시고 살로 대신 채우시고 여호와 하나님이 아담에게서 취하신 그 갈빗대로 여자를 만드시고 그를 아담에게로 이끌어 오시니 아담이 가로되, 이는 내 뼈 중의 뼈요 살 중의 살이라, 이것을 남자에게 취하였은즉 여자라 칭하리라, 하니라.

이러므로 남자가 부모를 떠나 그 아내와 연합하여 둘이 한 몸을 이룰지로다. 아담과 그 아내 두 사람이 벌거벗었으나 부끄러워 아니 하니라.

이 기록에서 나타내 보여주는 것은 여자의 존재로, 어디까지나 남자를 돕기 위해 창조되어졌다는 것으로서, 이것이 태초의 천지 음양섭리에 의한 우주 질서인 것이었다.

그러므로 일월의 이치가 남자는 태양을 상징하고 여자는 달을 상징하면서, 달은 뜨거운 한낮의 태양 기운을 받아 식혀 밤의 어둠 속에서 만물을 소생시키는 대지의 어머니로서 땅의 머리가 되는 하늘을 돕는 한 짝으로 그 역할의 소명이라는 것이었다.

이 성구에서 아내(땅, 地)는 남편(하늘, 天)을 돕는 직분을 떠나 동등해질 수 없음은, 태초 본자연 섭리에 의한 일월의 이치로서 아내는 남편의 뜻을 받들어 돕게 하기 위해 음양이 한 몸을 이루게 한 이것이 천도의 질서라는 것을 여호와는 그 창조의 서장에서 분명히 밝혀 두고 있는 것이다.

그때의 남자와 여자는 발가벗었지만 분별하는 지각이 없었으므로 그 수치를 몰랐다고 했다. 그들의 지각이 눈을 뜨기 시작한 것은 창조신 여호와의 계율을 어기면서부터 비롯되는 것으로, 그 모든 전개 상황이 여호와의 물질인간 창조 '시나리오' 계획 속에 있었음을 보여주

고 있다.(창세기 3장 1 ~ 6)

† 여호와 하나님의 지으신 들짐승 중에 뱀이 가장 간교하더라. 뱀이 여
자에게 물어 가로되,
"하나님이 참으로 너희더러 동산 모든 나무의 실과를 먹지 말라 하더
냐?"
여자가 뱀에게 말하되,
"동산 나무의 실과를 우리가 먹을 수 있으나 동산 중앙에 있는 나무의
실과는 하나님의 말씀에 너희는 먹지도 말고 만지지도 말라, 너희가 죽
을까 하노라 하셨느니라."
뱀이 여자에게 이르되,
"너희가 결코 죽지 아니 하리라. 너희가 그것을 먹는 날에는 너희 눈이
밝아 하나님과 같이 되어 선악을 알 줄을 하나님이 아심이라."

이처럼 뱀의 입을 빌려 그들을 유혹한 것은 성서에 나오는 여호와를
돕던 천사장 '루시엘'이라고 했다.
루시엘이 말하고 있는 "너희가 그것을 먹는 날에는 너희 눈이 밝아
하나님과 같이 되어 선악을 알 줄을 하나님이 아심이라."
바로 그것이었다. 불순종으로 인한 여호와의 진노는 그들의 이성의
눈을 뜨게 하는 충격요법으로 계획된 시나리오인 것이었다.
그 계율을 어기는 장면의 기록이다.(창세기 3장 6 ~ 8)

† 여자가 그 나무를 본 즉 먹음직도 하고 보암직도 하고 지혜롭게 할 만
큼 탐스럽기도 한 나무인지라 여자가 그 실과를 따먹고 자기와 함께한

남편에게도 주매 그도 먹은지라 이에 그들의 눈이 밝아 자기들의 몸이 벗은 줄을 알고 무화과나무 잎을 엮어 치마를 하였더라.

그들이 날이 서늘할 때에 동산에 거하시는 여호와 하나님이 아담을 부르시며 그에게 이르시되,

"네가 어디에 있느냐?"

가로되, "내가 동산에서 하나님의 소리를 듣고 내가 벗었으므로 두려워하여 숨었나이다."

가라사대, "누가 너희 벗었음을 네게 고하였느냐? 내가 너더러 먹지 말라 명한 그 나무의 실과를 네가 먹었느냐?"

아담이 가로되, "하나님이 주셔서 나와 함께 하신 여자 그가 그 나무 실과를 내게 주므로 내가 먹었나이다."

여호와 하나님이 여자에게 이르시되, "네가 어찌하여 이렇게 하였느냐?"

여자가 가로되, "뱀이 나를 꾀므로 내가 먹었나이다."

이렇게 처음 에덴동산에서의 불순종은 불완전한 여자로 하여 최초의 원죄가 만들어진다는 데에 있다. 그로부터 그 여자에게 주어지는 것은 여자로서 해산의 고통과 수고로움이 시작된다.(창세기 3장 16 ~ 20)

† 여호와 하나님이 여자에게 이르시되, "내가 네게 잉태하는 고통을 크게 더하리니 네가 수고하여 자식을 낳을 것이며 너는 남편을 사모하고, 남편은 너를 다스릴 것이니라." 하시고 아담에게 이르시되, "네가 네 아내의 말을 듣고 내가 너더러 먹지 말라 한 실과를 먹었은즉, 땅은 너로

인하여 저주를 받고 너는 종신토록 수고하여야 그 소산을 먹으리라. 땅이 네게 가시덤불과 엉겅퀴를 낼 것이라, 너희 먹을 것은 밭의 채소인즉 네가 얼굴에 땀을 흘려야 식물을 먹고 필경은 흙으로 돌아가리니 그 속에서 네가 취함을 입었음이라, 너는 흙이니 흙으로 돌아갈 것이니라."

이것이 유대족 뿌리조상 시원의 원시시대로 옳고 그름을 분별하게 하기 위해 세워둔 것이 '그 나무 과실만은 먹지 말라' 는 하나의 계율이었다. 그러나 그 계율을 어긴 그들은 창조신 여호와의 진노의 충격에 의해 비로소 이성의 눈이 떠지기 시작하면서 부끄러움을 알기 시작했다고 했다.

그런 그들에게 여호와가 직접 옷을 지어 입히고 그 동산에서 내어보내는 장면의 기록이다.(창세기 3장 21 ~ 23)

† 여호와 하나님이 아담과 그 아내를 위하여 가죽 옷을 지어 입히시니라. 여호와 하나님이 가라사대, "보라, 이 사람이 선악을 알게 하는 일에 우리 중 하나 같이 되었으니 그가 손을 들어 생명과실 실과도 따 먹고 영생할까 하노라" 하시고 여호와 하나님이 에덴동산에서 그 사람을 내어 보내어 그의 근본 된 토지를 갈게 하시니라. 이와 같이 하나님이 그 사람을 쫓아내시고 에덴동산 동편에 그룹들과 두루 도는 화염검을 두어 생명나무의 길을 지키게 하시니라.

이처럼 여호와는 그의 창조물인 처음 사람에게 최초로 가죽 옷을 지어 입히고 그 동산에서 내어 쫓는다. 이때에 여호와 신 이외의 여러 신들이 함께 있었던 것으로 "보라, 이 사람이 선악을 알게 하는 일에 우리 중 하나 같이 되었으니" 하고 말하고 있다는 점이다.

아담의 창조신 여호와 하나님과 그곳에 함께 있었음을 나타내고 있는 신들, 그들은 여호와 신과 동일한 색소의 염색체를 가진 천상계의 신들로서 그들의 호흡을 지구에 내려와 심는 여호와를 도와주고 있는 보좌신명들임을 나타내 주고 있다.

이 성구에서 아담과 그 배필 하와가 이성의 눈뜸으로 '영생하는 나무' 불로장생약초 먹을까 염려하여 에덴동산 동편에 그룹들과 두루 도는 화엄검을 두어 생명나무의 길을 그들로 하여 지키게 했다는 기록이다.

유대족의 이러한 뿌리 역사 기록은 지구촌에 유전인자 색소를 달리하고 산재해 있는 각 민족의 뿌리 역사나 마찬가지로 신화적인 요소로 가득 채워져 있다는 사실이다.

그것이 인류 시원에서 동서가 마찬가지로 기록하고 있는 신과 인간이 하나로 어우러지던 신인합발시대로, 이성의 눈이 떠지지 않았던 원시시대였음을 유대족의 뿌리 역사 구약성서가 그처럼 담아두고 있는 것이다.

그 기록에서 유대족의 조상 아담이 내어 쫓긴 '에덴동산'에 그룹들과 두루 도는 화엄검은 과연 무엇이었을까? 하는 의문을 제시해 주게 된다.

그 이해를 뒷받침해 주고 있는 것이 배달민족 뿌리 역사 기록으로, 강이 발원하여 네 줄기로 뻗어나갔다는 백두산을 중심으로 영산이라고 하여 삼신산이라고 불렀던 태백산, 백산, 천산에는 신선들이 취해 먹었다는 장생불사약이 많았다는 기록과 함께 이 산에 있는 새와 짐승과 모든 물건들이 희므로 멀리서 바라보면 눈 또는 구름과 같더라고 하였다.

이렇게 오늘 동서양으로 나누어진 인류 시원의 역사는 아득히 먼 옛날 중앙아시아 백두대간의 한밝산을 중심으로 근접하고 이루어졌음을 나타내 주고 있다.

배달민족 뿌리 역사에 관한 문헌으로 삼국유사, 세종실록, 삼국사기, 단기고사, 동국문헌비고, 한단고기, 대동사강, 세가보 등 여러 책들이 있다.

그 한단고기에는 다음과 같이 기록하고 있다.

† 웅족과 호족은 나란히 이웃해 살았던 원주민이었으나, 웅족은 환웅천제의 말씀에 순응하여 배달나라의 백성이 되는 성은을 입었으나 호족은 그렇지 못하여 훗날 한밝산 부근에서부터 멀리 떨어져 나갔다.

이 기록은 성서 창세기 2장에서 여호와가 그가 지은 사람 아담과 이브를 불순종으로 에덴동산에서 내어 쫓고 그 길을 화염으로 둘러놓았다는 것으로, 처음에는 그들 유대조상 아담이 창조된 에덴동산이 분명히 한밝산 부근에 인접하고 있었음을 시사해 주고 있는 것이다.

그것을 더욱 입증해 주고 있는 것은, 구약성서 5경은 이스라엘 제일의 제사장 모세로 하여 기록된 것이다. 그 창세기 기록에서 아담의 처음 낳은 아들 카인이 여호와가 편애하는 동생 아벨을 질투하여 죽이고 동편 롯땅으로 쫓겨나 거기에서 아내를 취해 자식을 낳았다는 기록이다.

바로 그것이다. 이미 그때 동쪽에는 또 다른 창조신의 백성들이 번성되고 있었음을 나타내 주고 있는 것으로, 유대족의 조상 아담은 신학자들의 주장대로 인류의 시조가 아니라는 사실을 입증해 주고 있는 것이다.

그것을 또한 입증해 주는 자료로서는 영국학자 크램머(Kraemer, 1897)와 일본의 우에노(上野景福) 교수가 발표한 보고서다. 거기에 의하면 "수메르족은 메소포타미아에서 자생한 민족이 절대 아니며 동방에서 이동해 왔다. 그것도 문자를 가지고 왔는데, 바로 태호 복희가 쓰던 팔괘부호(八卦符號)와 흡사한 문자를 가지고 5,500년 전에 서쪽으로 옮겨 왔다"라는 것이고 보면, 동편 에덴동산에서 아담과 이브가 쫓겨났다는 그 성서 기록의 상황과 연대가 그처럼 일치하고 있다는 점을 미루어 볼 때 더욱 확실해진다는 사실이다.

이처럼 동양족과 서양족으로 나누어진 인류 뿌리 역사는, 그 시원의 발상지가 동일한 중앙아시아로 성서가 예언하고 있는 잃어버린 동방의 '에덴동산' 회복은, 해 뜨는 중앙아시아 밝은 터전에 배달민족을 세운 조상신 하나님이 심어준 그 숨결의 텃밭에서 지구촌이 하나로 세계화가 이루어질 것임을 기록해 두고 있다는 사실이다.

그 때에 이르러 배달환웅천제로부터 하늘 제사권 민족으로 심어 놓은 배달겨레의 '한사상' 이 담고 있는 너와 네가 한 몸에서 비롯되었다는 인류평화의 정신, 곧 홍익인간 이화세계의 사상이 다시 동방의 등불로 켜져 그 빛으로 지상낙원의 세계가 열릴 것이라는 성서 요한 계시록의 예언이고 보면, 이 얼마나 축복 받고 위대한 배달 한민족인가.

4700년 전에 나온 황제내경소문(黃帝內徑素問)편에 동이족이 살고 있는 '동방은 지구가 형성될 때 최초로 문화가 발생한 곳' 이라고 하여 '동방지역 천지지소시생야' 라고 적어 두고 있는 것이다.

이처럼 축복받은 배달민족의 뿌리, 그 위대함을 깨닫기 위해서 우리는 이스라엘의 하나님 여호와가 그의 백성을 진화시키며 처리하던 구약성서 행사 기록의 장으로 들어가 보아야 할 것이다.

그 속에서 새로운 인류역사의 진실과 함께, 우주 섭리의 운행을 새롭게 밝혀 볼 수 있기 때문이다.

5부

여호와 하나님과 이방족속의 신들

우주통일시대
α & Ω 처음과 끝

오늘 고도문명의 지구촌 과학자들은 과거 천상의 신 '우주아'들이 지구에 내려와 그들 닮은 복제 인간을 창조했던 것처럼 생체실험으로 복제 인간을 만들어 내기에 이르렀다.

그것이 과학자들의 능력과 이름을 드러내는 영광이 되는 것처럼 구약시대 여호와의 영광이 된다는 인간 창조물에 따르는 시험은 '선악과나무'를 심어놓은 에덴동산에서부터 시작된다.

그 첫 시험에 불합격한 응징한 벌로 아담과 하와는 그들이 창조된 에덴동산에서 쫓겨난다. 그러나 여호와는 그의 창조물을 그대로 흘려 보내지 않고 계속 감시 감찰하고 이성의 눈뜸 그 의식 시험을 계속하면서 그 '종자 씨'를 번성시킴과 동시에 그들이 세상을 살아가는 여러 가지 지혜를 가르쳐 주며 창조에 따르는 의무를 여러 가지로 행사해 보이고 있음을 기록하고 있다.

아담과 하와가 에덴동산에서 쫓겨나 처음 정착한 곳은 성서적으로는 기록되어 있지 않다. 하지만 그 자손들이 번성하여 스메르 문명을 이룬 것으로 미루어 보아 그쪽 방향으로 흘러갔음을 짐작해 볼 수 있게 한다.

티그리스강과 유프라테스강 사이에 형성되었던 지금의 이라크 지방인 수메르 문화는 흥미롭게도 이제는 사어가 되어버렸다고는 하지만, 그 언어가 우리말처럼 접미사가 잘 발달해 있었다는 것이며, 뿐만 아니라 알타이어와는 단어가 많이 닮은 것으로, 그 언어의 특징인 모음 조화의 경향은 특히 우리 동이족과 유사하다는 점이다.

이러한 언어의 유사점은 배달겨레의 뿌리 역사 한단고기에서 웅족과 호족이 나란히 이웃하고 살았었다는 기록으로 미루어 볼 때, 성서속에서 유대민족의 조상 아담이 쫓겨났다는 원주지 그 '에덴동산'의 위치를 더욱 가늠해 볼 수 있게 한다는 사실이다.

배달나라 뿌리 역사 실록에 의하면 고조선 최초의 발상지는 중원대륙 요서 대릉하 유역에서 황하에 이르기까지 배달나라 백성들이 번성하고 살아온 고토로서 대륙의 젖줄이었음을 기록하고 있다.

황하에서 꽃핀 동아시아를 대표하는 문명이 황하문명이며, 그 중국대륙을 지배한 모체는 바로 배달민족의 조상들이 이룬 요하문명이었던 것으로, 요하의 홍산문화는 그 시원이 기원전 8천년 경에서 7천년경으로 털이 많은 서양 호족의 뿌리 역사 성서 기록보다 훨씬 앞서 거슬러 올라간다.

그처럼 요하의 홍산문명을 창조한 주역은 동이족이며, 그 중심에 배달민족이 있었음은 단군이 아시아 대륙을 주름잡고 12제국을 다스렸다는 실록이 그 사실을 입증해 주고 있음이다.

바로 그것이다. 지구촌 각 족속들의 뿌리 역사에서 하늘의 천신들이 지구에 내려와 이스라엘의 조상신 여호와처럼 물질 인간을 만들고 창조신의 '호흡' 이라는 정신을 불어넣어 줌으로써 그들만의 독특한 민족문화를 이루어 나온 것이다.

그것은 성서나 마찬가지로 배달민족 뿌리 역사의 문헌 기록에서도 유추해 볼 수 있게 하기 때문이다.

하늘에서 지구에 내려와 배달나라를 세운 첫 조상신은 밝고 환한 환국 곧 하늘나라 음적 성모의 신위로 환웅 '한울님' 이라고 했으며, 동양의 우주철학 음양사상을 바탕으로 놓고 성모 한울님을 지황씨라고도 했다.

그 환웅 한울님께서 태초 우주 상대성 원리에 의해서 양적 성부 환인 '한알님' 이신 천황씨의 성은을 입고 태극 성모 한울님의 자리를 떠나 물질계를 열기 위해 인신화하여 지구에 내려오셨다고 했다.

그래서 배달나라 백성들은 음력 시월 상달 상날(10월 3일)을 성스러운 날로 신성시하였으며, 이날 조상신 환웅 한울님이 하늘 문을 여시고(開天) 지구에 내려와 배달나라를 세워 주셨다는 것을 기념하기 위해 나라의 경축일로 제정하고 봉행하는 것이 개천절 의식 행사였다.

이렇게 본체신 영계의 환웅 한울님으로 하여 세워진 동양의 털이 없는 웅족 배달겨레는 다스림의 권세를 받고 지구에 내려와 본체신의 일을 돕기 위해 인간 종자씨를 뿌린 신계에 의해 세워진 서양 호족과는 그 본질부터가 다른 것이었다.

그것은 생령이 되게 하기 위하여 불어 넣어 준 조상 창조신의 정기, 그 색소의 호흡부터가 달랐기 때문이다.

유대민족의 뿌리 역사 기록에서 그들의 창조신 여호와는 "생명은 생명으로, 눈에는 눈, 이는 이로, 손은 손으로, 발은 발로, 데운 것은 데움으로, 상하게 한 것은 상하게 함으로, 때린 것은 때린 것으로 갚을지니라." 하고 또 "칼에는 칼로 대적하라!"는 것과, 세상을 살아가는 도리로서 육신의 법 십계명을 지상명령으로 세워 그 백성들을 엄히 다스리며 정복문화를 가르쳐 나왔던 것이다.

그렇게 심어준 조상신 여호와의 호흡이 독특한 정복문화의 민족정신을 만들어 나오게 한 것이나 마찬가지로 배달민족 역시도 조상신 환웅 한울님의 호흡이 민족정신으로 심어져 동방의 찬란한 정신문화를 이루어 나오게 한 것이었다.

그것이 서양 호족이 배워온 육신을 위한 세상법과는 다른 하늘 천법으로, 사람이 하늘 천도의 이치를 깨달으면 곧 신인이라는 인내천 사상은 삼천대세계의 천지인, 즉 하늘과 땅과 사람이 하나에서 비롯되었다는 삼일철학이다.

그것은 정복문화를 조상신 여호와로부터 배워온 유대 족과는 상반되게 다른 차원으로, 너와 내가 근본은 한 몸에서 비롯되었다는 홍익인간 한 사상이 조상의 호흡(Spirit)으로 배달민족 뿌리 사상이었기 때문이다.

이것이 경천 숭조애인이라는 지고한 삼일철학의 휴머니즘으로 배달민족 역사에서 삼백여 회나 있었던 민족의 시련과 근세에 들어와 일본인의 침략을 받아왔었지만, 이웃 민족을 먼저 침략해 본 일이 없는 것은 이처럼 정신문화를 조상신으로부터 배워 온 민족이다.

이렇듯 본체신 환웅 한울님으로 세워진 배달겨레는 유대민족의 경전 구약성서의 가르침과는 다른 차원으로, 배달민족의 경전이라고 할 수 있는 천부경은 하늘의 이치를 81자로 함축하여 담아 두고 있는 단독 경전이다.

거기에는 서양 신학자들이 아직까지 풀어내지 못한 창세기 1장의 만물이 생성되어진 전개과정을 그대로 담아두고 있는 것이었다.

즉, 창세기 1장에서 태초에 하나님의 신으로 나타내는 1수의 '한알님은 밝은 양적 기운으로 성부에 속하며, 수면으로 표기된 2수에 속하는 '한울님' 은 양적 밝은 기운을 '울' 이라는 음적 물질 기운으로 감싸고 그 모습을 형상화시켜 드러내는 만물의 모태 자리로서 성모 한울님의 신위가 된다.

이것이 천지조화라는 음양 '우주 씨' 정자와 난자, 곧 성부와 성모의 교합으로 음양의 넋이라는 분자에 속한 3수가 드러나는데, 이 분자가 바로 태초의 '빛' 이라는 성자의 신위로서 '한얼님' 임을 나타내 준다.

이러한 천지신명 음양교합에 의해 전화되어 내려온 것이 바로 개국조이신 단군신화라는 것으로서, 그렇기 때문에 3수에 속하는 단군은 한 분이 아니라 다수로서 이 땅에 출현하여 크고 작은 도법의 진리를 펴신 바로 그 성자들의 신위인 것이다.

그런 맥락에서 성자 예수 500년 전에 세상에 출현했던 성자 붓다는 그가 세상에 오기 전에도 많은 부처들이 세상에 왔다 갔다고 말씀하신 뜻이 여기에 있었던 것이다.

이처럼 지극히 높은 하늘 이치의 천법을 조상신으로부터 배워 온 배달민족의 정기는 삼신일체관에서 비롯된 삼신사상으로, 노자 도교에서 말하는 삼태극 원리며, 불교에서 삼보 귀의해야 한다는 생명의 근원자리로서 법신불, 보신불, 화신불이 진리의 본체신 자리임을 뜻하는 것이다.

그래서 아득한 옛날 우리 조상님들은 우주 원리에 대해서는 무지했지만 생명을 주는 삼신님이 하늘에 계신다는 믿음을 가졌으며, 이것이 우리 고유의 민속신앙이기도 했다.

이러한 본체신의 원리가 또한 기독교 서양 신학의 유일신론에 의해 아직도 풀어내지 못하고 있는 숙제로서 문제의 성부와 성자와 성신이라는 '성삼위' 개념이다.

그러나 일찍이 배달나라를 세우시고 그 백성들에게 하늘에는 삼신님이 생명의 근본으로 어재하고 있음을 가르쳐 주신 조상신 환웅천제님이었다. 여기에서 생명의 본자리 삼수는 태초의 '우주 씨' 가 음양 두 기운이 되고, 각기 대대불휴한 태극기운 음양이 합일을 이루어 조화를 이룸으로써 빛이라는 분자 3태극으로 분파되었다는 논리다.

바로 그것이다. 태초 '본자연' 이라는 조화주 하나님의 섭리는 건곤 음양이 일체를 이루어 만들어낸 생명의 빛, 그 삼수의 기 운동에 의해 하나님 마디의 지체와 하나님 오장이나 마찬가지인 중수가 5개로 전개, 분파된다는 것을 태초의 우주력 오행이라고 하여 동양에서는 천지 자연의 섭리변화를 살펴보는 주역의 바탕을 삼은 것이다.

이러한 본자연의 섭리는 태초 천지 부모 음양합덕의 '얼' 이 만들어 낸 생명의 원소 '빛' 이 먼저는 양적인 머리와 음적인 가슴으로 나뉜 것으로, 창세기 1장에서 "그 빛이 하나님 보시기에 좋았더라, 하나님이 빛과 어둠을 나누사 빛을 낮이라 칭하시고, 어두움을 밤이라 칭하시니라"고 기록된 이치로 해와 달, 일월이 만들어졌다는 대우주의 영혼이다.

그리고 다음으로 사지에 속하는 수족이 만들어지면서 마침내 '궁창' 이라고 하는 오장의 오행 운동이 시작됨을 성서는 "하나님이 가라사대 물 가운데 궁창이 있어 물과 물로 나뉘게 하리라, 하시고 하나님이 궁창을 만드사 궁창 아래의 물과 궁창 위의 물로 나뉘게 하시매 그 대로 되나라, 하나님이 궁창을 하늘이라 하시니라." 이것이 본자연하신 하나님 본체가 형상화된 우주 대자연계이며, 그로부터 연결 고리를 잇고 있는 것이 자연계다.

그래서 소우주라는 인간 몸체 또한 대우주의 축소판으로 오장에 육부를 형성하고 있다. 육은 오장을 감싸고 있는 체로서의 물질적 개념의 틀이다.

이처럼 본자연계 조화신단의 우주 섭리가 대자연계를 다스리게 하기 위해 말씀(로고스)으로 창조했다는 하늘 사람 천신들에 의해서 자연이라는 물질계로 연결고리를 잇고 있다는 이것이 배달나라 조상신이 가르쳐 준 천지인이 하나에서 비롯되었다는 삼일철학으로 그 삼천대세계인 것이었다.

이렇게 우주 삼라만상은 본 자연에서 비롯되어 대자연과 자연이 하나로서 고리를 잇고 있기 때문에 우리 조상들은 문명이 발달하지 못한 아득한 옛날부터 인간이 우주를 운행하는 12별자리 중 하나에 올라타고 일생을 경영하고 마감하는 동안 그 별자리의 특성과 성질로 그 삶의 모습을 만들어 가는 것이라고 믿었다.

그 별자리가 나와 고리를 잇고 있는 수호신으로, 불교에서 기 기능의 교감을 받고 있는 바로 각 사람의 몸신이 있다는 것이 그것이다.

이것이 본자연에서 대자연으로 그리고 자연으로 고리를 잇고 있다는 삼일철학으로, 곧 너와 내가 개체가 아니라 한 몸에서 비롯되었다는 '한 사상' 으로서 조상신 환웅께서 배달겨레 위에 심어주신 하늘 삼신천법이었다.

이러한 본체신의 섭리가 우주 만생명의 원리로 소우주 인간이 오장

육부를 형성하고 있으며, 본 자연과 고리를 잇고 있는 만사만물에 적용되면서 지구 또한 오대양 육대주를 형성하고 있는 것으로서, 이것이 태초의 우주 영혼의 섭리가 삼천대세계로 고리를 잇고 연결되어 있음을 나타내 주고 있음이다.

이렇듯 본자연하신 하나님의 섭리가 예지의 숨결로 온 누리를 감싸고 있기 때문에 그 어느 것 하나 그가 없이 이루어진 것이 없다는 뜻에서 천지만물을 창조하신 전지전능한 하나님으로, 그 모든 만물을 사랑하신다는 하나님이다.

그처럼 지고한 하늘 본원의 천법을 배워 온 배달나라 백성들은 그 뿌리 조상신을 밝은 하늘나라 웅장하신 '한울님' 이라는 뜻에서 환웅천제님, 혹은 대황조(大皇朝)라고도 했다.

그 환웅천제님께서 대자연계를 다스리게 하기 위해 창조한 하늘 사람 삼천의 무리를 거느리고 해 뜨는 동방 중앙아시아 밝은 터에 하늘 제사권 민족으로 배달나라를 세우셨다고 했다.

그러므로 이때 하늘 천신들이 지구에 내려와 머물렀던 이 거처를 벽유궁(碧遊宮), 혹은 신선궁(神仙宮)이라고 불렀으며, 환웅천황 이래 세계에서 가장 강력한 동방의 정신문명을 일궈냈던 선인들의 집결지였다는 것이다.

이 기록은 고조선 이래 배달민족의 개벽신화 가운데 골간을 이루는 주요한 개념으로, 뿌리의 조상 환웅 한울님을 달리 표현하여 대황조라고도 했다는 것이며, 여기에 적힌 신선궁이 바로 단군 신화에 나오는 신시의 원형으로 보고 있는 사학자들도 있다.

이처럼 하늘 천신들이 지구에 내려와 거처를 정하고 물질계 역사를 이룬 신시를 중심으로 한 장백산 선인들과 후에 곤륜산에 거점을 둔 한족의 곤륜산파 신선들이 역사적으로 정면 대결을 벌이는 내용을 담아두고 있는 것이 중국 전통 기서 중의 하나인 봉신연의라고 한다.

이렇듯 각 족속들의 뿌리 기록에서의 특징은 유대족의 뿌리 기록인 구약성서나 마찬가지로 이웃하고 있는 이방족속의 신과 그 능력대결을 벌려 왔었음을 중화족 뿌리 역사 기록에서도 담아 두고 있다.

하지만 배달민족의 뿌리 역사는 아시아 대륙을 주름잡던 단군조선 47대 이후 백성들이 태평성대로 자만에 빠져 있는 가운데 지난 3000년 동안 중국 한족들에게 동아시아 패권을 빼앗기고 말았던 것이다.

그러한 관계로 그들의 기록에서 중국 한족을 중심으로 한 곤륜산파의 신선들이 정의를 차지하고, 배달민족 장백산파의 선인들은 불의한 역사적 패배자로 왜곡시켜 그려 놓고 있다.

그처럼 역사적인 뿌리 정신의 우월감을 만들어내려고 노력하는 그들은 마침내 단군이 다스려 오던 아시아 대륙의 소수민족들을 모조리 흡수하고 이제는 그 역사까지도 그들 뿌리에 접목시키려고 추진하고 있는 것이 바로 동북공정 정책이다.

그 징후로서 고구려는 중국의 지방권이며, 수·당과 고구려의 전쟁은 국내의 통일전쟁이라고 강변하는 그들의 정책은 고조선, 부여, 발해 등 한국 고대사 전반을 확대 적용시켜 '한국사'는 '중국사'라는 것이 중국 정부가 국책 사업으로 추진하고 있는 동북공정의 공식입장이라는 데 문제의 심각성을 유발시키고 있는 것이다.

그것은 지구촌 각 민족의 뿌리 역사를 유대민족의 조상 뿌리에 접목시키려는 서양 신학자들의 억지 주장과도 크게 다르지 않다. 하지만 뿌리 깊은 역사로 동방의 찬란한 정신문화를 이루어 나온 배달민족이다.

뿐만 아니라 지구촌 모든 민족에 앞서 지구 중심 혈맥의 아시태백에 배달겨레를 세우신 환웅천제님의 신위가 누구이시던가?

지구촌 모든 민족들이 섬기는 그들의 조상신 위에 계시는 백보좌 한울님의 신위로서, 기서인 봉신연 기록에 의하면 노자를 비롯한 곤륜산파 신선들과 장백산파 신선들의 스승으로 나오는 홍균노조는 대황조의 중국식 이명이다.

홍균이란 오지그릇을 만드는 데 쓰이는 바퀴모양을 한 연장으로, 이 연장의 바퀴를 회전시켜 갖가지 오지그릇을 자유로이 만들 수 있다고 해서 전화하여 만물의 조화주, 즉 조물주라는 뜻으로 쓰이고 있다고 한다.

그래서 만주 일대와 중국 각 지역에서 홍균노조를 모시고 숭배하는 중국인들은 그 유풍이 아직도 남아 있다는 것이다.

이처럼 지극히 높은 조상신 환웅천제님으로 하여 하늘의 뜻이 있어 세워진 배달민족의 뿌리역사인 만큼 결코 그들의 뜻대로 쉽게 강대했던 배달민족의 뿌리 역사가 조작되지는 않을 것이다.

지구촌의 역사는 하늘 천기에 의해 각 민족과 그 나라의 흥망성쇠가 이루어져 나왔던 것으로 동방의 해 뜨는 나라 배달겨레가 구축이 되어 다시 그 찬란했던 동방의 정신문명을 꽃피우게 된다는 것이 모든 현자들의 한결 같은 예언이고 보면 우리는 천도역류항이라는 이 말을 믿어도 좋을 것이다.

배달의 시조 환웅천제님은 지구촌 전 인류의 스승으로 일찍이 하늘나라 우주정신인 너와 내가 개체가 아니라 근본은 '하나'에서 비롯되었다는 인류 평화의 정신을 하늘 제사장민족으로 그 호흡을 배달겨레 백성들에게 심어 주시고, 신약성서 기록이나 마찬가지로 생체부활로써 하늘 본자리로 오르셨다는 기록이다.

그 숨결의 정신사상이 바로 홍익인간 이화세계라는 지상낙원 실현의 이념으로, 대도무문이라는 본체신 하나님 우주통일 정신인 것이었다.

이처럼 지극히 높으신 조상신 환웅천제님으로 하여 중앙아시아 아시태백에 세워진 배달나라는 우주 중심 센터로 북극 중천, 곧 성모 한울님의 거처 자미궁과 직접 교통하는 신선들로 하여 하늘 원천의 천도를 가르쳐 주었으며, 또 세상을 살아가는 360여 가지의 방법을 그 보좌신명들로 하여 습득하여 배워 온 민족이다.

조상신 환웅의 신위가 지극하신 존체였던 만큼 배달나라는 3000년 전만 하더라도 세계사 속에 당당하게 모든 민족 위에 뛰어난 지혜와 슬기로 이웃 민족을 지배해 왔던 것이며, 그 힘의 원동력은 바로 경천숭조 애인이라는 인류평화의 정신으로, 곧 홍익인간 이화세계라는 그 뿌리정신이 살아있었기 때문이다.

그러나 이러한 민족 긍지의 자부심은 도가 오래가면 마가 끼어들 듯이, 중국을 통해 외래 종교를 받아들이면서부터 차츰 희미하게 멀어지면서 무너지기 시작한 것이다.

지구촌은 이처럼 각 민족이 숭상해 온 토속신앙의 종교가 있었던 것으로, 그 나라 시조의 호흡이라는 뿌리의 역사와 전통, 그 종족의 특성에 따라 믿음의 대상이나 그 본질 내용이 각양각색임을 특히 유대민족의 뿌리 역사 성서가 그처럼 분명히 기록해 두고 있는 것이었다.

그러므로 오늘 우리는 성서학자들이 인류의 시조로 설파하는 유대민족의 조상 아담이 여호와의 진노를 입고 쫓겨났다는 에덴동산의 위치와 그 실체를 성서를 통해 밝혀내야 할 이유가 여기에 있는 것이다.

그것은 성서의 기록상으로나 각 민족의 뿌리 실록에 실려 있는 모든 전개 상황으로 미루어 볼 때, 하늘 천신들이 지구에 내려와 물질계를 열었던 인류시원의 근원지는 중앙아시아로 각 족속의 신들이 그들의 성호를 나타내기 위해 구획적인 경계의 선을 긋고 있었음을 보여주고 있기 때문이다.

유대민족의 조상신 여호와는 분명히 이방 족속과는 또 다른 색소의 호흡으로, 그의 영광이 될 창조성을 나타내 보이기 위해 일정한 구획의 선을 나타내는 '에덴동산'을 창설했음을 나타내 준다.

그처럼 지엽적인 여호와의 '에덴동산'에서 처음 지음을 입었다는 아담과 하와가 창조신 여호와의 명령을 불순종한 죄과로 마침내 그 동산에서 쫓겨났다는 것이며, 그 진노의 충격에 의해 비로소 이성에 눈을 뜨게 된 그들은 동침을 하고 두 아들 카인과 아벨을 낳게 된다.

그 두 아들이 자라면서 큰 아들 카인은 농사를 지었고, 동생 아벨은 들판에서 양을 쳐서 그 소산을 여호와께 제물로 바치게 되는데 여기에서 또 문제가 발생된다.

여호와께서 큰 아들 카인의 제물 제사는 열납하지 않고, 동생 아벨이 양의 첫 새끼의 제물 제사만 받아 흠향함으로 형 카인의 본능적 시샘의 분노를 유발시키는 사건이 벌어지는 기록이다.(창세기 4장 3~7)

† 세월이 지난 후에 카인은 땅의 소산을 제물로 삼아 드렸고, 아벨은 자기도 양의 첫 새끼와 그 기름으로 드렸더니 여호와께서 아벨과 그 제물은 열납하셨으나, 카인과 그 제물은 열납하지 않으신지라 카인이 심히 분하여 안색이 변하니 여호와께서 이르시되, "네가 분하여 함은 어찜이며, 안색이 변함은 어찜이뇨. 네가 선을 행하면 어찌 낯을 들지 못하겠느

냐, 선을 행치 아니 하면 죄가 문에 엎드리니라. 죄의 소원은 네게 있으나 너는 죄를 다스릴지니라."

이 성구 기록에서 카인으로 하여 시샘의 분노를 유발시킨 원인 제공은 여호와 스스로가 만들어낸 불공평에 의해서 비롯된 것이라고 할 수 있다.

그들의 조상신 여호와의 모습은 이 기록에서 보여줌과 같이 성서학자들이 설파하고 있는 정의롭고 공의로우며 전지전능하시다는 참 하나님의 모습이 아니라, 지극히 편견적인 모습을 보여주고 있다는 사실이다.

아담의 두 아들 중에서 먼저 난 카인의 제사는 받지 않고, 두 번째로 태어나 난 아들 양의 피 제사만을 흠향하는 편애로 사건의 원인 제공은 여호와가 했기 때문이다.

그러나 여기에는 커다란 하늘 섭리의 비밀을 담아 두고 있는 것으로, 이것이 본 자연을 섭리하신 성부 하나님께서 그 종들(신계)로 하여 세상이라는 밭에 인간 농사를 짓는 데 따른 시대변화의 비유임을 본자연으로 존재하시는 하나님의 종 여호와는 그 유대족속 시작에서부터 암시적으로 나타내 보여주고 있는 것이다.

아담으로부터 먼저 난 아들, 그 아들은 분명히 육신만을 있게 한 주인의 종, 곧 신계인 하늘사람 여호와의 창조물로서 영혼 생명이 없는 땅의 소산일 뿐임을 나타내 주고 있는 것이다.

그러므로 여호와는 그의 호흡으로 심은 유대민족 '종자 씨'가 이성의 눈을 뜨게 하기 위해 시험을 한 그것이 처음 하나의 계율로 '그 실과만은 먹지 말라!'는 것이었다.

이렇게 여호와는 그가 심은 종자 씨들에게 세상이라는 밭에서 살아가는 도리를 가르친 율법의 제사는 본체신 하나님께서 흠향하지 않는다는 것을 비유를 통해 나타내 보여주고 있는 것이었다.

이것이 구약성서가 기록하고 있는 두 언약의 비유로써 하늘나라 기업의 상속은 종들이 세상이라는 밭에 뿌려 놓은 인간 '종자 씨'를 성부 하나님의 아들로서 거듭나게 하는 그리스도의 피 흘림의 제사, 곧 어린 양으로 비유되는 영적인 산 제물로, 생명의 주인 되시는 성부 하나님이 기뻐하시는 두 번째 신약복음에서 나타날 성자 예수 그리스도에게만 그 기업의 상속이 있음을 상징적으로 암시해 두고 있는 것이었다.

이처럼 여호와는 그의 물질인간 창조는 주인의 심부름을 하고 있음을 두 아들을 세워 상징적 비유로 암시해 주고 있는 것으로서 먼저 난 자, 곧 율법을 섬기는 이스라엘 백성들이 다음에 태어날 성부 하나님의 아들 성자 예수를 죽이게 될 것임을, 그것이 만세전에 준비된 제물의 '희생양'으로서 하나님이 기뻐하시는 산제사임을 암시적으로 보여주고 있는 성구 기록이다.(창세기 4장 8 ~ 13)

✝ 그 후 그들이 들에 있을 때에 카인이 그 아우 아벨을 쳐 죽이니라. 여호와께서 카인에게 이르시되,

"네 아우 아벨이 어디 있느냐?" 그가 가로되,

"내가 알지 못하나이다. 내가 아우를 지키는 자이니까?" 가라사대,

"네가 무엇을 하였느냐? 네 아우의 핏 소리가 땅에서부터 내게 호소하느니라. 땅이 그 입을 벌려 네 손에서부터 네 아우의 피를 받았은즉 네가 땅에서 저주를 받으리니 네가 밭을 갈아도 땅이 다시는 그 효력을 주지

아니 할 것이요, 너는 땅에서 피하여 유리하는 자가 되리라."

이 성구에서 보여주고 있는 먼저 난 아들이 동생을 죽이는 행위, 그러므로 축복을 받지 못한 아들로 그 자손이 '땅에서 피하여 유리하는 자가 되리' 라고 한 이것이다.

여호와의 창조물인 아담의 후예들, 곧 이스라엘 백성들은 하늘나라 기업의 유산을 상속으로 받을 수 없는 본체신의 종, 즉 영혼성을 심어 줄 수 없는 여호와의 자손으로서 생명의 주인이신 성부 하나님이 사랑하는 아들을 죽이고 세계 속에 떠돌이가 될 것임을 예언적으로 비유해 두고 있는 것이었다.

그 이스라엘 자손들의 미래를 암시해 주는 다음 성구 기록이다.(창세기 4장 13 ~ 16)

† 카인이 여호와께 고하되, "내 죄벌이 너무 중하여 견딜 수 없나이다. 주께서 오늘 이 지면에서 나를 쫓아 내시 온 즉 내가 주의 낯을 뵈옵지 못하리니 내가 땅에서 피하며 유리하는 자가 될지라, 무릇 나를 만나는 자가 나를 죽이겠나이다."
여호와께서 그에게 이르시되, "그렇지 않다, 카인을 죽이는 자는 벌을 칠 배나 받으리라," 하시고 카인에게 표를 주사 만나는 누구에게든지 죽임을 면하게 하시니라.

이 성구에서 일반인들에게 의문을 제시하는 것이 바로 '만나는 누구에게든지' 라는 문제다.

인류의 시조가 아담으로부터 비롯되었다는 성서학자들의 주장대로

라면, 카인이 쫓겨나 '만나는 누구'는 언제 어떻게 존재하게 된 피조물이며, 또 카인이 쫓겨나서 동편 롯땅에서 취했다는 아내, 그 사람의 딸 역시 언제 누구로 하여 창조된 피조물인가, 하는 의문의 숙제를 던져 주게 된다.

그 의문 제시에 성서학사들은 카인이 여동생들 가운데서 아내를 취하였거나, 아니면 조카딸을 아내로 삼았을지도 모른다는 참으로 성서 기록과는 맞지 않은 불투명한 논리를 펴고 있다.

하지만 그러한 성서학자들의 해석과는 달리 성서는 당시에 지구상에는 또 다른 신의 창조물인 사람의 딸들이 분명히 존재했었음을 기록하고 있다.(창세기 4장 16 ~ 18)

† 카인이 여호와 앞을 떠나 에덴 동편 롯땅에 거하였더니 아내와 동침하니 그가 잉태하여 에녹을 낳은지라 카인이 성을 쌓고 그 아들의 이름으로 에녹이라 하였더라.

이처럼 성서는 여호와의 창조물 아담이 신학자들의 주장과는 달리 지구촌 최초의 인간 조상이 아님을 밝히고 있는 것으로, 아담이 두 아들을 낳았지만 동생은 형에 의해 살해되었고, 형 카인이 내침을 받은 이후 처음 사람 아담이 그 후에 다시 아들을 얻었다는 기록이다.(창세기 4장 25 ~ 26)

† 아담이 다시 아내와 동침하매 그 아들을 낳아 그 이름을 셋이라 하였으니 이는 하나님이 내게 카인이 죽인 아벨 대신에 다른 씨를 주셨다 함이며, 셋도 아들을 낳고 그 이름을 에노스라 하였으며 그 때에 사람들이

비로소 여호와의 이름을 불렀더라.

이 성구에서 아담은 세 번째로 아들을 낳았고 그 에노스의 아들이 자손을 번성시켰다는 것인데, 여기에서 그 상대의 여자는 아담의 아내 하와 밖에 없었을 당시 어떻게 누구로 하여 셋의 자손들이 번성할 수 있었는가 하는 것이 문제다.

이렇게 성서학자들이 인류 시원의 문제를 놓고 명쾌하게 해석하지 못하고 있는 그 의문의 숙제를 풀어주는 다음 성구 기록이다.(창세기 6장 1 ~ 3)

† 사람이 땅 위에 번성하기 시작할 때에 그들에게서 딸들이 나니 하나님의 아들들이 사람의 딸들의 아름다움을 보고 자기들이 좋아하는 모든 자로 아내를 삼는지라 여호와께서 가라사대, 나의 신이 영원히 사람과 함께 하지 아니 하리니 이는 그들의 육체가 됨이라. 그러나 그들의 날은 일백 이십년이 되리라. 하시니라.

인류 시원에서 신의 창조물인 사람이 땅 위에 번성할 때에 그들에게서 딸들이 나니 '하나님의 아들들이' 그 아름다움을 보고 아내를 삼았다는 기록이다.

바로 이 성구에서 나타내 주는 '하나님의 아들들' 이란 어떤 존재들인가 하는 것이다.

그들이 바로 창세기 1장에서 태초에 하나님 말씀으로 창조되어진 '하늘 사람' 으로 여호와신이나 마찬가지인 신계족임을 다음 성구에서 분명히 나타내 주고 있다.(창세기 6장 4 ~ 5)

† 당시에 땅에 네피림이 있었고, 그 후에도 하나님의 아들들이 사람의 딸들을 취하여 자식을 낳았으니 그들이 용사라 고대에 유명한 사람이었더라.

이 성구로 미루어 볼 때 하늘 사람들이 지구에 내려와 그들 신계족의 창조물을 취하여 자식을 번성시켰고, 그처럼 인신합발하여 낳은 자식들은 그 지능이 그들의 창조물인 원시 물질인간과는 모든 면에서 달랐음으로 용사라고 했으며, 그들이 고대 유명한 사람이었다는 기록이다.

이처럼 땅에 사람이 번성할 당시에 하나님의 아들들과 땅의 물질 인간 여자와 어우러지는 '네피림'이 있었다는 기록은 무엇보다도 동서의 뿌리 역사 시원에서 그 같은 신화적인 사건을 보여주고 있다는 사실이다.

배달겨레의 단군신화라는 것 역시도 그와 조금도 다를 것이 없기 때문이다.

아득한 태시에 하늘 문을 열고 천신들이 지상에 내려와 물질인간을 만들어 세웠다는 것이 배달겨레 한민족 뿌리 역사다.

그 뿌리 역사 기록에서 땅 위의 물질 개념의 지신이 하늘 사람 천신의 성은을 입고 완전한 단군왕검을 탄생시켰다는 배달민족의 건국사를 신화로 매도하여 인정하려고 하지 않는 것이 특히 서양 신학자들이다.

하지만 이처럼 동서의 뿌리 역사가 신화 같은 실재성을 바탕으로 하고 있음을 유대민족 뿌리 역사 구약성서는 분명히 기록해 두고 있다는 사실이다.

다만 다른 것이 있다면 배달민족은 대자연계를 다스리게 하기 위해서 말씀으로 창조했다는 하늘 사람, 곧 신계의 창조물이 아닌, 우주와 만물을 다스리는 본자연하신 영계의 태극 존체의 환웅천제님을 조상 신으로 두고 있는 배달민족이다.

그래서 신계의 여러 잡다한 신들과 섞여진 호흡의 자손이 아닌 단일 민족으로서, 그래서 하늘 제사권이 있는 장자방으로 천손이라고 한 것이었다.

그러나 이처럼 성서 기록에서 보여주고 있는 유대민족의 창조신 여호와는 그의 창조물 자손이 다른 신들에 의해 그의 호흡이라는 유전인자 색소가 혼혈되는 것을 보고 한탄하였고, 마침내 그가 지은 창조물들을 쓸어버리려고 계획하는 다음 성구 기록이다.(창세기 6장 6~9)

† 여호와께서 사람의 죄악이 세상에 관영함과 그 마음의 생각의 모든 계획이 항상 악할 뿐임을 보시고 땅 위에 사람 지으셨음을 한탄하사 마음에 근심하시고 가라사대, "나의 창조한 사람을 내가 지면에서 쓸어 버리되 사람으로부터 육축과 기는 것과 공중의 새까지 그리하리니 이는 내가 그것을 지었음을 한탄함이니라. 그러나 노아는 여호와께 은혜를 입었더라.

이 성구에서 나타내 주는 것이 바로 그것이다.

이때에 하늘에서 여호와 신이나 마찬가지로 내려온 다른 신들이 여호와의 창조물에서 번성되는 아름다운 딸들을 취하여 그들의 유전인자 색소를 혼합시켜 나감을 보고 여호와는 '죄가 관영함'으로 하고 그가 사람 지음을 한탄했다는 기록이다.

여기에서도 여호와는 서양 신학자들이 주장대로 전지전능하신 하나님으로 전 우주적인 성부 하나님이 아님을 보다 분명하게 나타내 주고 있다.

여호와는 분명히 그의 호흡으로 창조된 피조물들이 다른 신들의 호흡에 의해서 색소가 다른 혼혈 아들이 만들어짐을 한탄하며, 다른 신의 호흡이 혼혈되지 않은 노아의 가족만 '의롭다' 인정하고, 그 가족을 유대족의 종자 씨로 남기고 쓸어 버리는 '노아 홍수' 로 심판을 보인다.

그렇기 때문에 여호와의 물 심판은 성서학자들이 해석하고 있는 것처럼 전 지구적인 것이 아니라, 그들의 '종자 씨' 가 번성되고 있는 지역에 국한된 것으로서, 노아 홍수 이후의 성구 기록이다.(창세기 9장 8~9)

† 하나님이 노아와 그와 함께 한 아들들에게 일러 가라사대,
"내가 내 언약을 너희와 너희 후손과 너희와 함께 한 모든 생물에게 세우리니 다시는 모든 생물을 홍수로 멸하지 아니 하리라."

여호와의 창조는 이처럼 어디까지나 물질계 창조로서 혼혈 아들을 물로 쓸어 버리는 노아 홍수 이후, 노아의 아들 셈과 함과 야벳 세 아들로부터 그 후예들이 번성하여 12지파로 나뉘어 부분적인 서양 족속을 이루게 됨을 기록하고 있다.(창세기 10장 10 ~ 21)

그의 나라는 '시날' 땅의 '바벨' 과 '에렉' 과 '악갓' 과 '갈레' 에서 시작되었으며 그가 그 땅에서 '앗수르노' 나아가 '니느웨' 와 '르호보딜' 과 '갈라' 와 및 '니느웨' 와 '갈라' 사이의 '레센' (이는 큰 성이라) 을 건축

하였으며……

그들이 노아로부터 비롯된 자손들이었음을 성서는 기록하고 있다.(창세기 10장 30 ~ 32)

† 그들의 거하는 곳은 '메사'에서부터 '스발'로 가는 길의 동편 산이었더라, 이들은 셈의 자손이라, 그 족속과 방언과 지방과 나라대로였더라. 이들은 노아 자손의 족속들이요, 그 세계와 나라대로라, 홍수 후에 이들에게서 땅의 열국 백성이 나뉘었더라.

그러한 유대민족 뿌리 번성은 배달민족 뿌리 역사에서도 마찬가지로 그와 같이 번성되어 나옴을 기록하고 있다.

† 옛글에 말한다. 파나류 산 밑에 한님의 나라가 있으니 천해 동쪽의 땅이다. 파나류의 나라라고도 하는데, 그 땅이 넓어 남북이 5만리요, 동서가 2만여리니 통틀어 말하면 환국(桓國)이요, 갈라서 말하면, 즉 비리국, 양운국, 구막한국, 구다천국, 일군국, 우루국, 객현한국, 구모액국, 매구여국, 사납아국, 선비국, 수밀이국이니 합해서 12국이다.

그 당시 지구에는 이처럼 또 다른 신들의 창조물들이 그와 같이 이웃하고 번성되고 있었음을 각 민족 뿌리 역사가 기록하고 있다.
이처럼 문헌에 기록된 한님의 나라 12국에 나오는 수밀이국이 곧 인류학계와 세계의 사학계가 주목하는 수메르문화의 근원지에 해당하는 곳으로 보고 있다.

바로 그것이다. 지구촌 인류시원의 발상지는 동서의 뿌리 역사 기록에서 중앙아시아였던 것임을 유추해 볼 수 있게 하는 것으로, 성서의 바벨탑 사건에서 더욱 미루어 짐작해 보게 한다는 사실이다. 그 기록이다.(창세기 1장 1 ~ 10)

† 온 땅의 구음이 하나요, 언어가 하나이었더라. 이에 그들이 동방으로 옮기다가 시날 평지를 만나 거기 거하고 서로 말하게 되자, 성과 대를 쌓아 대 꼭대기를 하늘에 닿게 하여 우리 이름을 내고 온 지면에 흩어짐을 면하자, 하였더니 여호와께서 인생들의 쌓은 성과 대를 보시려고 강림하셨더라.
여호와께서 가라사대, "이 무리가 한 족속이요, 언어도 하나이므로 이같이 시작하였으니 이후로는 그 경영하는 일을 금지할 수 없으리로다. 자! 우리가 내려가서 거기서 그들의 언어를 혼잡케 하여 서로 알아듣지 못하게 하자 하시고 여호와께서 거기서 그들을 온 지면에 흩으신고로 그들이 성 쌓기를 그쳤더라. 그러므로 그 이름을 바벨이라 하니 이는 여호와께서 거기서 온 땅의 언어를 혼잡케 하셨음이라, 여호와께서 거기서 그들을 온 지면에 흩으셨더라.

그들이 성서학자들의 주장대로 여호와의 창조물로써 한 조상에서 비롯된 족속이었다면 굳이 언어를 흩어 놓을 이유가 없는 것이다.
그 당시 신계에 의해 창조되어 번성되어지고 있던 이방 족속들과 여호와의 족속들은 피부색은 달랐어도 그 신계의 언어를 공통언어로 사용함으로써 의사소통을 할 수 있었고, 그래서 '하나님의 아들들' 이 사람의 딸들을 취해 동침도 했으며, 또한 이웃하고 있는 이방 족속간에도 자유스럽게 혼혈되고 있었음을 짐작해 보게 한다.

그래서 그들은 서로 의기투합하여 그들의 일거일동을 감시 감찰하고 분노하며 격리시키는 신들로부터 자유스러워지고 싶어 했던 것으로, 그만큼 당시의 사람들은 존재신들과의 관계를 크게 자각할 지능이 없었기 때문에 여호와는 그처럼 '나는 이스라엘의 하나님 여호와로라' 하고 거듭 강조해 왔음을 기록하고 있다.

그처럼 무지했던 원시인간 지능은 하늘이 끝없이 높음을 크게 인식하지 못한 채 하늘에서 내려와 그들을 다스리며 진노로써 징계하는 것을 막아 보려고 성을 높이 쌓고 일거일동을 감시하며 권세를 부리는 창조신들처럼 '우리의 이름을 내고' 싶어 했다는 것을 기록하고 있다.

그것이 아직 진화되지 못했던 원시성 그대로의 한계를 드러내 보이는 당시 미개인들의 의식이었던 것으로, 그만큼 그들은 인간의 모습과 다를 것이 없는 보편적 존재로 그들을 감시감찰하고 있는 신들과의 관계를 크게 자각할 지능이 없었음을 보여주면서 이때를 비롯해서 서양에 포함된 여러 족속들이 그 언어를 달리하고 흩어져 살게 되었음을 짐작해 보게 한다.

물론 이때 흩어져 살게 되었다고는 하지만 그 경계를 크게 벗어나지 않았기 때문에 신들은 족속간에 그처럼 잦은 싸움을 붙였고, 또 그 신을 떠나 이방신을 쫓는 백성들에게 응징의 벌을 가해 왔음을 보여주고 있다.

이처럼 당시의 사람들은 보편적인 사람 모습으로 나타나는 신의 존재를 마치 백성을 다스리는 '족장' 정도로 생각했음이다.

그것은 그들로부터 창조된 인간의 모습과 조금도 다를 것이 없는 천상 신들의 모습이었음을 다음 성구에서도 보여주고 있다.(창세기 32장

†그 사람이 가로되, "날이 새려 하니 나로 가게 하라."

야곱이 가로되, "당신이 내게 축복하지 아니 하면 가게 하지 아니 하겠나이다."

그 사람이 그에게 이르되, "네 이름이 무엇이냐?"

그가 가로되, "야곱이니이다."

그 사람이 가로되, "네 이름을 야곱이라 부를 것이 아니요, 이스라엘이라 부를 것이니 이는 네가 하나님과 사람으로 더불어 겨루어 이기었음이니라."

야곱이 청하여 가로되, "당신의 이름을 고하소서."

그 사람이 가로되, "어찌 내 이름을 묻느냐?" 하고 거기서 야곱에게 축복한지라, 그러므로 야곱이 그곳 이름을 브니엘이라 하였으니 그가 이르기를, 내가 하나님과 대면하여 보았으나 내 생명이 보전되었다 함이더라. 그가 브니엘을 지날 때에 해가 돋았고 그 환도뼈로 인하여 절었더라. 그 사람이 야곱의 환도뼈 큰 힘줄을 친고로 이스라엘 사람들이 지금까지 환도뼈 큰 힘줄을 먹지 아니 하더라.

이렇게 구약성서 속에서 보여주고 있는 신의 존재는 인간처럼 육체를 가진 동일한 존재였다는 사실이다.

그들은 창세기 1장에 기록하고 있는 하나님 '말씀' 으로 창조했다는 천상의 '사람' 으로 창조와 동시에 우주의 지성을 부여 받았기 때문에 지구에 내려와 그들 닮은 색소 유전인자로 복제인간을 만들었던 것이며, 그래서 지극한 인간의 모습으로 그들 복제인간이 낳은 딸들을 취해 성행위도 해 보면서 음식도 함께 나누어 먹고 했음을 성서가 기록하고 있는 것이다.

그러므로 당시 이성이 발달하지 못했던 원시 인간들은 신들의 존재를 크게 의식하지 않았던 것으로 그들의 간섭으로부터 벗어나고자 바벨탑을 쌓았던 것이며, 여호와는 그 백성들에게 그가 그 조상을 있게 만든 '너희 하나님 여호와' 라고 강조해 오면서 이웃하고 있는 이방 족속과의 혼혈을 막기 위해서 언어를 흩어 놓자고 신들과 의기투합하고 있음을 그 바벨탑 사건 장면에서 보여주고 있다.

이때를 비롯하여 서양에 포함된 여러 족속들이 그 언어를 달리하고 흩어져 살게 되었음을 짐작해 보게 한다.

물론 이때 흩어져 살게 되었다고는 하지만 그 경계를 크게 벗어날 수는 없었을 것이다. 그렇기 때문에 신들은 그 족속들과 이웃 족속들 간에 잦은 싸움을 붙여 왔고 그 신을 떠나는 백성들에게 계속적인 진노의 응징을 보여줌으로써 그것이 얼마나 무서운 조상신의 지상명령인가를 각인시켜 오고 있는 기록들로 구약성서는 가득 채워져 있다.

이처럼 인류 시원에서 유대족속 창조신 여호와뿐 아니라 각 족속 창조신들이 그들이 하나로 뭉치는 것을 원치 않았던 근본적인 이유는 그들의 각기 다른 유전인자 색소의 호흡을 불어넣어 생령이 되게 한 인간창조물이 바로 그 신들의 성호를 드러내게 하는 영광이 되는 것이기 때문이다.

이렇게 지구촌에 그 색을 달리하는 각 족속의 번성은 그들 창조신 호흡의 정기를 나타내는 영광이 되는 것으로써 여호와가 그의 백성 혼혈 됨을 의롭지 못하다고 하여 물로 쓸어 버렸던 노아 홍수의 물심판인 것이었다.

그래서 성서학자들의 해석과는 달리, 지구촌은 각기 다른 신의 창조 물들이 그처럼 의기투합하여 '바벨탑'을 쌓는 것을 보고 "자, 우리가 내려가서 그들의 언어를 혼잡케 하자" 하고 그 성구에서 '우리' 라는 복수형을 나타내 주고 있다는 사실이다.

이렇게 구약성서는 신과 신들간에 그들의 창조물이 섞이는 것을 경계하고 있음을 기록해 두고 있다.

그처럼 신들이 자신의 성호를 빛내기 위해 창조했다는 것이 지구촌에 산재해 있는 각 족속들로 구약성서 속에서 여호와가 그 백성들에게 내려주는 축복의 약속은 족속의 번성이며 어디까지나 영혼성이 없는 땅에 속한 물질적인 축복에 국한된 것이었다는 사실이다.

그러한 유대민족 뿌리 역사에서 흥미롭게도 아담의 후예 아브라함이 여호와의 지시를 따르다가 살아남기 위해서 보여주는 인신매매? 그 현장의 사건이다.(창세기 12장 1 ~ 20)

† 여호와께서 아브라함에게 이르시되, "너는 너의 본토 친척 아비 집을 떠나 내가 네게 지시할 땅으로 가라. 내가 너로 큰 민족을 이루고 네게 복을 주어 네 이름을 창대케 하리니 너는 복의 근원이 될지라. 너를 축복하는 자에게는 내가 복을 내리고 너를 저주하는 자에게는 내가 저주하리니 땅의 모든 족속이 너를 인하여 복을 얻을 것이니라." 하신지라. 이에 아브라함이 여호와의 말씀을 쫓아갔고, 롯도 그와 함께 갔으며 아브라함이 떠날 때에 그의 나이 칠십 오세였더라. 아브라함이 그 아내 사래와 조카 롯과 '하란' 에서 모은 모든 소유와 얻은 사람들을 이끌고 가나안 땅으로 가려고 떠나서 마침내 가나안 땅에 들어갔더라. 아브라함이 그 땅을 통과하여 '세겜' 땅 모레 상수리나무에 이르니 그 때에 가나안

사람이 그 땅에 거하였더라.

여호와께서 아브라함에게 나타나 가라사대, "내가 이 땅을 네 자손에게 주리라 하신지라, 그가 자기에게 나타나신 여호와를 위하여 그곳에 단을 쌓고 거기서 '벧엘' 동편 산으로 옮겨 장막을 치니 서는 '벧엘'이요, 동은 '아이'라 그가 그곳에서 여호와를 위하여 단을 쌓고 여호와 이름을 부르더니 점점 남방으로 옮겨 갔더라.

그 땅에 기근이 있으므로 아브라함이 '애굽'에 우거하려 하여 그리로 내려갔으니 이는 그 땅에 기근이 심하였음이라. 그가 애굽에 가까이 이를 때에 그 아내 '사래'더러 말하되, "나 알기에 그대는 아리따운 여인이라, 애굽 사람이 그대를 볼 때에 이르기를 이는 그의 아내라 하고 나는 죽이고 그대는 살리리니 원컨대 그대는 나의 누이라 하라. 그리하면 내가 그대로 인하여 내 목숨이 그대로 인하여 보존하겠노라." 하니라.

아브라함이 애굽에 이르렀을 때에 애굽 사람들이 그 여인의 아리따움을 보았고, 바로의 대신들도 그를 보고 바로 앞에 칭찬하므로 그 여인을 바로의 궁으로 취하여 들인지라. 이에 바로가 그를 인하여 아브라함을 후대함으로 아브라함이 양과 소와 노비와 암수 나귀와 약대를 얻었더라.

여호와께서 아브라함의 아내 사래의 연고로 바로와 그의 집에 큰 재앙을 내리신지라. 바로가 아브라함을 불러서 이르되, "어찌하여 나를 이렇게 대접하였느냐? 네가 어찌하여 그를 네 아내라고 고하지 아니 하였느냐? 네가 어찌 그를 누이라 하여 나로 하여금 그를 취하여 아내를 삼게 했느냐? 네 아내가 여기 있으니 이제 데려가라" 하고 바로가 사람들에게 그의 일을 명하매 그들이 그 아내와 그 모든 소유를 보내었더라.

이렇게 아브라함은 여호와의 지시에 따르다가 그곳 애굽을 통과하기 위하여 그의 아내를 내어주는 의롭지 못한 일로 육축과 많은 금은 보화를 얻어 나오게 된다.

이 성구에서 등장하는 애굽 사람들과 바로왕은 아브라함처럼 여호와 신의 보호와 은혜를 입지 않고 이웃하고 있는 '이방인'임을 기록상으로 나타내 주고 있다는 사실이다.

성서적으로 그때까지 아담의 정통 계보인 아브람에게는 후사가 없었으며, 그러한 유대민족 뿌리 기록에서 주목되는 사건은 그 백성의 수호신 여호와는 처음 아담의 두 아들 카인과 아벨을 통해 보여준 것처럼 먼저 태어난 아들이 축복을 받지 못하는 비유의 역사를 다시 아브라함의 두 아들을 통해 나타내 보여준다는 사실이다.

그것이 먼저는 아브라함 본처의 계집 종 하갈의 자손 '이스마엘'과 그 다음 본처의 소생으로 '이삭'을 낳게 하여, 먼저 계집종으로 하여 태어난 자손은 본처의 소생이 아님으로 기업의 상속을 얻지 못한다는 이것이다.

그 비유적인 암시는 먼저 있게 된 성서 구약은 본체신 종의 시대로서 세상이라는 밭에 여호와가 씨 뿌리는 역사시대며, 다음에 있을 하늘나라 기업의 상속이 있는 천국복음(天國福音=신약)으로 본체신의 아들 성자의 시대가 있을 것이라는 암시적 비유법으로 그 자손들을 통해 다시금 재현해 보이고 있는 다음 성구 기록이다.(창세기 1장 1~16)

† 아브라함의 아내 사래는 생산치 못하였고, 그에게 한 여종이 있으니 애굽 사람이요, 이름은 하갈이라. 사래가 아브라함에게 이르되, "여호와께서 나의 생산을 허락지 아니 하셨으니 원컨대 나의 여종과 동침하라, 내가 혹 그로 말미암아 자녀를 얻을까 하노라" 하매 아브라함이 사래의

말을 들으니라.

아브라함의 아내 사래가 그 여종 애굽 사람 하갈을 가져 그 남편 아브라함에게 줄 때는 아브라함이 가나안 땅에 거한 지 십년 후이었더라.

아브라함이 하갈과 동침하였더니 하갈이 잉태하여 그가 자기의 잉태함을 깨닫고 그 여주인을 멸시한지라. 사래가 아브라함에게 이르되, "나의 받는 욕은 당신이 받아야 옳도다. 내가 나의 여종을 당신의 품에 두었거늘 그가 자기의 잉태함을 깨닫고 나를 멸시하니 당신과 나 사이에 여호와께서 판단하기를 원하노라."

아브라함이 사래에게 이르되, "그대의 여종은 그대의 수중에 있으니 그대의 눈에 좋은 대로 그에게 행하라, 하매 사래가 하갈을 학대하였더니 하갈이 사래의 앞에서 도망하였더라."

여호와의 사자가 광야의 샘곁 곧 '술' 길 샘물 곁에서 그를 만나 가로되, "사래의 여종 하갈아, 네가 어디서 왔으며 어디로 가느냐?"

그가 가로되, "나는 나의 여주인 사래를 피하여 도망하나이다."

여호와의 사자가 그에게 이르되, "네 여주인에게로 돌아가서 그 수하에 복종하라."

여호와 사자가 또 그에게 이르되, "네가 네 자손으로 크게 번성하여 그 수가 많아 셀 수 없게 하리라."

여호와의 사자가 또 그에게 이르되, "네가 잉태하였은즉 아들을 낳으리니 그 이름을 '이스마엘' 이라 하라. 이는 여호와께서 네 고통을 들으셨음이니라. 그가 사람 중에 들 나귀같이 되리니 그 손이 모든 사람을 치겠고, 모든 사람의 손이 그를 칠지며 그가 모든 형제의 동방에서 살리라 하니라."

하갈이 자기에게 이르신 여호와의 이름을 감찰하는 하나님이라 하였으니 이는 내가 어떻게 여기서 나를 감찰하시는 하나님을 뵈었는고 함이라. 이러므로 그 샘을 '브엘라해로'이라 불렀으며, 그것이 '가데스'와 '베덴' 사이에 있더라.

하갈이 아브라함의 아들을 낳으매 아브라함이 하갈의 낳은 그 아들을 이름하여 '이스마엘'이라 하였더라. 하갈이 아브라함에게 이스마엘을 낳을 때에 아브라함이 팔십 육세이었더라.

이렇게 유대족의 창조신 여호와는 그 민족을 번성시키면서 때가 이르면 주인의 상속이 있는 본체신 하나님의 아들이 그의 창조물 자손 아브라함의 계보를 타고 뒤에 태어남을 비유하여 보여주고 있는 것이다.

이스라엘의 조상신 여호와는 이렇게 유대민족 뿌리 역사 이룸에서 궁극적으로 그 자신이 대우주적인 실체적 본주인 하나님이 아님을 두 아들의 비유법을 반복하여 나타내 주고 있는 것이 구약성서의 특징이라고 할 수 있다.

그 비유에서 본처가 계집종으로 하여 아브라함의 자손 '이스마엘'을 먼저 낳게 했지만, 그러나 그 다음으로 본처가 낳은 이삭이 그 주인의 상속자라는 것을 분명히 나타내 보여주는 성구 기록이다.(창세기 18장 1 ~ 19)

† 여호와께서 '마므레' 상수리 수풀 근처에서 아브라함에게 나타나시니라. 오정 즈음에 그가 장막 문에 앉았다가 눈을 들어 본즉 사람 셋이 맞은편에 섰는지라, 그가 그들을 보자 곧 장막 문에서 달려 나가 영접하며 몸을 땅에 굽혀 가로되, "내 주여, 내가 주께 은혜를 입었사오면 원컨

대 종을 떠나 지나가지 마옵시고 물을 조금 가져오게 하사 당신들의 발을 씻으시고 나무 아래서 쉬소서. 내가 떡을 조금 가져오리니 당신들의 마음을 쾌활케 하신 후에 지나가소서, 당신들이 종에게 오셨음이니이다."

그들이 가로되, "네 말대로 그리하라."

아브라함이 급히 장막에 들어가 사라에게 이르러 이르되, "속히 고운 가루 세 '스아'를 가져다가 반죽하여 떡을 만들라" 하고 아브라함이 또 짐승 떼에 달려가서 기름지고 좋은 송아지를 취하여 하인에게 주니 그가 급히 요리한지라, 아브라함이 버터와 우유와 하인이 요리한 송아지를 가져다가 그들의 앞에 진설하고 나무 아래 모셔 서매 그들이 먹으니라.

그들이 아브라함에게 이르되, "네 아내 사라가 어디 있느냐?"

대답하되, "장막에 있나이다."

그가 가라사대, "기한이 이를 때에 내가 정녕 네게로 돌아오리니 네 아내 사라에게 아들이 있으리라." 하시니라. 사라가 그 뒤 장막 문에서 들었더라. 아브라함과 사라가 나이 많아 늙었고, 사라의 경수는 끊어졌는지라. 사라가 속으로 웃고 이르되, "내가 노쇠하였고, 내 주인도 늙었으니 내게 어찌 낙이 있으리요."

여호와께서 아브라함에게 이르시되, "사라가 왜 웃으며, 이르기를 내가 늙었거늘 어떻게 아들을 낳으리요, 하느냐. 여호와께서 능치 못할 일이 있겠느냐, 기한이 이를 때에 내가 네게로 돌아오리니 사라에게 아들이 있으리라."

사라가 두려워서 승인치 아니 하여 가로되, "내가 웃지 아니 하였나이다."

가라사대, "아니라 네가 웃었느니라." 그 사람들이 거기서 일어나서 소돔으로 향하고 아브라함은 그들을 전송하러 함께 나가니라. 여호와께서 가라사대, "나의 하려는 것을 아브라함에게 숨기겠느냐. 아브라함은 강대한 나라가 되고 천하 만민은 그를 인하여 복을 받게 될 것이 아니냐, 내가 그로 그 자식과 권속에게 명하여 여호와의 도를 지켜 의와 공도를 행하게 하려고 그를 택하였나니 이는 나 여호와가 아브라함에게 대하여 말한 일을 이루려 함이니라."

이처럼 유대족의 조상신 여호와는 아브라함을 주인으로 내세워 먼저는 계집종으로 하여 육체를 따라 낳고, 다음으로 하늘나라 영혼 생명의 상속이 있는 아들이 그러한 이치로 태어나게 될 것임을 그 두 '씨앗'의 비유법을 통해 보여주고 있다는 사실이다.

그러한 하늘나라 섭리를 나타내 보이기 위해서 본체신 하나님의 종 여호와를 통하여 세워진 그들의 민족 뿌리 역사로, 그렇기 때문에 이스라엘 백성들은 그들의 조상신 여호와 하나님으로부터 선택 받은 민족이라고 자부하는 커다란 자긍심을 갖고 있는 것이었다.

하지만 실상은 그러한 본체신의 섭리를 나타내기 위한 여호와 유대 민족 이룸의 역사로 먼저 계집종의 몸에서 태어난 이스마엘 자손들과 그 본처의 소생 이삭의 자손 이스라엘 백성들과의 갈등은 조상의 뿌리를 같이하고 있는 한 자손이면서도 아직도 지구촌에 그와 같은 창조신 섭리의 대결 구도를 보여주고 있는 것이다.

이것이 또한 지구촌 인류 시원의 시작에서부터 보여주는 본체신 하나님의 섭리라는 것으로서, 신계에 속한 여호와는 음양 태극으로 존재하는 영계의 본체신 하나님 집의 심부름꾼이라는 것을 그 백성의 자손들을 내세워 그 비유의 상징성을 그처럼 보여주고 있는 것이었다.

그래서 세상이라는 밭, 지구에 하나님의 종들이 먼저 내려와 인간 종자 씨를 뿌리게 했던, 즉 구약 창세기 2장에서 호흡을 불어넣어 생령이 되게 했다는 다만 물질인간 체에 속한 창조였고, 그것이 인류 시원의 역사에서 원시시대였던 것으로, 그러므로 그와 같이 창조신과 보좌 신명들로부터 가르침을 받아왔음을 동서의 뿌리 역사에서 기록하고 있는 것이다.

그 시대가 신과 인간이 하나로 어우러졌던 신인합발시대로 지구에 내려온 각 족속 창조신들은 그들 창조물의 지적 성장을 위한 의식 시험을 거듭하면서 그 창조물들의 번성을 지켜보며 함께 밥도 나누어 먹고, 서로 대화도 나누었으며, 또 피조물들과 동침도 해보고 했었음을 성서는 그처럼 분명히 기록해 두고 있다.

그래서 오늘 우리가 아득한 먼 옛날의 이야기를 신화라고 웃어넘기지만, 그 신화를 되짚는 것은 현재를 반추함이며, 그 신화 같은 원시시대를 거쳐 나온 오늘의 현생인류가 그 조상계보를 타고 면면이 이어져 내려오는 '나'라는 실체의 뿌리가 어디에 근본을 두고 있는가 하는 것을 성서는 신·구약을 통해 분명히 밝혀 두고 있기 때문이다.

하지만 그처럼 진실한 성서 기록을 바로 이해하지 못한 서양 성서학자들의 유일신론 주장의 논리에 일반인들로부터 성경은 전반적으로 믿을 수 없다는 불신의 원인제공을 해준 것도 사실이다.

구약성서는 인류 시원에서 유대민족 뿌리 역사를 기록하고 있는 것으로, 지구촌은 유대민족 이외의 이방민족의 창조신들이 각기 그 창조에 따른 의무를 해온 역사시대가 있었음을 발견하게 된다.

그래서 각 민족 뿌리 역사 이룸의 기록이나 구전되어 내려온 전설적인 이야기를 따라가 보면, 마침내 구약성서의 기록과 조금도 다르지 않은 신화적인 요소들이 동서가 동일하다는 견해에 이르게 한다는 점이다.

뿐만 아니라 성서신학자들이 그 당시 환경에 대한 이해와 하늘 섭리에 대한 지식부족으로 유일신 논리를 펴고 있는 커다란 모순을 그처럼 만들이 나왔음을 새삼 발견하게 된다는 사실이다.

그래서 지구촌 기독교인들이 이방 족속의 뿌리 역사는 실재성이 없는 신화로 생각해 버리는 것처럼, 비평가들뿐 아니라 일반인들로부터 성서 역시도 전반적으로 허구성이 많은 믿을 수 없는 이야기책으로 생각해 버리게 하는 경향이 그런 연유에서 만들어지게 했음을 새삼 깨닫게 해주고 있다.

6부

신화 같은 각 민족 뿌리 역사

우주통일시대
α & Ω 처음과 끝

구약성서 속의 내용들이 오늘 우주시대를 열어가는 지구촌 문명인들에게는 실재성을 인정하기 어려운 신화적인 요소로 가득 채워져 있는 것이 사실이다.

그래서 혹자들은 잘 다듬어 꾸며진 이야기책으로 '그리스 로마신화' 그것이나 별 다른 것이 없다고 혹평하기도 한다.

그만큼 인류 시원의 뿌리 역사는 동서를 막론하고 신과 인간이 하나로 어우러졌던 신인합발하던 선천시대가 있어 왔음을 특히 구약성서가 그 내용을 담아두고 있다.

거기에는 지구촌 인류가 발가벗어도 수치를 몰랐었다는 원시시대의 이야기에서부터 구석기, 신석기, 그리고 청동기 시대를 거치면서 하늘 천신들이 제공해 준 4차원의 지식정보로 점차 진보 발전되어 나온 인류사를 그대로 담아두고 있기 때문이다.

그래서 당시의 시대적 환경을 이해하지 못한 현대인들의 시각에서는 구약의 역사적 부분까지도 만들어진 허구의 이야기라고 웃어넘기는 회의론자들도 있다.

그런 그들이 유일신을 주장하는 성서학자들에게 반론으로 내미는 이야기는 여간 흥미로운 것이 아니다.

현대화되지 못한 아프리카의 옛사람들에게서 구전으로 전해 내려오고 있다는 그들 이야기는 성서기록의 실재성을 보다 확인시켜 유추해 볼 수 있게 해준다는 사실이다.

동아프리카의 호전적 부족인 마사이족은 그들 조상으로부터 하늘은 텅 빈 공간이 아니라 현실적으로 신들이 존재하는 지극히 생동적인 공간으로, 그 신들이 신인을 낳아서 지상으로 내려 보냈다고 믿고 있다는 것이다.

신들이 신인을 낳아 지상에 내려 보냈다고 믿는 그들의 이야기야말로 문명된 현대 신학자들이 아직도 풀어내지 못한 성서 창세기 1장의 실증적인 창조 논리 그대로 동일성을 담고 있다는 점이다.

뿐만 아니라 그들이 믿고 있는 또 하나의 이야기는 신의 아들들이 모두 인간처럼 육체를 가진 존재로서 각각 적색, 청색, 백색 및 흑색의 피부 색깔을 하고 하늘에서 내려 왔는데, 그들은 서로 하나가 만들면 다른 하나가 그것을 파괴하는 이상한 짓들을 했다는 이야기다.

그들의 조상으로부터 구전되어 내려오는 그와 같은 이야기들은 구약성서 속에서 여호와 신의 창조물인 그 백성의 딸들을 다른 신들이 아내로 취함으로, '여호와께서 인간 만드심을 한탄했다'는 기록에 비추어 볼 때 그 이야기와의 연계성을 더욱 갖게 한다는 사실이다.

이렇게 피부의 색깔을 비롯하여 종교뿐 아니라 환경과 전통 관습 등이 전혀 다르면서 현대문화와는 고립적 상태에 놓인 그들이 조상으로부터 구전되어 내려오고 있다는 이야기 속에는 지상의 모든 동식물은 그 신들이 하늘에서 가지고 온 것이라고 믿는 믿음을 조상으로부터 들어 간직해 오고 있는 것으로, 더 없이 사실적이다.

그런가 하면 수단의 마디모루족도 그와 유사한 전설을 간직해 오고 있는 것으로, 인류의 조상들이 처음에는 하늘에서 살았지만 점차 지구를 왕래하게 되면서 지상에서 살게 되었다고 믿고 있는 것이고 보면, 그 또한 성서 기록과 다르지 않다.

그 밖에 냐샤 부근의 베나라는 부족도 그와 다르지 않은 전설을 가지고 있다. 처음에 하늘에서 네 신이 내려와 자신들의 조상이 되었다고 굳게 믿는 토속신앙이 그들 부족 정신을 만들어 나오고 있다는 것이다.

이처럼 각 부족들이 가지고 있는 뿌리의 이야기는 우주시대를 열어가는 문명화된 서양인들이 인정하는 구약성서의 내용이나 다르지 않으며, 또한 우리 배달민족의 뿌리 역사 기록이나 크게 다르지 않다는 점이다.

배달민족을 세우신 조상신의 성호를 환웅이라고 했다. 환단고기에는 그 환웅천제께서 삼천 무리의 신장들과 선관들의 옹립을 받으며 중앙아시아 한밝산 신단수 아래 내려오시니(단기 앞 1565~1471) 이곳을 검벌(神市)이라고 했고, 여기에서 처음 사람 아반과 아만을 만들고 그로부터 번성되어지는 백성들로 하여 나라 이름을 배달국(倍達國=桓國)이라 함으로 백성들이 이분을 검벌환웅(神市桓雄) 또는 배달환웅(倍達桓雄, 檀雄)이라고 했다.

그 환웅천제님께서 그가 세우신 백성들을 지켜보시면서 거느리고 온 삼천 무리의 제 신장들에게 그 백성들이 세상을 살아나가는 여러 가지 방법의 지혜를 가르치게 했다는 기록이다.

대략 세분하면 선관인 원보 팽우에게 우관이 되어 백성들이 토지를 갈고 평정하게 하는 법을 가르쳐 주게 했고, 나무껍질과 열매와 사냥으로 먹고 사는 처음 원시 인간들에게 고시 신장으로 하여 농관이 되어 철따라 씨 뿌리고 거두는 곡식 농사 짓는 법을 가르치게 했으며, 또 선관 운사 수기로 하여 선과 악을 가늠하게 하는 등, 지신(地神)의 사명을 맡은 비서갑신모(斐西岬神母)로 하여 여인들에게 길쌈하고 누에 치는 법에서부터 자르고 꿰매어 입는 옷의 모양을 가르치도록 했다는 것으로, 하늘 삼천의 신장들이 각기 그 직분을 맡아 천지교합을 이루어 나온 시대가 바로 구약성서나 마찬가지로 신과 인간이 함께 어우러지던 신인합발의 선천시대가 구약성서나 마찬가지로 동일하게 있어 왔음을 기록하고 있다.

그러한 지구촌 뿌리 역사를 종합해 볼 때 인류시원에서 하늘 사람 신들이 지구에 내려와 물질계를 열고 그들의 창조성을 보인 처음 사람 원시인간들이 그 창조신의 의무에 따르는 가르침의 지혜로 문화와 종교를 이루고 점차 무지에서 눈을 뜬 고등영체 인간으로 발전되기 시작했음을 각 민족 뿌리 역사에서 간직해 내려오고 있다는 사실이다.

심지어는 현대문명과는 고립상태로 살아가고 있는 우간다에 있는 반투계의 나이오로족도 마찬가지다. 한 쌍의 신인들이 하늘에서 내려와 지구에 처음 생명을 심었다고 믿고 있으며, 쿨루웨라는 부족은 그들을 있게 한 신이 하늘에서 씨앗과 땅을 고르게 하는 갈퀴와, 그리고 도끼와 풀무를 가지고 내려와 살아가는 여러 가지의 방법을 조상들에게 가르쳐 주었다고 자랑하고 있다.

그와 같이 지구촌 각 민족이 가지고 있는 조상 뿌리 역사 이야기는 구약성서 속에서 여호와를 비롯하여 여러 신들이 등장하면서 그 백성이 세상을 살아나가는 지혜를 가르쳐 주고 있는 성서기록이나 크게 다르지 않다는 점이다.

특히 케냐의 난디라는 부족은 이스라엘 민족 조상신의 이름이 '여호와' 라고 하는 것이나 마찬가지로 그들이 주신으로 믿는 신의 이름 성호는 '토로루트' 라고 한다.

그 모습이 사람과 같은데 다만 날개가 달려 있다는 것으로, 흥미로운 것은 그 신이 날개를 움직이면 번개가 치고 우레 같은 소리를 낸다는 것이 구약성서 기록에서 여호와가 나타나고 사라질 때의 모습과 조금도 그 전개 상황이 다르지 않은 것이다.

이처럼 대개의 부족들이 그들 뿌리의 이야기로 간직하고 있는 그들의 조상신들은 성호가 있으면서, 그 신들의 움직임 행사 역시도 구약성서에서 보여주는 것이나 마찬가지다.

탄자니아의 치바라는 반투족은 그들의 신 성호를 '루가바' 라고 부르는데, 그들의 신 루가바는 암흑의 공간을 지난 후에 지구에 와서 인간을 창조했고, 그들을 가르친 '위대한 선생님' 이었는데, 지금은 아주 먼 곳에 가 있기 때문에 그 이름을 부르거나 그에게 제물을 바쳐도 아무 소용이 없다는 것이다. 그 또한 기독교 성서적인 견해와 조금도 다르지 않다는 사실이다.

그처럼 이스라엘 백성을 가르치며 그들과 대화를 나누고 함께 밥도 먹으며 율법적 제사의식으로 속죄 물을 바치게 했던 여호와지만 오늘에 이르러서는 그들의 신처럼 '아주 먼 곳에 가 있으므로 그 이름을 부르거나 그에게 제물을 바쳐도 아무 소용이 없다' 고 말하는 그 상황이

성서와 다르지 않기 때문이다.

그들의 이야기가 더욱 진실에 가깝게 느껴지는 것은 그들의 위대한 신 루가바가 처음에 암흑의 공간을 지난 후에 지구에 내려와서 그들 인간을 창조했고, 지금은 다시 그 암흑의 공간 뒤에 가서 살고 있다는 것이다.

어찌 보면 천도의 존재변화 섭리를 문명된 서양 기독교인들보다 오히려 바로 알고 있는 그들이다. 그들의 신이 사라졌다는 '암흑의 공간'을 현대 과학이 우주의 암흑성으로 밝힌 것은 불과 수십 년 밖에 되지 않았기 때문이다.

그와 비슷한 이야기가 티베트의 고문헌에 한 전설처럼 기록되어 있다. 그들과 함께 살던 신이 어느 날 그들을 떠나 하늘로 사라지는 장면이다.

옛날 옛날에 '파드마삼바바'라고 불리우는 '위대한 선생님' 한 분이 있었다. 그는 미지의 언어로 된 많은 책을 가지고 하늘에서 내려온 후, 티베트 사람들에게 하늘과 신들에 대해서 가르쳐 주었다. 그리고 그는 자기의 책들을 '그것이 이해될 수 있을 때까지' 동굴 속에 숨겨 놓고, 선택된 수제자 바이르카나에게만 그 장소를 가르쳐 주었다. 이 수제자는 자기의 '위대한 선생님'이 승천하는 장면을 이렇게 전하고 있다.

그때 하늘에 구름과 무지개가 나타나서 아주 가깝게 접근해 왔다. 구름 속에 금과 은으로 된 말 한 마리가 있었다. 세상 사람들은 누구나 그가 신을 향해 하늘 속 공중으로 마주 올라가는 것을 볼 수 있었다. 그 말이 한 엘레 정도 높이로 공중에 떠 있을 때 파드마삼바바는 돌아보면서 "나를 찾으려 하지 말라, 끝없이 시간이 걸릴 테니까"라고 말한 후 그곳을 떠나 버렸다.

왕을 비롯하여 그곳에 모여 있던 모든 사람들은 마치 모래 위에 내동댕이 쳐진 물고기처럼 되어 버렸다.

사람들이 하늘을 쳐다보니 파드마삼바바는 까마귀만한 크기로 보였다. 그리고 다시 쳐다보니 지빠귀 만하게 보였고, 다시 또 한 번 쳐다보니 파리 처럼 작아 보였다.

그 후에도 그는 다시 보였는데 모습은 선명하지 않았지만 그 크기는 '이' 의 알처럼 작았다. 그 후 사람들이 다시 쳐다보았을 때 그는 이제 보이지 않 았다. 그 후 "나를 찾으려 하지 말라, 끝없이 시간이 걸릴 테니까" 했다는 그들의 위대한 선생님의 모습은 다시 볼 수 없게 되었다.

그 또한 신화 같은 이야기지만 천도의 변화에 따른 섭리를 사실적으 로 기록해 두고 있는 것으로, 다른 부족들이 전설처럼 간직해 오고 있 는 뿌리 역사 이야기와 동일하다는 점이다.

특히 아직도 원시인이나 마찬가지로 벌거벗고 살아가는 벰바 부족 이 있다. 그러나 그들이 간직하고 있는 태초의 이야기는 성어나 마찬 가지로 진솔한 것이다. 그들은 이렇게 말하고 있다.

신이 처음에 살풍경한 지구에 내려와 진흙덩이로 되어 있는 지구 태초의 모습에 질서를 잡아주었고, 물을 다스리는 치수 후에 식물을 나게 하고, 두 사람을 하늘로 보내어 동물의 종자를 가져오게 했다.

그들이 부르는 신의 이름은 '카베차'라고 했다. 그런가 하면 콩고의 남부에 살고 있는 펜데라는 부족이 말하는 그들의 신은 '마웨제'이다. 그들은 태초의 창조에 대해서 이렇게 말하고 있다.

태초에 시간이 없을 때에는 아무것도 없었다. 사방에는 어둠뿐이었다. 쉴 새 없이 비가 내렸지만 땅에는 아직 하천이 없었다. 그친 다음에 비로소 상제 마웨제가 물이 강줄기를 따라서 흐르게 했고, 아무것도 모르는 무지한 사람을 창조했다. 상제 마웨제는 우주의 조물주로서 하늘의 별들을 만들었을 뿐 아니라 수수와 옥수수, 야자나무의 경작법도 가르쳐 주었다. 그는 무바딜라를 아내로 삼아 세상의 모든 씨족을 낳았다. 땅에 사람이 많이 번성하자 그는 하늘로 돌아갔는데 그 때에 많은 사람을 함께 데리고 갔지만 불을 주어서 지상으로 되돌려 보냈다.

이들의 이야기는 성서 기록과 별로 다를 것이 없다. 구약성서 속에서 보여주는 여호와 신이나 마찬가지로 처음 아무것도 모르는 무지한 원시인간을 창조했다는 것이고, 그들에게 살아가는 여러 가지 방법을 가르쳐 주었으며, 또한 인간과 동일하게 대화를 나누었다는 것이며, 성서 속에서 에녹이 천상을 다녀왔다는 기록과 거의 비슷한 이야기들을 모두 간직하고 있다. 그런데도 성서에 의한 유대족의 창조 역사는 실제 있었던 일이고, 타민족이 간직하고 있는 뿌리 역사 이야기는 허구의 신화라고 한다면 커다란 모순이 아닐 수 없다.

구약성경은 인류 창조 역사의 진실을 밝혀 두고 있으면서, 타민족의 조상신들이 각기 존재했음을 분명히 드러내 주고 있다. 뿐만 아니라 지구촌 각 족속들을 창조한 신들이 그 백성들을 다스려 오던 용신들, 즉 인간 종자 씨를 뿌리던 종의 시대가 마감하고 있는 시대적 변화를 분명히 나타내 주고 있기 때문이다.

그것은 유대족 이스라엘의 뿌리 역사 구약성서 속에서 여호와 역시도 자신의 역사시대가 마감될 것임을 미리 말해 두고 있었다.(열왕기

상 9장 7 ~ 8)

† 내가 이스라엘을 나의 준 땅에서 끊어 버릴 것이요, 내 이름을 위하여 내가 거룩하게 구별한 이 전이라도 내 앞에서 던져 버리리니 이스라엘은 모든 민족 가운데 속담거리와 이야깃거리가 될 것이며 이 전이 높을지라도 무릇 그리로 지나가는 자가 놀라며 비웃어 가로되, 여호와께서 무슨 까닭으로 이 땅과 이 전에 이 같이 행하셨는고 하면…….

이 성구에서 여호와는 자신의 존재를 분명히 말하고 있는 것으로, "내 이름을 위하여 내가 거룩하게 구별한 전이라도 내 앞에서 던져 버리리니……" 하는 성구를 주목해야 할 것이다. 왜 여호와는 그처럼 열심히 다스려 왔던 이스라엘의 백성과 모든 성전까지도 던져 버린다고 했을까? 또 많은 사람들이 그리로 지나가면서 놀라며 비웃어 말하기를 "여호와께서 무슨 까닭이었을까?" 하고 생각해 보게 된다는 것을 여호와 신은 이처럼 미리 예언해 두고 있는 것이다.

이러한 천도의 변화를 아직도 깨우치지 못한 성서학자들인지 아니면, 정복문화 기술을 배워온 이스라엘 백성들의 의도적인 사상무기 전략 기술에 의해서인지 진정한 하나님의 사랑의 메시지를 전하기 위해서 이 땅에 출현하여 십자가 위에서 물과 피를 쏟았던 성자 예수의 신약복음의 메시지가 제대로 빛을 발하지 못하고 있는 것이 사실이다.

그것은 본체신의 종으로 '종자 씨' 뿌리는 일을 마치고 본 자리로 떠난 구약의 여호와를 천국 복음의 메시지를 들고 이 땅에 출현한 본체신 성자 예수의 아버지 성부 하나님으로 믿게 하고 있는 오늘의 기독교리이고 보면, 여호와의 예언대로 타 종교인들로부터 비웃음의 속담거리가 되고 있는 것인지도 모른다.

성서는 천도의 변화를 신·구약으로 분명히 나누어 두고 있다. 구약은 여호와가 그 족속 이름에서 두 아들의 비유를 나타내 보이고 있듯이, 먼저는 하나님의 종(여호와)들이 이 지구에 내려와 인간 종자를 심고 인간으로서의 기본 도리인 율법을 가르쳐 그가 심은 종자들에게 이성의 지각을 눈뜨게 하기 위하여 그 의무와 책임을 해 오던 구시대 역사 기록이다. 그래서 구약에서는 많은 하늘 신들의 이름이 등장하면서 여호와 이외의 각 족속의 신들이 그 백성들을 진두지휘하며 능력대결을 보이는 장면들이 수없이 기록되어 있는 것이다.

하지만 신약 복음서는 '인류구원' 이라는 그리스도 성자 예수가 각 족속의 창조신들에 의해서 영생하는 영혼 생명이 없이 육신만 창조된 인간 종자들에게 하늘나라 영생하는 생명의 호흡을 불어넣어 주기 위해 태초의 빛의 말씀으로 너희를 거듭나게 해주겠다는 새로운 장인 것이다.

그래서 예수께서는 하늘나라 복된 소식을 전하러 온 그를 하나님이 보내신 아들로 믿고 그의 입에서 나오는 말을 '듣고 믿는 자는 죽어도 살리라' 하신 이것이 인간 종자들에게 영혼 생명을 불어 넣어 주겠다는 그리스도 약속의 말씀으로 '신약복음' 인 것이었다.

이러한 본체신 하나님의 섭리는 동양의 성자 석가가 태어난 인도에서도 마찬가지로 그러한 역사를 보여 왔다. 석가 출현 이전 그들이 믿고 섬겨온 신의 이름은 '시바' 였다. 시바 신의 모습은 이스라엘 백성이나 마찬가지로 환상적인 존재로서 그들이 믿는 주신 '시바' 는 5개의 얼굴과 4개의 팔 그리고 3개의 눈을 가졌는데, 더러운 짐승의 가죽털을 몸에 걸치고 시체의 재를 바른 고행자로 묘사되고 있다. 주신 시바는 그의 '제3의 눈' 으로 사물을 볼 수 있을 뿐만 아니라 적을 향해서는 무서운 광선 불을 내쏘아 상대를 파괴시켜 버린다고 했다.

그들이 말하는 주신 '시바' 역시도 천상의 문명화 된 과학 무기를 이스라엘 주신 여호와나 마찬가지로 당시에 사용했음을 짐작해 보게 한다. 그래서 고대 인도인들은 '불' 을 섬기었으며, 주신 '시바' 가 보여주는 모습 그대로 명상에 잠기는 고행자 '바라문도' 들의 사상이 시바의 영향 때문이었음을 짐작해 볼 수 있게 한다.

그것이 인도 원주민들이 믿고 숭배해 온 기존의 사상이었고, 그래서 석가 역시도 정각을 이루기 전에 출가하여 그러한 기존의 사상가 바라문도들과 함께 6년을 고행하며 한 시기를 보낸 적이 있었다. 그러나 깨달음의 정각을 이룬 후, 그들이 믿어 온 기존의 '숭배신' 을 버리라고 했고, 그로 인해 바라문도들과 마찰을 빚게 됐으며, 기존의 사상을 고집하고 주장하는 바라문도들과 신통력 대결을 수없이 벌리기도 했다.

그것이 동서양의 종자 씨를 뿌린 종의 시대에서 성부의 아들 성자 진리의 시대로 문이 열리게 된 것으로, 유대 족속 이스라엘 땅에 출현한 성자 예수 역시도 13세 때 잠시 이스라엘을 떠나기까지 기존의 율법사(대제사장)들 밑에서 기존의 율법을 배워 왔음을 성서가 기록하고 있다. 그리고 29세에 다시 이스라엘로 돌아온 예수는 기존의 숭배신 여호와의 율법만을 굳게 믿고 주장하는 바리새인들과 마찰을 일으키게 된 동기의 원인은, 그 백성이 절대자 하나님으로 믿는 여호와의 '율법은 초등학문이니……' 를 놓고 그의 말을 믿으라는 것 때문이었다. 그것은 그들이 믿어온 기존의 숭배신에 대한 커다란 불경모독죄에 속한 것으로, 그들은 '이단의 괴수' 혹은 귀신이 들린 자라고 하여 돌을 들어 예수를 내쳤지만, 그러나 그것이 참 진리가 아님을 외친 성자 예수였다. 그리고 그들을 믿게 하기 위해서 신통력의 이적과 기사를 수 없이 행해 보였고, 그것이 하나님의 권능임을 보였지만 끝내 믿어주지 않은 그들은 '이단의 괴수'라는 죄목으로 십자가의 형틀에 매달았던 것이다.

그러나 그 일을 하기 위해 세상에 출현한 성자 예수가 마지막으로 세상에 와서 보여주고자 한 것은 바로 사망의 권세를 깨뜨리는 '부활'의 생명이 그에게 있음을, 그것이 태초의 '빛'으로 참 하나님의 진리임을 세상에 출현하여 나타내 보이고자 한 것이었다.

이렇게 종의 시대를 마감하는 본체신 성자들의 진리의 시대가 동서양으로 그 문이 열리면서 하나님의 종(神界)들이 지구에 내려와 신인합발하던 구약시대는 막을 내린 것이다.

이것이 바로 예수께서 주인이 농사짓는 비유를 들어 말씀하신 천도의 변화로, 성부 하나님의 종들이 각자 성호를 달고 하늘을 오르내리며 '종자 씨'를 뿌리는 수고를 열심히 해왔지만, 그 종들의 시대가 마감되었기 때문에 그 백성들이 아무리 제물을 차려 놓고 그 신의 이름을 불러도 이제는 응답의 메아리조차 없는 허공 속으로 사라진 이름인 것이었다.

그것이 천도의 변화에 따르는 주인이 농사짓는 이치임을 예수께서는 "새 술은 새 부대에 담아야 둘 다 보존될 수 있느니라." 그렇게 말씀해 두셨지만 예수께서 말씀해 두신 천도의 변화를 아직도 깨닫지 못하는 성서학자들의 무지는 많은 영혼들에게 생명수가 아닌 '쑥물'을 먹임으로써 오늘날 지구촌 기독교인들은 그처럼 불러도 대답조차 없는 하나님의 종, 여호와의 이름을 아직도 안타깝게 부르고 있다는 사실이다.

　종의 시대, 그처럼 구약성서 속에서는 실재적으로 그 백성들 앞에 모습을 보여 온 여호와 신이었다. 그 모습은 오늘 우리가 상상하는 비실체적인 존재로서 무소부재하신다는 영적인 하나님의 존재가 아니라, 사람의 모습 그대로 나타내 보였음을 성서는 보다 진실하게 기록해 두고 있는 것이다.(출애굽기 33장 11절)

　† 사람이 그 친구와 이야기함 같이 여호와께서는 모세와 대면하여 말씀하시며…….

　그와 같이 여호와는 실재적 존재로서 나타나 모든 사람들이 들을 수 있게 대화를 나누었음을 다음 성구에서도 기록하고 있다.(신명기 5장 26)

　† 무릇 육신을 가진 자가 우리처럼 사시는 하나님 여호와의 하시는 말씀을 다 듣고…….

　이처럼 그 백성들 앞에 사람의 형상 그대로를 하고 나타나 대화를 나눈 여호와는 '무릇 육신을 가진' 그들처럼 사람의 모습이었다고 밝히고 있는 것으로, 하늘에서 그의 심부름으로 보내진 천사들 역시도 실재적인 사람 모습과 조금도 다름이 없었음을 기록하고 있는 장면이다.(창세기 19장 1 ~ 9)

　† 날이 저물 때에 그 두 천사가 소돔에 이르니 마침 롯이 소돔 성문에 앉

았다가 그들을 보고 일어나 영접하고 땅에 엎드리어 절하여 가로되, "내 주여 돌이켜 종의 집으로 들어와 발을 씻고 주무시고 일찍이 일어나 갈 길을 가소서."

그들이 가로되, "아니라, 우리가 거리에서 경야하리라."

롯이 간청하매 그제야 돌이켜서 그 집으로 들어오는지라, 롯이 그들을 위하여 식탁을 베풀고 무교병을 구우니 그들이 먹으니라. 그들의 눕기 전에 그 성 사람 곧 소돔 백성들이 무론 대소하고 사방에서 다 모여 그 집을 에워싸고 롯을 부르고 그에게 이르되, "이 저녁에 네게 온 사람이 어디 있느냐, 이끌어내라 우리가 그들을 상관하리라."

롯이 문밖의 무리에게로 나가서 뒤로 문을 닫고 이르되, "청하노니 내 형제들아, 이런 악을 행치 말라. 내게 남자를 가까이 아니 한 두 딸이 있노라, 청컨대 내가 그들을 너희에게로 이끌어 내리니 너희 눈에 좋은 대로 그들에게 행하고 이 사람들은 내 집에 들어 왔은즉 이 사람들에게는 아무 짓도 하지 말라."

그들이 가로되, "너는 물러나라."

또 가로되, "이 놈이 들어와서 우거하면서 우리의 법관이 되려 하는도 다. 이제 우리가 그들보다 너를 더 해하리라." 하고 롯을 밀치며 가까이 나아와서 그 문을 깨치려 하는지라. 그 사람들이 손을 내밀어 롯을 집으로 끌어들이고 문을 닫으며 문밖의 무리로 무론 대소하고 그 눈을 어둡게 하니 그들이 문을 찾느라고 곤비하였더라.

바로 그것이다. 오늘 우리가 추상적으로 막연하게 생각해 온 하늘의 신들은 구약 신인합발하던 시대에 있어서는 이처럼 사람의 모습과 조금도 다르지 않게 나타나 그 백성들의 생활 속에서 함께 해 왔고, 그러한 신들의 행사는 동서의 뿌리 역사에서 그 모습을 동일하게 나타내 주고 있다.

이처럼 지구촌에 산재해 있는 각 부족들이 저마다 전설적으로 가지고 있는 조상 뿌리의 이야기는 현대인들이 '그리스 로마 신화'라고 단정하고 있는 그 이야기나 마찬가지로 변조되지 않고 원형적 원시형태 그대로이기 때문에 실재성이 없는 신화라고 웃어넘기지만, 21세기 현대문명의 한복판에 살고 있는 서양 문화권에서 그 실재성을 인정하고 있는 구약성서 기록이나 다른 차이점이 없다는 점이다.

'그리스 로마 신화'는 미국의 토머스 불핀치의 대표작품이다. 그 작품이 전개하고 있는 내용들은 작가의 상상력이라고 보기에는 어려울 정도로 구약성서 속에 전개되고 있는 내용들과 다를 것이 없다.

묘사되고 있는 내용들이 요한이 보고 온 천상세계의 기록보다 오히려 더 방대하며 사실적이지만, 아쉽게도 그의 작품이 단지 문학의 장르 속에서만 다뤄지고 있을 뿐이다.

그의 작품에서 묘사되고 있는 신들의 세계 그 일부다.

신들의 거처는 뎃살라니아에 있는 올림포스 산 꼭대기에 있었다. 그곳에는 '계절'이라 부르는 여신들이 지키는 구름의 문이 하나 있었는데 이 문은 천상의 신들이 지상에 내려갈 때나 다시 천상으로 돌아갈 때에 열렸다. 신들은 각기 처소를 가지고 있었는데 제우스 주신의 소집이 있으면 모두 제우스(주피터) 델피 신전에 모였다. 지상이나 수중 또는 지하에 살고 있는 신들까지도 모여들었다. 이 올림포스의 주신이 사는 궁전의 큰 홀에서는 또한 많은 신들이 신들의 음식과 음료인 암브로아와 넥타르로 잔이 날라졌다. 이 연회석상에서 신들은 천상과 지상의 여러 가지 사건들을 이야기하였다.

그리고 그들이 넥타르를 마시고 있을 때면 음악의 신 아폴론이 리라를 타서 다시 그들을 즐겁게 해 주었고, 무사(뮤즈) 여신들은 이것에 맞추어 노래를 불렀다. 해가 지면 신들은 각자 자기 거처로 돌아가 잠을 잤다. 여신들이 입은 옷은 성의와 그 밖의 옷은 아테나(미네르바)와 미의 세 여신들이 짰는데 좀 단단한 것들은 여러 가지 금속으로 만들어졌다. 헤파이스토는 건축기사에다 대장장이, 갑옷 제조자, 이륜 전차 제조자로 이는 여러 가지 금속으로 만들어졌다.

그 밖에도 올림포스에서는 무엇이든지 할 수 있는 명공이 있었다. 그는 놋쇠로 신들의 집을 지어 주었다. 그리고 황금으로 신들의 구두도 만들어 주었다. 신들은 그 구두를 신고 공중이나 물 위를 걷고 바람과 같이 빠른 속도로 혹은 또 마음 내키는 대로 이곳저곳으로 이동했다. 헤파이스토는 또 천마의 다리에 편자를 박았다. 그러자 그 말은 신들의 이륜 전차를 끌고 공중과 해상을 질주했다. 그는 자기가 만든 물건에 자동력을 부여할 수 있었다.

이 작품의 구성이 다만 작가의 상상력에 의해서 만들어진 것일까? 생각해 보게 되는 것은 구약성서 내용과 거의 다르지 않기 때문이다.

구약성서 역시 마찬가지로 악역의 배역을 맡은 신도 있으며 수금을 탈 줄 아는 예술신, 거짓말을 잘하여 상대방 적을 유혹해 내는 신 등, 수 없이 많은 신들이 등장한다. 여호와로부터 창조되어 번성되어지는 그 백성들 속에서 신들은 필요에 따라 나타나 함께 자리하며 어우러지고 있었음을 기록하고 있다.(사무엘 상 16장 14 ~ 23)

† 여호와의 신이 사무엘에게서 떠나고 여호와의 부리신 악신이 그를 번

뇌게 한지라. 사울의 신하들이 그에게 이르되, "보소서, 하나님의 부리신 악신이 왕을 번뇌케 하온 즉 원컨대 우리 주는 주의 앞에 모시는 신하에게 명하여 수금을 잘 탈 줄 아는 사람을 구하게 하소서, 하나님의 부리신 악신이 왕에게 이를 때에 그가 손으로 타면 왕이 나으시리이다."

사울이 신하에게 이르되, "나를 위하여 잘 타는 사람을 구하여 내게로 데려오라."

소년 중 한 사람이 대답하여 가로되, "내가 베들레헴 사람 이새의 아들을 본즉 수금 탈 줄을 알고 호기와 무용과 구변이 있는 준수한 자라 여호와께서 그와 함께 계시더이다."

사울이 이에 사자를 이새에게 보내어 이르되, "양치는 네 아들 다윗을 내게 보내라" 하매 이새가 떡과 한 가죽부대의 포도주와 염소 새끼를 나귀에 실리고 그 아들 다윗의 손으로 사울에게 보내니 다윗이 사울에게 이르러 그 앞에 모셔서매 사울이 그를 크게 사랑하여 자기의 병기 든 자를 삼고 이새에게 사람을 보내어 이르되, "청컨대 다윗으로 내 앞에 모셔 서게 하라, 그가 내게 은총을 얻었느니라." 하니라.

하나님이 부리신 악신이 사울에게 이를 때에 다윗의 수금을 취하여 손으로 탄 즉 사울이 상쾌하게 낫고 악신은 그에게서 떠나더라.

이처럼 구약성서 속에서는 '그리스 로마 신화' 나 크게 다르지 않은 많은 신들이 등장하면서, 이스라엘 백성이 주신으로 믿는 이외의 이방의 신들이 그들 백성을 감시 감찰하며 필요에 따라 그 기능이 다른 일명 '천사. 사자' 라고 하는 보좌신명들을 하늘에서 불러내려 등장시키고 있었음을 기록하고 있다.

구약성서는 약 1천 6백 년의 기간에 걸쳐 모세 이후 그러한 성령의 감동에 의해 쓰여진 기록이라고 했다. 그러나 그 시대 변화를 이해하지 못한 성서학자들에 의해서 당시의 신에 대한 관념과 신앙의 개념에서 벗어나지 못한 채 오늘까지도 '기적'의 신비주의로 흐르고 있다는 사실이다. 그래서 신은 거룩하여 이성접촉도 하지 않는 신비의 존재로 에덴동산에서부터 유일하게 홀로 등장한 여호와가 우주와 만물을 창조한 전지전능하신 하나님이라고 주장해 오고 있는 것이다.

이렇게 유일신론을 주장해 오는 서양 성서학자들이지만, 토머스 불핀치의 작품은 놀랍게도 창세기 1장에서의 본체신 음양론적인 천지부모를 분명히 이해하고 있는 것으로, 그 작품을 단지 문학적으로만 평가할 것인가? 다시 생각해 보게 하는데 다음 내용이 그 일부분이다.

제우스는 신들과 인간의 아버지라고 불리는데 제우스 자신에게도 양친은 있었다. 크로노스(사트로노우스)가 그의 아버지요, 어머니는 레아(옵스)였다. 크로노스와 레아는 티탄 신족에 속해 있었다. 그리고 이 신족의 양친은 하늘과 땅으로부터 태어났다.

이 얼마나 하늘의 섭리를 분명히 이해하고 있는 묘사인가?

그는 분명히 천지인이라는 삼천대세계(三天大世界)의 원리를 작품 속에서 그대로 묘사하고 있는 것이다.

그는 다음 묘사에서 태초 본자연의 섭리를 이해하고 있음을 하늘과 땅, 바로 그 천지 부모를 음양 관계로 잘 묘사해 나타내 주고 있다.

기이아(大地)와 에레부스(暗黑)와의 사랑이 최초에 있었다. 에로스(사랑)는 카오스 위에 떠 있는 위쿠스(밤)의 알에서 태어났다. 그리고 이 에로

스가 가지고 있던 화살과 횃불로 모든 사물을 찌르거나 사물에 생기를 주어 생명과 환희를 산출했다.

이 묘사가 과연 막연한 작가의 상상력에 그처럼 쓰여질 수 있었을까? 생각해 보게 하는 것은 서양의 우주관이 단일적이기 때문에 성서 창세기 1장의 태초 대우주의 음양론을 이해하지 못하고 있기 때문이라고도 생각할 수 있다. 하지만 토머스 불편치 작품에서 묘사되고 있는 신의 세계는 분명히 그가 어떤 예지의 능력을 소유하고 천상에서 내려온 사명자였음을 다시 생각해 보게 한다.

과거 천상의 신들이 지구에 내려와 지구촌에 많은 하늘 정보를 제공해 주고 간 현자들하며, 또 크고 작은 과학지식 정보와 예술혼을 보여 주고 간 천재들에서부터 그처럼 동서고금을 통해 시대를 앞서 간 선구자들은 성서적으로 보아도 하늘 신명들이었음을 나타내 주고 있기 때문이다.

그런 맥락에서 예수께서는 제자들에게 세상에는 하늘의 영과 땅의 영이 있다고 귀띔했던 것으로, 인도에 태어났던 시성 타고르는 과거와 현재, 그리고 미래를 내다보는 영적 기파를 가지고 온 예언자로 우리 배달민족 위에 펴신 홍익사상이 곧 하나님의 진리로 만국에 빛을 발하게 될 것임을 다음과 같이 노래해 주었다.

동방의 등불

일찍이 아시아의 황금시기에
빛나던 등불의 하나였던 코리아.

그 등불 다시 한 번 켜지는 날에

너는 동방의 밝은 빛이 되리라.

마음에는 두려움이 없고,

머리는 높이 쳐들린 곳

지식은 자유스럽고

좁다란 담벽으로 세계가 조각조각 갈라지지 않는 곳,

진실의 깊은 속에서 말씀이 솟아나는 곳,

끊임없는 노력이 완성을 향하여 팔을 벌리는 곳,

지성의 맑은 흐름이

굳어진 습관의 모래벌판에 길 잃지 않는 곳,

무한히 퍼져 나가는 생각과 행동으로

우리들의 마음이 인도되는 곳,

그러한 자유의 천국으로

내 마음의 조국 깨어나소서.

동양 문화권에서는 최초로 노벨 문학상을 수상한 인도의 영적 시인 타고르가 일본을 방문했을 때 한국도 방문해 줄 것을 요청하는 우리의 동아일보 기자에게 지금은 한국을 방문할 수 없는 것을 대신하여 시로써 마음을 전하겠다고 하여 쓴 예언적인 시다. 그때는 우리나라가 일제 치하에 있을 때였다.

영적인 시인 타고르는 그때 벌써 과거, 현재, 미래를 볼 줄 아는 눈, 즉 영적 기파를 비장하고 있었던 것이다.

전 세계 곳곳에 나라를 달리하고 왔다 간 성인 현자들이 천도의 순행을 살펴 과거, 현재, 미래를 투시하여 예언했듯이, 영적 시인 타고르도

한국은 또 다시 동방의 햇불이 되어 밝은 빛이 세계를 비출 것임을 암시하여 시로써 전한 것이다.

타고르 시인은 우리의 근본 뿌리, 단군왕검 배달 조선의 원천을 알고 있었던 것이며, 그리하여 후천(後天)에 이화선경세계(理化仙境世界)가 이 민족 배달겨레가 주축이 되어 이 땅에서 이루어질 것을 알고 "내 마음의 조국 코리아여 깨어나소서." 하고 안타까운 마음을 전한 것이다. 이 얼마나 놀랍고 엄청난 일인가.

자유로운 진리의 말씀이, 다시 이 땅에서 햇불로 켜져 세계 만방을 비추게 될 때 아시아 대륙을 주름 잡고, 세계 으뜸의 나라로 찬란한 정신문화를 낳았던 배달민족, 그 등불이 또 다시 켜지면서 열국이 다시 우리 앞에 무릎을 꿇게 돼 있다는 것이 천도의 순행임을 예시한 것이다.

그러나 그처럼 위대한 배달민족의 후예들은 오늘 그 뿌리의 소중함을 잃고 있는 가운데 민족혼은 그대로 뿌리를 잘린 채 통곡하며 표류하고 있는 것이다.

그러나 다행스럽게도 이 지구를 오고 간 성인들과 현자들은 한결같이 후천시대에 이르러 배달겨레가 다시 그 등불을 켜 만방에 비추게 될 것이라는 그 예언의 목소리를 같이하고 있으면서, 서양의 기독교인이면서도 대예언자인 노스트라다무스 역시도 천지의 비밀은 동양 도학에서 그 신비의 베일을 벗겨 줄 것이라고 예언한 바 있다.

그가 말한 동양의 도학, 그 학문의 이론은 서양이 물질문명을 발전시켜 나오는 데 기여한 아인슈타인의 상대성 원리를 먼저 터득한 것이다.

동양의 도학은 자연의 이치가 '음양론' 에 그 바탕을 두고 있으며, 이러한 동양의 우주에 대한 시각은 형상화된 우주 그 이면에 보이지 않는 본질의 기운이 무엇인가를 살펴보는 데서 시작하고 있다.

그 논리가 바로 상대성 원리의 음양론을 바탕으로, 태초 우주는 밝고 가볍게 뜨는 양기와 어둡고 무겁게 가라앉는 음기가 하나로 뭉쳐서 우주와 만물을 만들어냈다는 이치이다.

그래서 태초에 밝고 가볍게 뜨는 양기를 영(靈)이라 하고, 어둡고 무겁게 가라앉는 음기를 혼(魂)이라고 하여, 영은 성부이며 천기에 속하고, 혼은 성모로서 지기라고 하여 태초 천지 부모의 영혼이라고 했다.

이러한 이치에서 우리 조상들은 창조주를 '조화주 하나님'이라고 불러 왔다. 음양조화로써 만 생명을 만들어 낸 근본 자리라는 말이다.

그러므로 우주 영혼의 영은 신이며 완성의 도라 하고, 혼은 기라고 하여 이것을 창조의 섭리로 본자연의 본질로 보는 것이다.

이러한 본자연의 섭리가 완전한 도를 행사하기 위해 건곤이 일체라는 태초 천지 부모, 즉 영과 혼이 서로 끌어당겨 완전한 일체를 이룬 모습을 태극이라고 했다.

이렇게 천지 부모의 영혼이 그 스스로의 완성을 위해서 운행하는 과정에서 우주력이라는 생명의 원소 '빛'이 두 원기의 기 충돌에 의해 만들어졌다는 논리가 바로 지구촌 물질문명을 이루어 나오게 한 과학의 원리로 아인슈타인의 상대성 논리다.

이러한 이치의 맥락이 또한 불교에서 말하는 공즉시색 색즉시공이다. 즉 우주는 있음도 없음도 아니니 '있다' 함은 기의 뭉침이며, '없다' 함은 기의 흩어짐으로, 있음이 없음이며, 없음이 곧 있음과 다름이 없다는 말이다.

이 기가 바로 성서 창세기 1장에서 기록하고 있는 만 생명의 원소라는 그 태초의 빛으로, 그 빛이 바로 창조주 하나님 우주정신으로 성서가 기록하고 있는 만물을 조물해낸 조화주 하나님 말씀의 '능력' 이다.

이것이 동양사상으로 보는 삼생만물로 대도의 자연지도로서 이 자연만물을 기르는 덕을 노자 성현은 자연발생적 현덕이라 하고, 대도와 대덕이 자연을 낳고 기른다고 하여 도덕이라고 했다.

그런데 서양문화권 속에서 태어난 토머스 불핀치의 작품 '그리스 로마 신화' 의 담고 있는 내용의 줄거리는 다만 작가의 상상력에 의한 작품세계로 보기에는 그 구성이 하늘 원천을 그대로를 이해하여 반영시키고 있다는 점이다.

그 내용을 담은 다음 대목에서 그 역시 하늘 사명을 가지고 온 신명이었다는 심증을 더욱 굳게 해준다.

크로스와 레아만이 유일한 피탄족이었던 것은 아니다. 그 신족은 그 밖에 오케아노스, 휘페리온, 이아페토스, 오피온과 같은 남자 신들과 테미스, 므네 모시네, 에이퀴리노메와 같은 여자 신들이 있었다. 이 신들은 연로한 신들이라 일크로노스는 제우스에게, 오케아노스는 포세이돈에게, 휘페리온은 아폴론(아폴로)에게 양도하였다. 휘페리온은 태양과 달과 여명의 아버지였다. 그러므로 그는 태초의 태양신인 셈이다. 그리고 그는 광휘와 미로 그려져 있는데, 그것도 후에는 아폴론에게 주게 된다. 오피온과 에우뤼노메는 크로노스와 레아가 즉위할 때까지 올림포스를 지배하고 있었는데 그들은 이윽고 크로노스와 레아에게 왕위를 빼앗겼다.

바로 이러한 대목의 묘사는 분명히 태초 생명의 시작인 영계의 천지부모가 음양에서 비롯되어 신계족들의 부모가 되었다는 것과 여기에서 더욱 놀라운 것은 그들 신계족이 서로 그 권좌를 놓고 뺏기고 쟁취하는 상황묘사이다.

그 내용은 성서 속에서 천상세계를 보고 왔다는 요한 계시록(12장 7 ~ 10)을 다시 상기시켜 견주어 보게 한다는 사실이다.

† 하늘에 전쟁이 있으니 미가엘과 그의 사자들이 용으로 더불어 싸울 때에 용과 그의 사자들도 싸우나 이기지 못하여 다시 하늘에서 저희의 있을 곳을 얻지 못한지라. 큰 용이 내어 쫓기니 옛 뱀 곧 마귀라고도 하고 사단이라고도 하는 온 천하를 꾀는 자라 땅으로 내어 쫓기니라.

이처럼 천상신들의 세계도 인간 세상이나 마찬가지로 권세의 자리를 쟁취하기 위해 전쟁이 있었다는 기록이다.

그 신족들이 지구에 내려와 각기 그 정기의 호흡으로 족속의 백성을 만들고 다른 이방 족속의 신들과 능력대결을 보여 왔음을 성서 속에서 보여주고 있다.

그러므로 여호와는 그 백성들에게 "나 이외는 다른 신을 섬기지 말라, 나는 질투하는 하나님이라" 하고 이것을 명령의 계율로 세워두고 있으며, 각자 신들의 성호를 빛내기 위한 능력대결을 백성들과의 싸움을 붙여 보여 왔음을 구약은 기록해 두고 있는 것이다.

이처럼 성경 구약은 온통 이방이라는 족속과 족속 간에 신과 신들이 능력대결을 보여온 전쟁기록사로, 이스라엘의 하나님으로 영광과 섬김을 받고 있던 여호와가 그 백성과 이웃하고 있던 이방 족속들의 신들보다 우위를 나타내고 있음을 기록하고 있는 다음 성구다.(사무엘 하 7장 22 ~ 28)

† 여호와 하나님이여, 이러므로 주는 광대하시니 이는 우리 귀로 들은 대로 주와 같은 이가 없고 주 외에는 참 신이 없음이니이다. 땅의 어느 한 나라가 주의 백성 이스라엘과 같으리까. 하나님이 가서 구속하사 자기 백성을 삼아 주의 명성을 내시며 저희를 위하여 큰일을, 주의 땅을 위하여 두려운 일을 애굽과 열국과 그 신들에게서 구속하신 백성 앞에서 행하셨아오며, 주께서 주의 백성 이스라엘을 세우사 영원히 주의 백성을 삼으셨아오니 여호와여 주께서 저희 하나님이 되셨나이다.

이처럼 구약성서의 기록은 서양 신학자들이 펴는 논리 주장과는 달리 여호와 신의 창조물이 아닌 이방신들의 백성이 이웃하고 있으면서 정복하고 정복당하는 전쟁사를 담아두고 있는 것이다. 그것을 뒷받침해 주고 있는 성구다.(열왕기 상 8장 41 ~ 44)

† 또 주의 백성 이스라엘에 속하지 아니한 자, 곧 주의 이름을 위하여 먼 지방에서 온 이방인이라도 저희가 주의 광대한 이름과 주의 능한 손과 주의 펴신 팔의 소문을 듣고 와서 이 전을 향하여 기도하거든 주는 계신 곳 하늘에서 들으시고 무릇 이방인이 주께 부르짖는 대로 이루사 땅의 만민으로 주의 이름을 알고 주의 백성 이스라엘처럼 경외하게 하옵시며, 또 내가 건축한 이 전을 주의 이름으로 일컫는 줄을 알게 하옵소서. 주의 백성이 그 적국으로 더불어 싸우고자 하여 주의 보내신 길로 나갈 때에 저희가 주의 빼신 성과 내가 주의 이름을 위하여 건축한 전 있는 편을 향하여 여호와께 기도하거든 주는 하늘에서 저희 기도와 간구를 들으시고 그 일을 돌아보옵소서.

이처럼 이스라엘 백성들은 여호와의 일컬음이라는 지시를 따라 이 방의 적국과 싸우러 나가는 길에 주신 여호와를 향해 간구하는 장면이다.

그러나 이스라엘 백성들이 이방 족속과의 싸움에서 언제나 승리를 보인 것만은 아니었다. 그러므로 그 선조들이 애굽 이집트 사람들에게 400여 년간 노예로 종살이를 했고, 그곳에서 온갖 역경을 견디며 살아 남은 200만 명이 넘는 이스라엘 자손들을 여호와는 모세를 제사장으로 세워 구원해 내게 하여 '젖과 꿀이 흐르는' 가나안 땅으로 인도해 내게 했다. 그 자손들이 전쟁터에 나가면서 상기시키고 있는 다음 성구 기록이다.(열왕기 상 8장 51 ~ 54)

† 저희는 주께서 철 풀무 같은 애굽에서 인도하여 내신 주의 백성, 주의 산업이 됨이니이다. 원컨대 주의 눈을 들어 종의 간구함과 주의 백성 이 스라엘의 간구함을 보시고 무릇 주께 부르짖는 대로 들으시옵소서. 주 여호와여, 주께서 우리 조상을 애굽에서 인도하여 내실 때에 주의 종 모 세로 말씀하심 같이 주께서 세상 만민 가운데서 저희를 구별하여 주의 산업을 삼으셨나이다.

구약성서의 특징은 이스라엘 백성이 주신으로 섬기는 여호와 이외의 이방의 신들과 그 백성이 그처럼 분리되어 있으면서 그들의 능력 대결을 보이는 전쟁사를 담아 두고 있는 것이다.

여호와는 이스라엘 백성이 그를 떠나 다른 이방 족속의 신을 섬길 때 는 그 백성을 수호하지 않았던 것으로, 싸움에서 패하는 장면의 기록 이다.(사무엘 상 4장 5 ~ 11)

† 여호와의 언약궤가 진에 들어올 때에 온 이스라엘이 큰 소리로 외치매 땅이 울린지라. 불레셋 사람이 그 외치는 소리를 듣고 가로되, "신이 진에 이르렀도다." 하고 또 가로되, "우리에게 화 전일에는 이런 일이 없었도다. 우리에게 화로다. 누가 우리를 이 능한 신들의 손에서 건지리요, 그들은 광야에서 여러 가지 재앙으로 애굽인을 친 신들이니라. 너희 블레셋 사람들아, 강하게 되며 대장부가 되어라. 너희가 히브리 사람의 종이 되기를 그들이 너희 종이 되었던 것같이 말고 대장부같이 싸우라." 하고 블레셋 사람이 쳤더니, 이스라엘이 패하여 각기 장막으로 도망하였고, 살육이 심히 커서 이스라엘 보병의 엎드러진 자가 삼만 인이었으며 하나님의 궤는 빼앗겼고 엘리의 두 아들 홉니와 비느하스는 죽임을 당하였더라.

여호와가 그의 백성이 다른 이방 신을 쫓으므로 그들과의 싸움을 수호하지 않았다는 것이며, 그래서 완전히 패하기도 했었음을 보여주면서 그가 이스라엘 백성을 수호하는 조상 하나님임을 깨닫고 돌이킬 것을 사무엘을 통하여 종용하는 다음 성구 장면이다.(사무엘 상 7장 3 ~ 5)

† 사무엘이 이스라엘 온 족속에게 일러 가로되, "너희가 진심으로 여호와께 돌아오려거든 이방 신들과 아스다롯을 너희 중에서 제하고 너희 마음을 여호와께로 향하여 그만 섬기라. 너희를 블레셋 사람의 손에서 구해 내시리라."
이에 이스라엘 자손들이 바알들과 아스다롯을 제하고 여호와만 섬기니라.

이러한 제반 성서기록들을 미루어 보더라도 신학자들의 논리 주장대로 여호와가 만물 위에 계신다는 전지전능한 하나님의 모습과는 거리가 먼 자격미달임에 틀림이 없다고 할 것이다.

그런데도 유일하신 절대자 하나님으로 설파하고 있는 신학자들의 논리다. 그러나 성서기록은 여호와가 그처럼 지엽적인 이스라엘의 민족 수호신임을 여러 기록에서 보여주고 있다.(열왕기 상 18장 24)

† "너희는 너희 신의 이름을 부르라, 나는 여호와의 이름을 부르리니 이에 불로 응답하는 신, 그가 하나님이니라."
백성이 다 대답하되, "그 말이 옳도다."

그리고 드디어 다수 쪽인 바알의 선지자들과 결전이 시작된다. 그들이 먼저 시작하여 아침부터 낮까지 자기들의 신 바알을 부르지만 아무 응답이 없다. 이에 엘리야가 그들을 조롱하고 비난하자 다급해진 바알의 선지자들은 자기들의 몸을 '피가 흐르기까지 칼과 창으로 상하게' 하면서 외쳐댔지만 끝내 바알의 불은 나타나지 않는다.

신의 능력대결을 보이는 여기에서 그 이방민족의 신 바알은 왜 그들에게 불로 응답해 주지 않았을까? 하는 의문을 던져 주게 된다. 하지만 그것은 각 민족 주신이 가지고 있는 능력의 특성이 각기 달랐음을 나타내 주고 있다.

그래서 지구촌은 그 백성들로 하여 정신문명을 꽃 피우게 한 신에서부터 그 민족으로 하여 예술성을 돋보이게 한 신이 있는가 하면, 이스라엘의 여호와 신처럼 세계 속에 유일하게도 정복문화를 가르쳐 주기 위해 그때 벌써 천상의 문명된 사차원의 신무기를 이용하여 그 정보를 제공해 주고 있었음을 보여주고 있다.

그렇기 때문에 지구촌은 그 족속 창조신의 기능과 특성에 따라 그들만의 민족문화를 이루어 나왔던 것으로, 그것이 어쩌면 조화의 세계를 이루게 한 본자연으로 존재하신 조화주 하나님의 섭리에 의한 것이라고도 할 수 있다.

그러므로 신들은 그 백성들에게 자기의 영광을 나타내게 하는 각기 다른 특성의 호흡을 민족정신으로 심어 주고 있었고, 그래서 그처럼 각 족속 간에 섞임의 경계를 하고 있었음을 다음 성구에서도 보여주고 있다.(레위기 21장 23 ~ 24)

† 너희는 내가 너희 앞에서 쫓아내는 족속의 풍속을 쫓지 말라, 그들이 이 모든 일을 행하므로 내가 그들을 가증이 여기노라. 내가 전에 너희에게 이르기를 너희가 그들의 땅을 기업으로 얻을 것이라. 내가 그 땅, 곧 젖과 꿀이 흐르는 땅으로 너희에게 주어 유업을 삼게 하리라 하였노라. 나는 너희를 만민 중에서 구별한 너희 하나님 여호와라.

이 성구에서도 이방민족의 풍속이 그들 수호신에 의해서 심어지고 있었음을 나타내 주고 있는 것으로, 다른 이방 족속들이 행하는 일들은 여호와가 이스라엘 백성들에게 행하며 알려주는 일들과는 달리 가증스럽다는 표현으로 대단하지 않음을 나타내 주고 있다.

이렇게 지구촌에 심어져 온 각 민족의 특성이 그 백성 창조신의 영광이 되는 것이기 때문에 여호와가 그 백성들에게 이웃 이방 족속과의 섞임을 경계하고 또 경계해 두고 있는 다음 성구다. (열왕기 상 11장 1 ~ 8)

† 솔로몬 왕이 바로의 딸 외에 이방의 많은 여인을 사랑하였으니 곧 모압과 암몬과 에돔과 시돈과 헷 여인이라. 여호와께서 일찍이 이 여러 국민에게 대하여 이스라엘 자손에게 말씀하시기를, "너희는 저희와 서로 통하지 말며 저희도 너희와 서로 통하게 말라. 저희가 정녕코 너희의 마음을 돌이켜 저희의 신들을 쫓게 하리라." 하셨으나, 솔로몬이 저희를 연애하였더라. 왕은 후비가 칠백인이요, 빈장이 삼백인이라. 왕비들이 왕의 마음을 돌이켰더라.

솔로몬의 나이 늙을 때에 왕비들이 그 마음을 돌이켜 다른 신을 쫓게 하였으므로 왕의 마음이 그의 부친 다윗의 마음과 같지 아니 하여 그 하나님 여호와 앞에 온전치 못하였으니 이는 시돈 사람의 여신 아스다롯을 쫓고 암몬 사람의 가증한 밀곰을 쫓음이라. 솔로몬이 여호와의 눈앞에서 악을 행하여 그의 부친 다윗이 여호와를 온전히 쫓음같이 쫓지 아니하고 모압의 가증한 그모스를 위하여 예루살렘 앞산에 신당을 지었고 또 암몬 자손의 가증한 몰록을 위하여 그와 같이 하였으며 저가 또 이족 후비들을 위하여 다 그와 같이 한지라 저희가 자기의 신들에게 분향하며 제사하였더라.

솔로몬이 마음을 돌이켜 이스라엘 하나님 여호와를 떠나므로 여호와께서 저에게 진노하시니라. 여호와께서 일찍이 두 번이나 저에게 나타나시고 이 일에 대하여 명하사 다른 신을 쫓지 말라 명하셨으나 저가 여호와의 명령을 지키지 않았으므로 여호와께서 솔로몬에게 말씀하시되, "네게 이러한 일이 있었고, 또 네가 나의 언약과 내가 네게 명한 법도를 지키지 아니 하였으니 내가 결단코 이 나라를 네게서 빼앗아 네 신복에게 주리라. 그러나 네 아비 다윗을 위하여 네 세대에는 이 일을 행치 아니 하고 네 아들의 손에서 빼앗으려니와 오직 내가 이 나라를 다 빼앗지 아니 하고 나의 종 다윗과 나의 뺀 예루살렘을 위하여 한 지파를 네 아들에게 주리라." 하셨더라.

이처럼 성서는 각 족속마다 그들이 섬기는 주신이 따로 있었음을 나타내 주고 있다.

이스라엘의 주신 여호와는 이렇게 그 백성과 또 다른 신들이 수호하는 이방 족속들을 분명히 나누어 편애할 뿐만 아니라, 그들과 싸움 붙임에 앞장서고 있는 모습을 보여주면서 그 백성들에게 전쟁에서 이길 수 있는 모든 전략전술을 보좌신명들까지 총동원해서 가르쳐 주고 있는 것이었다.

그러므로 그 이스라엘 백성들은 그들의 주신 여호와를 전지전능하신 하나님으로 받들어 섬기면서 '만군의 여호와 하나님' 이라고 영광을 돌리며 절대자로 숭상한 것이다.

그러한 만군의 여호와 하나님이 대우주적인 전지전능하신 하나님이라고 지구촌에 설파하고 있는 것이 오늘날 서양에서 들여온 기독교 신학자들의 논리다.

그것은 어쩌면 유대민족 주신 여호와의 '호흡' 으로 심어준 민족정신으로 일찍부터 세계 속에 유일하게 정복 문화를 배워온 그 민족의 자긍심에서 비롯된 것이라고 보아야 할 것이다.

하지만 이제 문명된 지구촌 지식인들은 성서 기록과 맞지 않는 그들의 논리에 의문을 던지면서 비평하기에 이르렀다.

각 민족 주신들이 달리 존재하고 있었음을 성서가 분명하게 기록하고 있기 때문이다.(여호수아 24장 15 ~ 19)

† "만일 여호와를 섬기는 것이 너희에게 좋지 않게 보이거든 너희 열조가 강 저편에서 섬기던 신이든지 혹 너희의 의거하는 땅 아모리 사람의 신이든지 너희 섬길 자를 오늘 날 택하라. 오직 나와 내 집은 여호와를 섬기겠노라."

백성이 대답하여 가로되, "여호와를 버리고 다른 신들 섬기는 일을 우리가 결단코 하지 아니 하오리니 이는 우리 하나님 여호와 그가 우리와 우리 열조를 인도하여 애굽 땅 종 되었던 집에서 나오게 하시고 우리 목전에서 그 큰 이적들을 행하시고 우리가 행한 모든 길에서 우리의 모든 백성 중에서 우리를 보호하셨음이며 여호와께서 또 모든 백성 곧 이 땅에 거하던 아모리 사람을 우리 앞에서 쫓아내셨음이라. 그러므로 우리도 여호와를 섬기리니 그는 우리 하나님이심이니다."

구약성서는 이처럼 성서학자들의 논리 주장대로 여호와 유일신이 아닌 다신들이 지구에 내려와 그들의 창조성을 나타내 각 족속 이룸으로 서로가 그 능력대결을 보여 왔음을 구약성서 속에서 수 없이 기록하고 있다.(신명기 13장 1 ~ 10)

† 너희 중에 선지자나 꿈꾸는 자가 일어나서 이적과 기사를 보이고 네게 말하기를 네가 본래 알지 못하던 다른 신들을 우리가 쫓아 섬기자 하며 이적과 기사가 그 말대로 이룰지라도 너는 그 선지자나 꿈꾸는 자의 말을 청종하지 말라. 이는 너희 하나님 여호와께서 너희가 마음을 다하고 성품을 다하여 너희 하나님 여호와를 사랑하는 여부를 알려 하사 너희를 시험하심이니라. 너희는 너희 하나님 여호와를 순종하며 그를 경외하며 그 명령을 지키며 그에게 복종하고 그 선지자나 꿈꾸는 자는 죽이

라. 이는 그가 너희로 너희를 애굽 땅에서 인도하여 내시며 종 되었던 집에서 속량하여 취하신 너희 하나님 여호와를 배반케 하려 하며 너희 하나님 여호와께서 네게 행하라 명하신 도에서 너를 꾀어내려고 말하였음이라. 너는 이같이 하여 너희 중에서 악을 제할지니라. 네 동복형제나 네 자녀나 네 품의 아내나 너와 생명을 함께하는 친구가 가만히 너를 꾀어 이르기를 너와 네 열조가 알지 못하던 다른 신들, 곧 네 사방에 둘러 있는 민족 혹 네게서 가깝든지 네게서 멀든지 땅 이 끝에서 저 끝까지 있는 민족의 신들을 우리가 가서 섬기자 할지라도, 너는 그를 쫓지 말며 듣지도 말며 긍휼히 보지 말며 애석히 여기지 말며 숨기지 말고 너는 용서 없이 그를 죽이되 죽일 때에 네가 먼저 그에게 손을 대고 후에 뭇 백성이 손을 대라. 그는 애굽땅 종 되었던 집에서 너를 인도하여 내신 네 하나님 여호와께서 너를 꾀어 떠나게 하려 한 자니 너는 돌로 쳐 죽이라. 그리하면 온 이스라엘이 듣고 두려워하여 이 같은 악을 다시는 너희 중에서 행하지 못하리라.

이 성구에서도 '땅 이 끝에서 저 끝까지 있는 민족의 신들'이 달리 존재하고 있음을 기록하고 있는 것으로, 여호와는 그 백성들이 다른 민족의 신을 쫓는 것을 악으로 간주 경계해 왔던 것이다.

그러나 그 이스라엘 자손들이 번성되어 나오면서 그 열조가 숭상해 왔던 여호와를 떠나 다른 이방의 신들을 쫓아 섬기기도 했던 것으로, 주신 여호와로부터 진노의 보응을 받는 성구 장면이다.(사사기 10장 6 ~ 10)

† 이스라엘 자손이 다시 여호와의 목전에서 악을 행하여 바알들과 아스

다롯과 아람의 신들과 시돈의 신들과 모압의 신들과 암몬 자손의 신들과 블레셋 사람의 신들을 섬기고 여호와를 버려 그를 섬기지 아니 하므로 여호와께서 이스라엘에게 진노하사 블레셋 사람의 손과 암몬 자손의 손에 파시매 그들이 그 해부터 이스라엘 자손을 학대하니 요단 저편 길르앗 아모리 사람의 땅에 거한 이스라엘 자손이 십팔 년 동안 학대를 당하였고 암몬 자손이 또 요단을 건너서 유다와 베냐민과 에브라임 족속을 치므로 이스라엘의 곤고가 심하였더라.

이처럼 여호와는 그 백성이 이방 족속의 신을 섬기는 것을 커다란 죄악으로 간주하고 진노하며 응징해 왔던 것으로, 처음 그 백성들이 번성할 당시 다른 신들에 의해 그의 자손들이 혼혈됨을 보고 한탄하며 '죄악이 관영함으로…' 하고 노아 홍수로 쓸어버리는 물 심판을 보여 주었다.

그런데도 오늘날 기독교 신학자들이나 목회자들은 지구촌 전 인류가 그 이스라엘 조상 아담으로부터 비롯되었다는 논리 주장을 펴고 있으면서, 여호와를 신약복음에서 성자 예수가 지칭한 참 사랑의 성부 하나님으로 설파하고 있다.

그 모습이 과연 전지전능하시고 사랑이 많으시다는 대우주적인 하나님의 존재인가 가늠해 보게 하는 다음 성구 기록이다.(신명기 21장 10 ~ 20)

† 네가 어떤 성읍으로 나아가서 치려 할 때에 그 성에 먼저 평화를 선언하라. 그 성읍이 만일 평화하기로 회답하고 너를 향하여 성문을 열거든 그 온 거민으로 네게 공을 바치고 너를 섬기게 할 것이요, 만일 너와 평

화하기를 싫어하고 너를 대적하여 싸우려 하거든 너는 그 성읍을 에워
쌀 것이며, 네 하나님 여호와께서 그 성읍을 네 손에 붙이시거든 너는 칼
날로 그 속의 남자를 다 쳐 죽이고 오직 여자들과 유아들과 육축과 무릇
그 성중에서 네가 탈취한 모든 것은 네 것이니 네가 대적에게서 탈취한
것은 네 하나님 여호와께서 네게 주신 것인즉 너는 그것을 누릴지니라.
네가 네게서 멀리 떠난 성읍들, 곧 이 민족들에게 속하지 아니한 성읍들
에게는 이같이 행하려니와 오직 네 하나님 여호와께서 네게 기업으로
주시는 이 민족들의 성읍에서는 호흡 있는 자를 하나도 살리지 말지니
곧 헷 족속과 아모리 족속과 가나안 족속과 브리스 족속과 히위 족속과
여부스 족속을 네가 진멸하되 네 하나님 여호와께서 네게 명하신 대로
하라. 이는 그들이 그 신들에게 행하는 모든 가증한 일로 너희에게 가르
쳐 본받게 하여 너희로 너희의 하나님 여호와께 범죄케 할까 함이니라.
너희가 어느 성읍을 오래 동안 에워싸고 쳐서 취하려 할 때에도 도끼를
둘러 그곳의 나무를 작벌하지 말라. 이는 너희의 먹을 것이 될 것임이니
찍지 말라. 밭의 수목이 사람이냐, 너희가 어찌 그것을 에워싸겠느냐. 오
직 과목이 아닌 줄로 아는 수목은 작벌하여 너희와 싸우는 그 성읍을 치
는 기구를 만들어 그 성읍을 함락시킬 때까지 쓸지니라.

이처럼 그 이스라엘 백성들에게 오밀조밀 세밀하게도 가르쳐 주고
있는 여호와의 정복문화 전략 기술은 기독교 스승 그리스도 예수께서
그 제자들에게 지구촌 땅 끝까지 전파하라고 하신 인류평화의 정신이
아님을 분명하게 보여주고 있다.
　그것이 오늘 기독교 성서학자들의 문제점으로 그들의 유일신 논리
주장과는 달리 그처럼 다스림의 권세자로 대자연계를 자유자재로 오

고 가는 신들의 세계도 인간세상의 각 사람 인격의 격상만큼이나 그 위상을 달리 존재하고 있음을 미루어 보게 하는 다음 성구 기록이다.(레위기 20장 1~8)

† 여호와께서 모세에게 일러 가라사대 너는 이스라엘 자손에게 또 이르라. 무릇 그가 이스라엘 자손이든지 이스라엘에 우거한 타국인이든지 그 자식을 몰렉에게 주거든 반드시 죽이되 그 지방 사람이 돌로 칠 것이요, 나도 그 사람에게 진노하여 그를 그 백성 중에서 끊으리니 이는 그가 그 자식을 몰렉에게 주어서 내 성소를 더럽히고 내 성호를 욕되게 하였음이라. 그가 그 자식을 몰렉에게 주는 것을 그 지방 사람이 못 본 체하고 그를 죽이지 아니 하면 내가 그 사람과 권속에게 진노하여 그와 무릇 그를 본받아 몰렉을 음란히 섬기는 모든 사람을 그 백성 중에서 끊으리라. 음란하듯 신접한 자와 박수를 추종하는 자에게는 내가 진노하여 그를 그 백성 중에서 끊으리니 너희는 스스로 깨끗하게 하여 거룩할지어다.

이 성구에서 여호와가 경계시키고 있는 것이 특히 '몰렉' 이라는 존재로서 여호와 신과는 다른 색소를 가진 신계에 속한 하늘 사람임을 나타내 주고 있다. 그들은 노아 홍수 이전에도 이스라엘 자손의 딸들을 취하여 아내를 삼음으로 혼혈아를 낳게 했던 것으로, 그것이 여호와 그의 성호를 욕되게 하고 성소가 더럽혀졌다는 것으로 진노한 것이다.

그것이 또한 '음란하듯 신접한 자' 이며 그래서 진노한 여호와는 그 백성이 '죄악이 관영함으로…' 하고 색소가 다른 신과 혼혈되지 않은 노아 가족만 '의롭다' 함을 얻고 구원을 받았으며, 그것이 모두 물로 쓸어 버리는 노아 홍수 심판의 기록이다.

여호와가 그처럼 '내 성소를 더럽히고 내 성호를 욕되게 함이라' 하고 그 백성과 이방 신들을 경계시키고 있는 분명한 이유는, 그로 혼혈된 자손들이 번성하면 자연히 그들의 조상신을 쫓아 섬길 것이기 때문이다.

이처럼 당시에 지구를 왕래하는 신들은 실재적인 사람의 모습으로, 유전인자 색소가 다른 하늘 '우주아' 들로 그들에 의해 창조되어 번성해 가고 있는 사람의 딸들을 취해 성교도 하고, 또 자식도 낳았음을 성서 곳곳에서 보여주고 있다.

그것은 동양의 배달민족 뿌리 역사에서도 마찬가지다. 천신과 지신이 합일을 이루어 영(靈)과 육(肉)이 완전한 인간 단군왕검이 태어났다는 것으로, 그것이 바로 실재성을 인정할 수 없다는 배달민족의 건국 신화라고 한 것이다.

이처럼 동서가 동일하게 인류시원의 역사에서 신과 인간이 함께 어우러지던 시대가 있었음을 구약성서가 기록하고 있음인데도, 특히 일제 침략정책의 일환으로 동방의 찬란한 배달민족의 뿌리 역사를 그들은 실재성이 없는 허구의 신화로 매도하고 잘라내게 했던 것이다.

그것은 성서가 기록하고 있는 것처럼 그 민족의 주신이 심어준 호흡의 정신이 곧 그 나라 국민정신을 만들어 내게 하는 원동력이 되는 것이기 때문이다.

그러므로 개개인에게 정신이 있듯이 인간 집단이나 국가와 민족에게도 그 조상 뿌리의 정신이 뭉쳐 일정한 방향을 가지고 살아 움직일 때 무서운 힘을 발휘하며 그 가치가 결정된다는 것이다.

그러기 때문에 일제는 배달민족 뿌리 정신을 먼저 잘라야 한다고 생각한 것으로, 나라가 그리고 개인이 그 주체성을 잃었을 때는 언제나 타로부터 지배를 받을 수밖에 없게 된다는 것을 침략정책의 일환으로 시도했던 것이다.

그만큼 주체성이란, 인간 또는 사물의 본질로서 곧 내가 나의 주인 공이라는 마음의 상태인 것이며, 곧 그 주체로서의 본질을 의미하는 말이다. 그래서 일제는 민족정신의 '얼'을 잘라내고 거기에 노비근성, 걸인근성을 심어줌으로써 영구히 그들의 속국을 만들 수 있다는 계산으로 그처럼 뿌리 역사를 잘라내는 정책을 썼던 것이다.

그들이 그처럼 두려워한 것이 바로 배달민족의 뿌리 정신이었던 것으로, 고대사에서 단군왕검의 홍익인간 사상을 주축으로 하는 '한얼' 사상이 열국을 무릎 꿇게 하였고, 세계 으뜸의 정신문화를 이룬 홍익인간의 이념은 배달민족의 종교며 철학으로 바로 민족 자존의 동맥이기 때문에 일제가 그처럼 그 일에 신경을 곤두세웠던 것이다.

그와 마찬가지로 이스라엘의 뿌리 역사 구약에서 여호와신이 그들 백성에게 심어주고자 했던 것이 바로 그 창조신의 호흡으로 민족 주체성을 갖게 하려는 그 뿌리 정신이었다.

그래서 유대 이스라엘 민족신 여호와는 다른 이방신의 수호를 받는 이웃 이방 족속과의 경계를 그처럼 분명히 해두고 있으면서 일찍부터 그들 이스라엘 백성들에게 정복문화의 전략과 전술을 진두지휘하여 가르쳐 나왔던 것이며, 여호와를 돕는 그 보좌 신명들 역시도 그러한 사명에 충실하고 있었음을 보여주고 있는 것으로, 그만큼 지구촌 정복문화를 심어주는 데 열심하고 있음을 그 행사에서 보여주고 있다.

그 때 이스라엘 백성들의 의식진화를 돕기 위해서 열심을 보이는 여호와였으며, 그 보좌신명들 역시도 마찬가지였다. 하늘을 오르내리며 그 백성들에게 보여준 것은 그 당시 문명되지 못했던 미개한 백성들이 여호와 능력의 손이라고 표현할 수밖에 없는 천상의 문명된 4차원의 과학무기로 이방 족속 '벧세메스'와의 싸움에서 그들 오만 칠십 인을 살육하는 등, 이방 족속과의 싸움 붙임에서 고대인으로서 상상하기 어려운 문명의 이기들을 사용함으로, 그 백성들은 이를 여호와의 경이로운 '손의 기적'이라고 믿어 전지전능하신 하나님으로 인정받기에 이른다.

그러나 여호와의 손에 들린 기적의 능력이란, 바로 문명된 하늘나라 4차원의 과학무기로 지구촌에 유일하게도 정복문화 기술정보를 일찍부터 그 백성들에게 보여 가르쳐 줌으로써 유대민족이 승인한 유일한 능력의 여호와 하나님으로 지구촌에 전파되기에 이른 것이다.

우주통일시대
α & Ω 처음과 끝

오늘 지구촌 기독교인들은 구약성경에 보편적 존재로 나타나 그
능력 행사를 해 보인 창조신들의 능력에 대해서 신비적으로 생각하고
있는 것이 사실이다.

그러나 21세기를 살아가는 문명된 현대인들의 시각은 신비적인 존
재의 '신의 기적' 이라는 문제에 대해서 납득되지 않는 많은 의문점을
갖게 된다. 그것은 당시의 시대상황을 감안하지 않고 성구 기록 그대
로를 설파하는 기독교리 때문이다.

하지만 그 당시 하늘에서 내려와 물질인간을 창조한 신들은 영계의
무소부재하신 하나님이 아니라, 태초 빛의 말씀으로 창조된 '천상의
사람' 신계족으로서 '우주아' 들이었음을 성서는 기록해 두고 있다.

구약성서 속에서 신들은 인간과 조금도 다르지 않은 보편적인 존재
로 맞대면도 하고 대화도 나누었으며, 또 음식도 함께 나누어 먹었을

뿐만 아니라 함께 동침도 하여 자식도 낳았었다는 성구 기록들이다.

그런 천상의 신들이 당시 사람들의 눈에 신비적인 존재로 두려움을 갖게 했던 능력의 힘, 그것은 그들이 빛의 말씀으로 창조와 동시에 다스림의 권세자로 우주의 지성을 부여받았기 때문임을 〈창세기 1장 27 ~ 28〉에서 기록해 두고 있다.

✝ 하나님이 자기 형상, 곧 하나님의 형상대로 사람을 창조하시되 남자와 여자를 창조하시고 하나님이 그들에게 복을 주시며, 그들에게 이르시되 생육하고 번성하여 땅에 충만하라! 땅을 정복하라! 바다의 고기와 공중의 새와 땅에 움직이는 모든 생물을 다스리라 하시니라.

이렇게 창조와 동시에 다스림의 권세자로 하나님의 형상대로 창조된 '하늘 사람'들이었으며, 그러므로 우주의 지성을 부여 받아 4차원의 문명된 천상세계 신무기를 사용해 왔을 뿐만 아니라, 그때 벌써 운송수단인 로켓 비행기로 하늘과 땅을 오르내렸음을 보여주고 있다.

그들이 바로 태초 빛의 말씀으로 창조된 '우주아'들로서 지구에 내려와 그들 닮은 복제인간을 만들어낸 지적 설계의 창조주로, 4차원의 과학문명의 이기를 사용함으로써 당시의 원시인간들 눈에는 신비적인 존재의 '능력자'로 두려움의 대상일 수밖에 없었을 것이다.

유대민족의 뿌리 역사 구약 속에서 보여주고 있는 여호와 신과 인간의 의사소통은 어떤 텔레파시나 영적인 교감이 아니라 직접 면대하고 신체 기관인 입과 귀를 통한 대화 방법이었고, 혹은 천상의 문명된 유선식 또는 무선식 수단을 이용하고 있었음을 성구 곳곳에 나타내 보여주고 있다.

특히 '여호와의 나팔' 이라고 된 묘사는 가청거리 안에서 울림을 주는 확성기였음을 보다 확실하게 해주고 있는 것으로, 천상의 기계 메커니즘이었음을 보여주고 있음이다.

그러나 문명되지 못했던 당시의 사람들은 '여호와의 손' 에 능력이 있었다고 표현하고 있는 것으로, '주석 성경' 에는 이것을 '여호와 말씀의 능력과 은혜' 를 의미하는 것이라고 적고 있다. 그렇다면 여화와 말씀의 능력이 왜 '손' 에 있었던 것일까?

그것은 여호와의 손에 들려 있는 천상문명의 기계 메커니즘이 보여주는 환상적인 모습을 그들이 여호와의 능력이라고 묘사하고 있음을 새롭게 조명해 볼 수 있게 한다는 사실이다.

에스겔이 여호와의 '손' 에 능력이 있었다고 표현하고 있는 것은, 보통이상의 초자연적인 힘에 의한 것, 곧 신의 능력이라고 볼 수밖에 없는 당시의 지적 수준이었기 때문이다. 여호와의 권능이 그 손에 있었다고 묘사되고 있는 성구를 보자.(하박국 3장 3 ~ 4절)

† 거룩한 자가 바란 산에서부터 오시도다. (셀라) 그 영광이 하늘을 덮었고 그 찬송이 세계에 가득하도다. 그 광명이 햇빛 같고 광선이 그 손에서 나오니 그 권능이 그 손에 감추었도다.

이것이 당시 문명의 기계 메커니즘을 접하지 못했던 원시상태의 인간들이 본 신의 능력이라는 묘사다. 그것을 보충해 주고 있는 다음 성구 묘사다.(시편 89장 10 ~ 13)

† 주께서 라합을 살육당한 자 같이 파쇄하시고 주의 원수를 주의 능력의

팔로 흩으셨나이다. …(중략)… 주의 팔에 능력이 있사오며 주의 손은 강하고 주의 오른손은 높으시니이다.

바로 그것이다. 천상의 과학무기를 사용하고 있었던 여호와의 오른 팔이었고, 그것이 미개인들의 눈에는 초자연적인 신의 능력의 손으로 보일 수밖에 없었을 것이다. 그 능력의 손에 '구원'이 있다는 다음 성구가 그 이해를 더욱 확실하게 해준다.(시편 108장 6절)

† 주의 사랑하는 자를 건지시기 위하여 우리에게 응답하사 오른손으로 구원하소서.

그처럼 당시의 백성들은 여호와의 손에 구원의 큰 능력이 있다고 믿고 있었던 것으로, 여호와의 오른팔에 들린 능력은 움직일 때마다 기적을 보였다는 또 다음 성구 기록이다.(열왕기 상 8장 41~42)

† 또 주의 백성 이스라엘에 속하지 아니한 자, 곧 주의 이름을 위하여 먼 지방에서 온 이방인이라도 저희가 주의 광대한 이름과 주의 능한 손과 주의 펴신 팔의 소문을 듣고 와서 이 전을 향하여 기도하거든…….

이 성구를 미루어 볼 때, 당시 이방의 신들은 여호와처럼 천상의 기계 메커니즘을 사용하지 않았던 것을 알 수 있다. 그래서 그 소문은 이방의 백성들에게도 알려져 그들의 신을 버리고 와서 여호와가 머무는 처소, 곧 전을 향해 빌었다는 이야기다. 그만큼 여호와신이 펴는 팔의 능력은, 다른 이방신들이 그들 족속을 진화시키기 위해 심어주는 정신

사상과는 다르게 천상의 기계 메커니즘으로 정복문화 기술정보를 가르쳐 주고 있었음을 성구 여기저기서 보여준다.(이사야 40장 10절)

† 보라, 주 여호와께서 장차 강한 자로 임하실 것이요, 친히 그 팔로 다스리실 것이라.

그 여호와의 능력이 이방 족속을 쳐서 멸하는 다음 기록의 장면이다.(신명기 2장 15)

† 여호와께서 손으로 그들을 치사 진중에서 멸하신고로 필경은 다 멸절되었느니라.

그 기록에서 여호와는 다른 이방 족속들을 그 손의 능력으로 멸했다는 것이며, 그러나 당시 이스라엘 백성들은 또 다른 이방 족속과의 대결에서 그 여호와신의 능력이 다시 나타나주기를 간구하는 장면이다.(시편 74장 10 ~ 11)

† 하나님이여, 대적이 언제까지 훼방하겠으며 원수가 주의 이름을 영원히 능욕하리이까. 주께서 어찌하여 주의 손 곧 오른손을 거두시나이까, 주의 품에서 빼사 저희를 멸하소서.

이처럼 당시 지구촌에는 여호와의 창조물이 아닌, 이방의 족속들과 신의 성호를 나타내는 전쟁붙임이 계속 있어 왔던 것으로서, 그 대결에서 여호와가 가슴에서 빼는 '손'의 능력은 언제나 승전고를 울리게

했음을 나타내 주는 다음 기록이다.(시편 118장 15～16)

† 구원의 소리가 있음이여, 여호와의 오른손이 권능을 베푸시며 여호와의 오른손이 높이 들렸으며, 여호와의 오른손이 권능을 베푸시는도다.

이처럼 여호와 손에 높이 들린 능력은, 그들의 눈에는 신비적인 초자연적 능력으로 보인 것이다. 그로 하여 승전고를 울린 백성들이 자축을 하는 연회에서 그 '손의 능력'에 대해서 또 기록하고 있다.(이사야 5장 12)

† 그들의 연회에는 수금과 비파와 소고와 저와 포도주를 갖추었어도, 여호와의 행하심을 관심치 아니 하며, 그의 손으로 하신 일을 생각지 아니 하는도다.

성구는 이렇게 곳곳에 여호와신의 능력은 그 오른손에 높이 들려 있었다는 것으로 일관되어지고 있다.

바로 그것이다. 이스라엘의 조상신 여호와의 능력은 "태초에 우주와 만물을 '말씀'으로 창조하셨다는 그 능력과는 달리 그 능력이 오직 손에 있어…" 하고 묘사해 두고 있다는 사실이다.

그래서 유대족의 인간 조상 아담과 이브도 손으로 흙을 빚어 생기를 그 코에 불어 넣음으로 생령이 되게 했다는 것이고, 그 손으로 그가 지은 사람에게 옷도 만들어 입혔다는 것이며, 또 그 백성들과 이웃 이방 족속들과의 전쟁붙임에서도 그 손에 들려 있는 천상의 문명된 이기로 신의 능력을 나타내 보인 것이다.

그처럼 미개했던 당시의 백성들이 본 여호와신의 능력은 '절대자' 하나님의 권능으로 묘사되면서 '하나님의 이상' 혹은 여호와 하나님 의 '기적'으로 그것이 그의 성호를 빛나게 해주는 영광이라고 생각했 던 것이다. 그만큼 의식이 진화되지 못했던 시대로 심지어 타민족의 경우 사람까지도 제물로 바치던 시대였기 때문이다.

그만큼 당시의 인간들은 신의 노예나 마찬가로 인간으로서의 존엄 성을 인정받을 수 없는 그야말로 허상의 육체뿐인 원시인간에 불과했 음을 보여주고 있다.

그러한 원시시대 인간들이 신들이 사용한 천상의 기계 메커니즘을 이해할 리가 없는 것은 당연한 것이다. 그래서 여호와신이 엘리야에게 동여매게 했던 가죽 벨트에서 나오는 신기한 힘을 '여호와의 능력이 임하매 허리를 동여매었다'라고 기록하고 있다.

그것은 그 어떤 특정 행위를 하기 전 구체적 행동능력으로 거기에는 고속질주를 가능케 하는 첨단의 장치가 되어 있었던 것으로, 허리를 동여매라고 지시했음이다. 그 벨트로 허리를 동여매자 달리는 아합의 마차보다 더 빠르게 달릴 수 있었다고 했고, 또 엘리야의 제자인 엘리 사도 그같이 빨리 달리게 하기 위해서 또 허리를 동여매라고 지시했음 을 기록하고 있다.

이처럼 여호와신은 구체적인 어떤 행동을 지시할 때에 허리를 동여 매라고 지시했음은, 여호와신과 연관되어 있는 그 어떤 문명된 수단의 장치가 있었음을 짐작해 볼 수 있게 하는 것이다.

그로부터 진보 발전되어 나온 서양의 현대 과학문명의 착안은 마침 내 우주 비행사들이 외계 탐사를 할 때에 쓰기 위해서 개발한 장비가 그 허리 벨트이기 때문이다. 그것을 일명 로켓 벨트로, 기원전 6세기의 성서 속에서 여호와 손의 능력이 함께 했다는 허리 벨트 '띠'는 하늘 나라 신들, 즉 태초에 우주의 지성이라는 '말씀'으로 창조된 그들이 만들어낸 하늘나라 4차원의 이기였음을 오늘에 이르러 의심해 볼 여 지가 없다.

아득한 먼 옛날 이처럼 지구촌 인간이 창조신들에 의해서 진화, 발 전하는 과정에서 성서는 여러 가지 흥미로운 사건들을 곳곳에서 보여 주고 있다는 사실이다.

엘리야가 바알 신 선지자들을 칼로 죽인 것을 아합이 아세벨에게 통 보를 한다. 그 보복은 개인적인 것이 아니라 신과 신들의 이름을 걸고 싸우는 대결이다. 아합이 섬기는 신 이세벨은 엘리야가 죽인 그의 종 선지자와 같이 엘리야도 그렇게 죽이겠다는 통보를 해온다. 그 신의 각오가 얼마나 대단한 것이었는가를 기록하고 있다.(열왕기 상 19장 2 절)

† 내가 내일 이맘때에는 정녕 네 생명으로 저 사람들 중 한 사람의 생명 같게 하리라. 아니 하면 신들이 내게 벌 위에 벌을 내림이 마땅하니라 한 지라.

이방의 신 '이세벨'은 그야말로 엘리야를 죽이지 못하면 신들의 벌 이라도 달게 받겠다는 대단한 각오를 보인다. 다급해진 엘리야는 여호 와신의 거처가 있는 호렙산을 향해 죽을힘을 다해 도주를 한다. 그러 나 이때에는 여호와 능력으로 묘사되고 있는 기계 메커니즘 그 '띠'를 동여매지 않았던 관계로 그는 하룻길을 지나 그만 탈진한 상태에서 로 뎀 나무 아래 주저앉아 차라리 죽기를 구하여 말한다.

"여호와여, 넉넉하오니 지금 내 생명을 취하소서, 나는 내 열조보다 낫지 못하니이다."

여기에서 '넉넉하오니'는 죽어도 후회는 하지 않겠다는 것으로, 결국 그는 그 조상보다 모든 것이 부족한 것이 여호와 앞에 부족하여 죽게 되었다는 독백을 남기고 마침내 쓰러져 버렸음을 '누워 자더니'라고 기록하고 있다.

이것을 본 여호와의 사자, 일명 처사가 나타나 엘리야를 어루만지며 "일어나서 먹으라" 하고 말한다.

이때 엘리야가 정신을 차리고 바라보는 머리맡에 숯불에 구운 떡과 물 한 병이 있었다고 했다. 그것을 먹고 엘리야는 다시 잠이 들었다는 것인데, 그만큼 허리 벨트를 동여매지 않은 엘리야는 지쳐 있었다는 이야기다.

이 때 다시 여호와가 보낸 사자가 와서 엘리야를 어루만지며 안타까운 듯이 말한다.

"일어나서 먹으라, 네가 길을 이기지 못할까 하노라."

이에 엘리야는 일어나 먹고 마시고 하여 기운을 차린 후 사십 주 사십 야를 걸어서 여호와 하나님의 거처 호렙산에 당도했다는 기록이고 보면, 여호와신은 오늘 기독교인들이 막연하게 생각하는 영적 존재가 아니라 지구인과 다를 것이 없는 보편적 존재의 모습으로 그 거처가 호렙산에 있었다는 기록은 이방 족속들의 뿌리 역사에서 기록하고 있는 신들의 거처나 마찬가지로 그 처소를 정하고 있었음을 나타내 주고 있다. 뿐만 아니라 그 때 하늘 사람 천사가 엘리야에게 제공해 준 음식물 역시도 실제적인 음식으로 천상의 영양식물을 공급해 줌으로 사십 주야를 견딜 수 있었음을 보여준다.

바로 그것이다. 오늘 기독교 성서학자들이 전 우주적으로 설파하는 이스라엘의 하나님 여호와는 무소부재하신다는 영적인 하나님이 아니며, 또한 만물을 사랑으로 낳고 기르신다는 대우주적인 하나님의 모습이 아니라는 사실이다.

여호와는 분명히 이스라엘에 국한된 창조신으로, 그렇기 때문에 그의 창조에 따른 의무를 다 하기 위해 그 백성을 감시 감찰하며 응징해온 것임을 성구 기록상으로 보여주고 있다.(시편 7장 11 ~ 13)

† 하나님은 의로우신 재판장이심이여, 매일 분노하시는 하나님이시로다. 사람이 회개치 아니 하면 저가 그 칼을 갈으심이여, 그 활을 이미 당기어 예비하셨도다. 죽일 기계를 또한 예비하심이여, 그 만든 살은 화전이로다.

이것이 바로 사람 죽이는 기계에 대한 묘사이다. 그 성구야말로 여호와신의 존재를 분명히 인지할 수 있게 해주는 기록이라고 할 것이다.

그처럼 여호와는 그 이스라엘 백성 창조신으로서 그들의 의식 진화를 위해 매일 진노했던 것이며, 그 자손들이 그가 세운 명령의 계율에 어긋나게 되면, 진화 가능성이 보이지 않은 인간으로 간주하여 그 백성들이 각성하게 표본으로 칼이 아니면, 불화살을 쏘아 생명을 빼앗기를 주저하지 않았음을 나타내 주고 있다.

그 불화살은 문명된 천상의 레이저 광선이었음을 입증해 주는 실례로 다니엘이 사자굴 속에 던져졌을 때의 사건이 더욱 확실하게 해준다.(다니엘 6장 22)

† 나의 하나님이 이미 그 천사를 보내어 사자들의 입을 봉하였으므로 사
자들이 나를 상해치 아니 하였사오니···.

사자의 입을 봉했다는 천사, 그는 분명히 레이저 마비광선을 쏘아서
사자를 움직이지 못하게 했음이다. 그들에게는 그보다 더한 문명의 이
기가 발달되어 있었기 때문이다. '요나서'에 등장하는 큰 물고기 '고
래'가 그것이다.

당시의 사람들은 오늘날 잠수함 같은 것은 상상도 해볼 수가 없었던
것으로, 비행기를 '까마귀'라고 묘사하고 있었던 것이며, 잠수함을
'고래'라고 묘사하고 있음이다.

그런데도 오늘날까지 서양 신학자들은 그것이 마치 하나님의 '기
적'처럼 설파하고 있고, 또 그대로를 받아들여 믿고 있는 기독교인들
이다. 그래서 오늘 우리는 그 성구를 다시 재고해 볼 필요가 있는 것이
다.

요나는 니느웨 성으로 가라는 여호와의 명령을 거스르고 자기 생각
대로 움직이다가 여호와의 진노로 마침내 바다에 던져지게 된다. 이때
큰 물고기 고래가 나타나 요나를 삼켜 버린다. 요나는 그 고래 뱃속에
서 비로소 불순종했음을 회개하게 된다.

그 요나가 돌이켜 간구하는 회개의 음성을 듣고 여호와가 고래 뱃속
에 들어간 요나를 사흘 만에 토해 내도록 했다는 것인데, 아무리 집채
만 한 고래라 하더라도 사람은 삼켜지면서부터 공기를 들이마실 수 없
음으로 질식해 죽게 된다. 다행히도 고래가 무지무지하게 커서 씹히
도 않고 통째로 삼켜지는 행운을 얻었다고 하더라도 공기가 없음으로
질식할 수밖에 없는 것이며, 또한 삼켜졌을 때 고래의 위액이 사람을

소화시켜 버린다는 것은 지극히 상식적인 이야기다.

그러나 요나는 질식하지도, 녹아버리지도 않은 채, 그 안에서 회개를 했다는 것이며, 또 아무 일도 없었던 것처럼 사흘 만에 육지에 내려졌다고 했다.

그러한 당시의 미개한 사람들의 묘사 그대로 신학자들은 여호와 하나님의 '기적'이라고 말하기를 서슴지 않는다. '기적'이란, 인간의 머리로 도저히 헤아릴 수 없는 그 어떤 한계에 부딪쳤을 때 편의상 쓰는 용어로, 해명이 불가능한 현상을 일컬어 쓰는 말이다. 고대에는 비행물체와 잠수함은 해명이 불가능했을 수밖에 없었고, 그래서 하나님의 기적이 요나에게 나타났다고 믿고 있다.

그는 당시 사람들의 표현대로 커다란 물고기 배 안에서 사흘 동안 지내게 되었다는 것인데, 그 묘사가 과연 바다 고래 뱃속이었는지 오늘 현대인의 시각으로 비추어 보아야 할 것이다. 그 성구 기록이다.(요나서 2장)

† 요나가 물고기 뱃속에서 그 하나님 여호와께 기도하여 가로되, 내가 받는 고난을 인하여 여호와께 불러 아뢰었삽더니 주께서 내게 대답하셨고, 내가 스올의 뱃속에서 부르짖었삽더니 주께서 나의 음성을 들으셨나이다. 주께서 나를 깊음 속 바다 가운데 던지셨으므로 큰물이 나를 둘렀고, 주의 파도와 큰 물결이 다 내 위에 넘쳤나이다. 내가 말하기를 내가 주의 목전에서 쫓겨났을지라도 다시 주의 성전을 바라보겠다 하였나이다. 물이 나를 둘렀으되 영혼까지 하였사오며, 깊음이 나를 에웠고 바다풀이 내 머리를 쌌나이다. 내가 산의 뿌리까지 내려갔사오며 땅이 그 빗장으로 나를 오래도록 막았사오나 나의 하나님 여호와여 주께서 내

생명을 구덩이에서 건지셨나이다. 내 영혼이 내 속에서 피곤할 때에 내가 여호와를 생각하였삽더니 내 기도가 주께 이르렀사오며 주의 성전에 미쳤나이다. … (중략) … 여호와께서 그 물고기에게 명하시매 요나를 육지에 토하니라.

이 성구에서 "깊음이 나를 에웠고 바다풀이 내 머리를 쌌나이다." 그리고 또 "내가 산의 뿌리까지 내려갔사오며 땅이 그 빗장으로 나를 오래도록 막았사오나……." 하는 묘사를 주목해 볼 필요가 있다. 그 성구 묘사에서 요나는 물고기 뱃속이 아닌 잠수함정 속에서 사흘을 갇혀 있었음을 알 수 있다. 그는 잠수함 선실 속의 창문으로 넘실거리는 파도와 바다풀, 그리고 산을 이루고 있는 바위들 그 물밑을 본 것이다. 그가 묘사하고 있는 '땅의 빗장' 이 그것을 더욱 분명하게 해준다고 할 것이다.

뿐만 아니라 "여호와께서 그 물고기에게 명하시매 요나를 육지에 토하니라." 이 성구에서 여호와신과 잠수함 안의 승무원이 서로 무선으로 연락하고 있었음을 알 수 있게 해준다. 그래서 잠수함은 해안에 접근하여 요나를 내려놓았을 것이다.

이것은 공상만화가 아니다. 그들은 이미 그때 4차원의 과학 문명으로 지구의 해저와 항공을 탐사하여 움직이고 있었음을 성서를 통해서 유추해 볼 수 있게 하고 있다.

구약에서 스가랴가 보았다는 천상의 신들이 그에게 정보제공을 해준 것은 건축물로서 실재적인 집이었음을 성구가 기록하고 있다.(스가랴 5장 9~11)

† 내가 또 눈을 들어 본즉 두 여인이 나왔는데 학의 날개 같은 날개가 있고, 그 날개에 바람이 있더라. 그들이 그 에바를 천지 사이에 들었기로 내게 말하는 천사에게 묻되, 그들이 에바를 어디로 옮겨 가나이까, 하매 내게 이르되 그들이 시날 땅으로 가서 그를 위하여 집을 지으려 함이니라, 준공되면 그가 제 처소에 머물게 되리라 하더라.

여기에서 스가랴가 학의 날개 같았다고 표현하고 있는 것은 비행 물체였던 것으로, "두 여인이 나와 에바를 천지 사이에 들었기로……." 묘사하고 있다. 그리고 그를 위하여 집을 지어 준공되면 거기에 머물러 살게 할 것이라는 것이다.

이렇게 과거 천상의 신들은 지구에 내려와 인간에게 거처할 집까지 직접 마련해 주었을 뿐만 아니라, 여호와가 모세에게 이스라엘의 언약궤를 만들도록 지시할 때도 그 치수를 세밀하게 가르쳐 주었고, 제사장이 입을 '에봇' 역시도 옷의 모양과 재단법까지도 하나씩 열거해 가며 자세하게 가르쳐 주고 있었음을 기록하고 있다.

이 기록들이 보여주는 것은 아득히 먼 옛날 26세기 전, 비행기나 잠수함 그리고 헬리콥터 등 문명의 이기를 보지 못했던 미개한 당시의 사람들이 그 의식 수준에서 체험하고 본 일을 '하나님의 이상' 혹은 '환상' 으로 표현하고 있는 일종의 보고서와 같은 것이라고 할 수 있다. 그것은 에스겔의 마지막 비행기록에서 더욱 확실하게 해준다.

에스겔은 여기에서도 '하나님의 이상' 에 이끌려 비행물체에 탑승되었다가 이스라엘 땅이라고 하는 어느 '극히 높은 산 위에' 내려졌고, 거기서 에스겔은 남으로 향하고 있는 성읍 같은 것을 목격하게 된다.

† 우리가 사로잡힌 지 이십오 년이요, 성이 함락된 후 십사 년 정월 십일 곧 그날에 여호와의 권능이 내게 임하여 나를 데리고 이스라엘 땅으로 가시되, 하나님의 이상 중에 나를 데리고 그 땅에 이르러 나를 극히 높은 산 위에 내려놓으시는데, 거기서 남으로 향하여 성읍 형상 같은 것이 있더라. (에스겔 40장 1 ~ 2)

여기에서 에스겔은 그 모양이 '놋같이 빛난' 하늘 사자를 만나게 되는데 그 모양이 보편적인 인간의 모습으로 묘사되고 있다.

† 나를 데리고 거기 이르시니, 모양이 놋같이 빛난 사람 하나가 손에 삼 줄과 척량하는 장대를 가지고 문에 서서 있더니, 그 사람이 내게 이르되, "인자야! 내가 네게 보이는 그것을 눈으로 보고 귀로 들으며 네 마음으로 생각할지어다. 내가 이것을 네게 보이려고 이리로 데리고 왔나니, 너는 본 것을 다 이스라엘 족속에게 고할지어다." (에스겔 40장 3 ~ 4)

이렇게 천상의 신들은 그들의 유전인자 색소를 닮아 있는 족속에게 문명된 하늘나라 4차원의 정보를 열심히 제공해 주고 있음을 보여주고 있다.

그처럼 섬세하게 가르쳐 주는 정보는 무려 네 장에 걸쳐 기록된 실측 치수로, 건물을 비롯하여 그 외곽과 안뜰의 크기며, 계단의 수를 비롯해서 심지어는 창의 커튼 유무와 조각들의 모양에 이르기까지 하나도 빠짐없이 문자 그대로 전부 수록되어 있는 것이었다.

그 자료의 기록만 있으면 설계도면이 필요 없이 똑 같은 성전을 지을 수 있을 정도로 정확하면서도 방대한 것으로, 에스겔은 그날 '놋같이 빛난 사람'의 분부대로 그 기록을 정확히 후세에 전하고 있다.

이렇게 동서의 각 민족들이 그 뿌리 역사에서 담아두고 있는 기록들은, 고대의 타민족 신들도 이스라엘의 여호와처럼 비록 방법은 다르지만, 그 나름대로 문명된 하늘나라 4차원의 정보를 그 흔적의 메시지로 지구 도처에 남겨 두고 떠났는데, 우리가 알고 있는 이집트의 피라미드가 그것이다.

그 피라미드가 재래식 의미의 '임금의 묘'라는 설명은 이미 설득력을 잃어버린 지가 오래다. 그것은 고대인들의 지적 수준이 오늘 문명된 현대과학으로도 해득하기 어려운 이상한 에너지를 가지고 있다는 사실은 이미 상식화 되어 있다. 그래서 거기에는 천상의 신들이 인류의 후세를 위해 숨겨 놓은 신의 메시지가 입체적으로 표현되어 있다고 보아야 한다는 것이다.

그것은 신기할 정도로 피라미드를 자나는 자오선(지구의 양극과 피라미드 정점을 지나는 선)은 지구상의 대륙과 대양을 정확히 2등분한다는 데에 있다.

뿐만 아니라 과거 미개했던 고대인들의 의식수준으로 피라미드가 설계될 수 없었음은, 고대 이집트 왕들이 미라로 발견된 피라미드 모형도 치수에 비례되게 종이나 플라스틱판 등을 이용하여 속이 빈 피라미드 모형을 만들어, 정확히 남북축 위에 놓고, 그 높이 1/3 되는 곳에 식물이나 또는 육류 조가 등을 넣어 놓으면 일정한 기간이 지난 후에도 모양이나 색깔 또는 냄새 등을 그대로 간직한 채 '미라'로 변한다는 사실이다.

이처럼 초과학 문명에 도달하는 피라미드를 고대 이집트인들이 설계할 수 없었음은 의심해 볼 여지가 없다. 그것은 이스라엘의 하나님 여호와가 그 백성들에게 '하나님의 이상' 혹은 '여호와의 권능'으로 보여준 4차원의 기계 메커니즘이나 마찬가지로 이집트의 주신 역시도 그 천상의 문명된 과학정보 메시지를 그가 수호한 족속의 후세를 위하여 입체적으로 표현해 두고 있는 메시지로 보아야 할 것이다.

이렇게 동서고금을 통해 보는 각 민족의 뿌리 역사는 천상의 신들이 이미 문명화된 하늘나라의 이기로 지상을 오르내렸으며, 그래서 성서 기록이나 마찬가지로 신화적인 요소를 동일하게 담아두고 있다는 사실이다.

그런데도 서구 신학자들은 타민족의 뿌리 역사는 실재성이 없는 신화로 매도하면서, 당시 미개인의 의식수준 그대로 신과 인간을 멀리 동떨어진 신비한 존재로 원시적 사고로 퇴락시키는 믿음의 신앙관을 주입시켜 오고 있는 것이다.

그들의 공통된 주장은 성서에 기록된 단어 내용 그대로 '까마귀'는 까마귀로, '고래'는 고래, 그리고 여호와의 '권능의 손'은 권능의 손 그대로 더하지도 빼지도 말고 믿어야 한다는 주장을 하고 있다. 그래서 과학기술적 지식과는 전혀 무관하다는 것이며, 성경은 결코 과학기술 분야의 연구대상이 될 수 없다는 것이 그처럼 신비주의로 흐르고 있는 성직자들의 '인위적'인 반론으로 '하나님의 이상'과 우주선 같은 '비행물체'들은 서로 무관하다는 것이다.

하지만 오늘 21세기를 살아가는 현대인은 미개했던 중세기 사람들의 의식수준이 아니라, 과거 지구에 내려와 인간을 창조했던 하늘 사람(神)들, 그 우주 지성체에 도달해 가고 있다는 사실이다.

그렇기 때문에 구약 여호와의 행사에서 이스라엘 백성과 이웃하고 있는 이방 백성을 개체로 두고 잦은 싸움이나 붙이며 떼죽음을 시키는 여호와를 전지전능하고 사랑이 많으신 하나님으로 믿으라는 성직자들의 설교는 순진무구한 신도들을 기만하는 것이나 다를 것이 없다고 판단하기에 이른 것이다.

엄격히 말해서 기독교의 정체성은 신약복음에서 찾아야 할 것이다. 예수께서 말씀하신 '참 진리'라는 성부 하나님의 모습을 그리스도의 세계라는 신약 복음을 통해서만이 만나볼 수 있기 때문이다.

그런데도 성직자들은 신약에서 예수께서 지칭한 성부 하나님과 구약에 등장하는 이스라엘의 하나님 여호와를 동일한 신위에 올려놓고 설파하고 있다. 하지만 구약에서 여호와의 행사 모습은 전지전능하신 하나님의 인상에는 도저히 어울릴 수 없는 자격미달의 모습인 것이 사실이다.

그러한 이스라엘의 하나님 여호와의 행사기록 구약을 오늘 우리가 반추해 보아야 할 이유는, 거기에 담아 두고 있는 기록들이 어느 한 민족을 위한 밀교서적 문헌이 아니라, 그 민족과 이웃하고 공존해 온 지구촌 인류문화의 유산으로 보아야 하기 때문이다.

다만 문제는 서구문화 그대로를 여과 없이 받아들인 성직자들이 지엽적인 유대민족의 뿌리 역사를 지구촌 인류시원으로 예속화시키면서, 구약에서 그 백성을 다스려 오던 지엽적인 신 여호와를 대우주적인 성부 하나님의 신위에 올려놓고 '의심은 죄니라' 하고 더는 이성적인 진리의 분별력을 막아서고 있기 때문에 다시 한 번 구약과 신약을 검토해 볼 필요가 여기에 있다는 것이다.

동서를 막론하고 종교는 인간의 정신적 소산으로서의 정신과학이며, 자연과학으로서 곧 그 민족의 문화 현상으로 예술과 역사 등을 이루어 나오게 한 그 기틀이 되게 한 것이다.

그런데 우주시대를 열어가는 현생인류가 그야말로 아득히 먼 옛날 26세기 전, 비행기나 잠수함, 그리고 헬리콥터 등 문명의 이기를 보지 못했던 당시의 사람들이 체험하고 본 '하나님의 이상' 혹은 '환상' 또는 '기적'이라고 표현할 수밖에 없었던 묘사 그대로를 받아들여 믿는다면 무지한 그 당시의 원시인간들 지적 수준과 다를 것이 없을 것이다. 구약성서 기록에서 이스라엘의 하나님 여호와가 그의 영광을 나타내며 강림했다는 성구 묘사에서 보여주는 것은 분명히 천상의 문명된 비행물체이었음을 성구 곳곳에서 나타내 주고 있다.(출애굽기 19장 16 ~)

† 제 삼일 아침에 우레와 번개와 빽빽한 구름이 산 위에 있고 나팔 소리가 심히 크니 진중 모든 백성이 다 떨더라.

이렇게 천상의 우주과학은 고대인들이 상상할 수 없는 4차원의 과학 문명의 이기로 하늘과 땅을 오르내렸음을 보여주고 있다. 그래서 오늘 우리는 에스겔이 그 발 강가에서 본 '하나님의 이상' 그 목격담의 내용을 통해 그때 이미 '우주아'들이 지금의 이라크 지역인 옛 바빌론 땅에 비지구형 비행물체로 하늘과 땅을 오르내렸음을 밝혀 볼 수 있게 해 주고 있다는 사실이다.

에스겔이 비지구형 우주선을 목격한 그발 강은, 유프라테스 강을 본류로 삼는 한 운하의 이름이다. 당시 하늘 사람 '우주아'들의 운송수단이었던 비행물체가 나타남을 본 에스겔은 그것을 '하나님의 이상'이라고 묘사하고 있으면서, 흥미로운 것은 우리 배달민족 뿌리 역사 기록에서 조상신 환웅께서 삼천의 무리를 거느리고 하늘 문을 열고 지상 강림했다는 것이나 마찬가지로 '그때에 하늘 문이 열렸다' 는 묘사이다.

하늘이 열림이라는 개천은, 그때까지 통과 불가능한 하늘 위에서부터 그 막을 뚫고 지상을 향해 하강하는 '하나님의 이상' 이 마치 닫혔던 문이 열린 듯 하늘 속에서 홀연히 어떤 가시적 물체나 형상이 나타난 것처럼 묘사해 주고 있다. (에스겔 1장 1 ~ 3)

✝ 제 삼십년 사월 오일에 내가 그발 강가의 사로잡힌 자 중에 있더니 하늘이 열리며 하나님의 이상을 내게 보이시니 여호야긴 왕의 사로 잡힌지 오년 그 달 오일이라. 갈대아 땅 그발 강가에서 여호와의 말씀이 부시의 아들 제사장 나 에스겔에게 특별히 임하고 여호와의 권능이 내 위에 있으니라.

예루살렘은 바벨론에 의해 세 번 침공을 당했었다. 그 첫 번째가 BC 605년으로 이 당시 왕은 여호야긴이었고, 다니엘과 그 친구들이 잡혀가던 때이며, 두 번째는 BC 579년으로부터 5년 후 기원전 593년이다.

이 때 에스겔이 '하나님의 이상' 을 목도했다고 묘사하고 있는 비행물체는 그곳뿐 아니라 모세가 그 장면을 묘사하고 있는 호렙산 등 여러 곳에 그 모습을 나타내는데, 그것이 '하나님의 이상' 이다. 당시의 백성들은 '여호와의 영광' 이 나타날 때마다 반드시 천둥소리와 함께 번개와 구름과 연기와 바람을 동반하고 강림했다는 묘사를 하고 있다.

제사장 모세가 여호와를 맞으려고 백성들을 거느리고 진에서 나와 산기슭에서 여호와의 '강림' 을 지켜보는 장면 묘사 기록이다.

† 시내 산에서 연기가 옹기점같이 떠오르고 온 산이 크게 진동하며 나팔 소리가 점점 커질 때에…….

분명히 나팔 소리라고 했다. 여호와는 스피커를 통해 그의 강림을 백성들에게 알리고 있는 것으로, 우주선에 탑승하여 나팔을 이용하거나 수신용 전자매체를 사용하고 있었음을 나타내 준다.

더욱이 그 백성들이 여호와가 타고 온 탑승물체에 실재적으로 올라가서 함께 먹고 마셨다는 기록이고 보면, 더는 의심할 여지가 없는 것이다.(출애굽기 24장 9~11)

† 모세와 아론과 나답과 아비후와 이스라엘 장로 칠십인이 올라가서 이스라엘 하나님을 보니 그 발 아래는 청옥을 편 듯하고 하늘같이 청명하더라. 하나님이 이스라엘의 존귀한 자들에게 손을 대지 아니 하셨고, 그들은 하나님을 보고 먹고 마셨더라.

이렇게 이스라엘의 백성 대표자들은 우주선에 초대되어 천상의 음식까지 융숭하게 대접받았다고 했다. 그 기록에서 그들은 분명히 '올라가서' 이스라엘의 하나님을 면대했다는 것이고, 그 발 아래가 '청옥을 편 듯하고…' 하는 묘사다. 그것은 분명히 합금이었음이 틀림이 없다. 당시의 사람들은 문명의 이기를 보지 못했기 때문에 비행물체가 이륙할 때 생기는 불꽃의 색체를 여호와의 영광이라고 생각했으며, 그래서 위엄의 존재로 묘사하고 있다는 점이다.

이처럼 구약성서 기록은 신계의 여호와가 지상에 내려와 물질인간 (人界)을 창조하고 거기에 따른 의무와 책임을 열심히 해 오고 있었던 하나님 종들의 역사시대 기록으로, 여호와는 그 백성들의 자각능력을 키우기 위해서 족속과 족속 간에 싸움을 붙여 놓고, 그들을 유혹해내는 전략의 술수까지도 동원하여 가르쳐 주면서 진두지휘하는 모습을 보여 준다.(열왕기 상 22장 19 ~ 23)

† 내가 보니 여호와께서 그 보좌에 앉으셨고, 하늘의 만군이 그 좌우편에 모시고 서 있는데 여호와께서 말씀하시기를, "누가 아합을 꾀어 저로 길르앗 라못에 올라가서 죽게 할꼬." 하시니 하나는 이렇게 하겠다 하고 하나는 저렇게 하겠다, 하였는데 한 영이 나아와 여호와 앞에 서서 말하되, "내가 저를 꾀이겠나이다." 여호와께서 저에게 이르시되, "어떻게 하겠느냐?" 가로되, "내가 나가서 거짓말하는 영이 되어 그 모든 선지자의 입에 있겠나이다." 여호와께서 가라사대, "너는 꾀이겠고, 또 이루리라. 나가서 그리하라." 하셨은즉 이제 여호와께서 거짓말하는 영을 왕의 이 모든 선지자의 입에 넣으셨고…….

이 성구를 통해서 더욱 확실해지는 것은 이스라엘의 하나님 여호와는 지금까지 성서학자들이 말하는 전지전능한 대우주적인 사랑의 하나님이 아니라는 것을 보여주고 있는 것이며, 그때부터 이미 그 백성들에게 정복문화의 전략기술을 가르쳐 주고 있었던 것으로, 천상의 신무기를 사용함으로 그 정보를 제공해 주고 있었다는 사실이다. 그 장면의 기록이다.(여호수아 10장 10 ~ 11)

† 여호와께서 그들을 이스라엘 앞에서 패하게 하시므로 여호수아가 그들을 기브온에서 크게 도륙하고, 벧호론에 올라가는 비탈에서 추격하여

아세가와 막게다까지 이르니라. 그들이 이스라엘 앞에서 도망하여 벧호론의 비탈에서 내려갈 때에 여호와께서 하늘에서 큰 덩이 우박을 아세가에 이르기까지 내리우시매 그들이 죽었으니 이스라엘 자손의 칼에 죽은 자보다 우박에 죽은 자가 더욱 많았더라.

여기에서 묘사하고 있는 '큰 덩이의 우박' 이다. 그것은 천상 문명세계의 신무기로서 전면적인 폭격이었음을 나타내주고 있다.

이미 그때 하늘나라는 우리가 상상할 수 없는 초능력의 과학이 발달되어 있었음을 보여주면서, 지구촌은 신계가 제공해 주고 간 천상의 문명된 과학 정보에 의해 발전되어 나왔던 것임을 성서를 통해 유추해 볼 수 있게 한다는 사실이다.

그로부터 서양은 지구촌 물질 과학문명을 앞서 발전시키고 주도해 나왔던 것이며, 그들로부터 진보 발전되어 나온 현생인류는 과거 인간 조상을 만든 그들의 지적 설계의 창조능력 그대로를 유감없이 행사해 보이기 이른 것이다.

그처럼 천상의 신들은 그때 이미 천상의 첨단 과학 승용물체를 이용했었기 때문에 이착륙 장소를 따로 정해 두고 있었으며, 이를 여호와의 성지라고 했다.

그 여호와의 성지는 시내산, 혹은 호렙산으로 그 곳에 여호와께서 '강림' 했다는 표현을 쓰고 있다. 이때 여호와는 스피커를 사용하고 있었음을 '그 말소리가 무리의 소리와 같더라' 는 성구 묘사 기록이다.(다니엘서 10장 4 ~ 6절)

† 정월 이십사일에 내가 힛데겔이라 하는 큰 강가에 있었는데, 그 때에

내가 눈을 들어 바라본 즉, 한 사람이 세마포 옷을 입었고 허리에는 우바스 정금 띠를 띠었고 그 몸은 황옥 같고 그 얼굴은 번개 빛 같고 그 눈은 횃불 같고 그 팔과 발은 빛난 놋과 같고 그 말소리는 무리의 소리와 같더라.

이 기록에서 세마포를 입고 허리에 정금 띠를 띠고 있는 사람(神), 그는 그 뒤 우주선에서 발하고 있는 빛에 의해 그의 온 몸이 불빛이었음을 짐작해 보게 한다. 그리고 이때에도 그들은 스피커를 사용하고 있었던 것으로, 그 말소리가 무리의 소리와 같았다고 묘사하고 있다.

그 다음으로 이어지는 성구에서 다니엘이 보았다는 '하나님의 이상'의 모습이다.(다니엘 10장 7 ~ 9)

† 이 이상은 나 다니엘이 홀로 보았고, 나와 함께 한 사람들은 이 이상은 보지 못하였어도 그들이 크게 떨며 도망하여 숨었느니라. 그러므로 나만 홀로 있어서 이 큰 이상을 볼 때에 내 몸에 힘이 빠졌고 나의 아름다운 빛이 변하여 썩은 듯하였고 나의 힘이 다 없어졌으나 내가 그 말소리를 들었는데 그 말소리를 들을 때에 얼굴을 땅에 대고 깊이 잠들었느니라.

다니엘서의 이러한 묘사 기록이야말로 문명화되지 못했던 시대상황을 너무나 잘 표현해 주고 있다고 할 것이다. 다니엘이 함께 있었던 사람들은 처음 보는 이 광경에 놀라 떨며 도망해 버렸고, 혼자 남아 이 기이한 광경을 지켜보다가 그 역시도 온 몸에서 힘이 다 빠져 나가면서 그의 '몸이 썩은 듯 주저앉아 버렸고' 하는 묘사는 마침내 그의 정신이 혼미해지는 속에서 그의 말소리가 희미하게 들려오다가 종내는 까무러쳐 졸도했음을 '내가 얼굴을 땅에 대고 깊이 잠들었느니라' 하고 표현하고 있다.

이렇게 당시 고대 인간들은 우주선 비행물체를 보고 혼비백산 도망하거나 졸도해 버려서, 여호와는 모세에게 일러 백성들이 그가 강림할 때에 "보고 죽을까 하노라" 말하고, 그가 강림하는 주위에 백성들이 올라오지 못하도록 경계를 시켰음을 보여주는 장면의 성구다.(출애굽기 19장 21 ~)

† 여호와께서 모세에게 이르시되 내려가서 백성을 신칙하라. 백성이 돌파하고 나 여호와께로 와서 보려고 하다가 많이 죽을까 하노라.

여기에서 '신칙하라' 는 것은 단단히 경계를 시키라는 뜻이다. 백성들이 그를 보려고 몰려들다가 그 엄청난 장면에 다니엘처럼 졸도하거나, 혹은 우주선이 이착륙할 때에 일어나는 현상으로 다칠까 우려함을 알 수 있게 한다. 그래서 여호와는 모세를 시켜 그 백성들이 승용물체에 가까이 오지 못하도록 '신칙' 으로 접근을 방지시키고 있었다는 점이다.

그 성구 묘사에서 오늘 우리는 '그를 보려 하다가' 라는 표현을 다시 음미해 볼 필요가 있다. 여호와는 보통 때 백성들과 마주하여 음식도 나누어 먹고, 나란히 걷기도 했다는 것이며, 그때 여호와의 모습에서는 빛나는 광채도 없었고, 음성 또한 특정한 곳에서 뭇사람 소리 같았다는 묘사와는 달리 지극히 평범한 인간의 모습으로 대화했음을 보여주고 있다.

구약성서 기록에서 여호와는 제사장으로 세운 모세와 맞대면하고 그 백성들에게 전할 이야기를 극히 보편적인 사람의 모습으로 나타나 해주기도 했지만, 때로는 얼굴은 보여주지 않고 그 뒷모습만 볼 수 있게 나타나기도 했다.

모세가 그 얼굴 보여주기를 간청하는 기록의 장면에서 그때에 신들은 이미 4차원의 문명된 비행물체를 타고 왕래하고 있었음을 짐작해 보게 하는 다음 성구 기록이다.(출애굽기 33장 18 ~ 23)

† 모세가 가로되, "원컨대 주의 영광을 내게 보이소서."

여호와께서 가라사대, "내가 나의 모든 선한 형상을 네 앞으로 지나게 하고 여호와의 이름을 네 앞에 반포하리라."

또 가라사대, "네가 내 얼굴을 보지 못하리니 나를 보고 살 자가 없음이니라."

여호와께서 가라사대, "보라 내 곁에 한 곳이 있으니, 너는 그 반석 위에 섰으라, 내 영광이 지날 때에 내가 너를 반석 틈에 두고 내가 지나도록 내 손으로 너를 덮었다가 손을 거두리니 네가 내 등을 볼 것이요, 얼굴은 보지 못하리라."

이 기록에서 우리는 두 가지 사실을 발견하게 된다. 첫째는 반석(바위) 위의 특정한 장소를 지정한다는 것과, 그곳에 모세를 서게 하고 여호와가 지나갈 때에는 그를 반석의 '틈'에 둔다는 데 있다.

그것은 보통 맞대면했을 때하고는 달리 추진형 로켓 비행물체를 이용하고 있었음을 나타내 주는 것으로, 그와 같은 경우는 엘리야의 기록에서도 보여준다.(열왕기 상 19장 11 ~ 13)

† 여호와께서 가라사대, "너는 나가서 여호와의 앞에서 산에 섰으라" 하시더니 여호와께서 지나가시는데 여호와의 앞에 크고 강한 바람이 산을 가르고……. 또 지진 후에 불이 불후에 미세한 소리가 있는지라.

이처럼 여호와는 자기의 앞쪽에 서라 하고 특정된 장소를 지정한다. 그것은 비행물체가 지나갈 때 일으키는 풍압과 흡인력 작용 때문에 피해를 입지 않도록 보호하기 위해서 지시했을 것이다. 표적물이 사방이 탁 트인 바위 꼭대기나, 아니면 반석 위에 서 있어야만 고공을 하는 고속 비행물체에서 지상의 위치를 쉽게 확인할 수 있기 때문이다.

이렇게 여호와가 지상 강림할 때에는 하늘나라 문명된 운송수단으로 우주선 로켓을 타고 왕래했음을 유추해 볼 수 있게 하는 기록들이 무수히 많다. 에스겔이 보았다는 '하나님의 이상' 이 또한 그것이다.

에스겔은 지금으로부터 약 2천 6백 년 전의 사람이다. 그는 유대 족속의 제사장으로 선지자라고 했다. 그가 '하나님의 이상' 을 목도했다는 장소는 그발 강가였다. '그발' 은 유프라테스 강을 본류로 삼고 있는 운하의 이름이다. 그는 여기에서 '하나님의 이상' 을 목도하고 난 이후 그가 하나님을 만났다는 횟수와 날자까지도 기록해 두고 있으면서, 자신이 그 승용물체에 탑승한 체험을 기록하고 있다.(에스겔 1장 4 ~ 8)

† 내가 보니 북방에서부터 폭풍과 큰 구름이 오는데 그 속에서 불이 번쩍번쩍하여 빛이 그 사면에 비취며, 그 불 가운데 단소 같은 것이 나타나 보이고 그 속에서 네 생물의 형상이 나타나는데 그 모양이 이러하니 사람의 형상이라. 각각 네 얼굴과 네 날개가 있고 그 다리는 곧고 그 발바

닦은 송아지 발바닥 같고 마광한 구리같이 빛나며 그 사면 날개 밑에는 각각 사람의 손이 있더라.

에스겔은 하늘에서 내려오는 비행 물체를 '하나님의 이상' 이라고 했다. 당시 문명의 이기를 보지 못했던 사람들에게 있어서는 신의 초자연적 힘, 곧 신비적으로 '하나님의 이상' 이라고 기술하고 있다.

하지만 에스겔은 그 하나님의 이상의 묘사에 있어서 그처럼 자세하게 적어두고 있는 것으로, 문명이 진보된 오늘의 시각에서 볼 때 그것이 천상 4차원의 이기이었음을 유추해 볼 수 있게 한다.

그가 본 것은 오늘날 비행물체가 하강할 때의 장면과 그 하부구조의 모습을 자세히 묘사하고 있기 때문이다. 특히 그 하나님의 이상이 나타날 때에 북방에서부터 폭풍과 큰 구름이 오고 있었다고 했다. 구름이란, 제트기가 고공을 날을 때에 일어나는 현상이다. 그리고 우주선이 목적지에 이를 때에 불빛을 점멸하면서 오는 과정에서의 묘사를 그는 '번갯불' 이 번쩍번쩍 사면으로 비쳤다고 했으며, 또 불 가운데 단쇠 속에서 네 생물의 형상이 나타나는데 사람의 형상이더라고 한 것은, 오늘날 우주복을 착용한 승무원을 연상하게 해주는 것이다.

특히 에스겔이 묘사하고 있는 다음 성구와 오늘날 우주선을 견주어 볼 필요가 있다.(에스겔 1장 9 ~ 14)

† 그 네 생물의 얼굴과 날개가 이러하니 날개는 다 서로 연하였으며, 행할 때에는 돌이키지 아니 하고 일제히 앞으로 곧게 행하며 그 얼굴들의 모양은 넷의 앞은 사람의 얼굴이요, 넷의 우편은 사자의 얼굴이요, 넷의 좌편은 소의 얼굴이요, 넷의 뒤는 독수리의 얼굴이니 그 얼굴은 이러하

며, 그 날개는 들어 펴서 각기 둘씩 서로 연하였고, 또 둘은 몸을 가리웠으며, 신이 어느 편으로 가려면 그 생물들이 그대로 가되 돌이키지 아니하고 일제히 앞으로 곧게 행하며 또 생물의 모양은 숯불과 횃불 모양 같은데 그 불이 그 생물 사이에서 오르락내리락하며 그 불은 광채가 있고 그 가운데서는 번개가 나며 그 생물의 왕래가 번개와 같더라.

여기에서 중요한 대목이 '신이 어느 편으로 가려면 가되' 라는 묘사와 '행할 때에는 돌이키지 아니 하고 일제히 곧게 행하며' 라는 것과, 그 안에 사람 얼굴의 네 사람이 있고, 나머지는 생물로 묘사하고 있다는 점이다. 이것은 부분적으로 나누어서 그 역할을 맡고 있는 탑승 승무원의 모습이었음을 짐작해 볼 수 있게 해준다.

에스겔이 보았다는 하나님의 이상과 특히 케냐의 난디라는 부족이 말하고 있는 그들의 신에 대한 묘사 또한 에스겔서와 다를 것이 없다.

그들이 부르는 신의 이름은 '토로루트' 이다. 그 신은 사람과 같은데 날개가 달려 있어 그 날개를 움직이면 번개가 치고 우레 같은 소리를 낸다고 한 기록이고 보면, 에스겔이 본 하나님의 이상과 동일한 모습이다.

그것은 바로 지상을 왕래하는 '천상의 사람' 신들의 운송수단으로 그때 4차원 이상의 진보된 과학문명의 이기가 천상과 지상을 오르내린 우주선 'UFO' 이었음을 묘사하고 있다. 당시에 문명화되지 못했던 인간들은 번쩍번쩍 불을 내뿜으며 날아다니는 그들의 모습이 마치 두 날개가 달려 있는 것이라고 생각했을 것이기 때문이다.

그러한 묘사는 케냐의 난디라는 부족들도 마찬가지다. 에스겔이 본 하나님의 이상과 동일한 표현으로 에스겔서의 기록에서 천상 '우주

아' 들의 과학문명의 이기였음을 더욱 확실하게 묘사하고 있다.(에스 겔 1장 15 ~ 21)

† 내가 그 생물을 본즉 그 생물 곁 땅위에 바퀴가 있는데 그 네 얼굴을 따라 하나씩 있고, 그 바퀴의 형상과 구조는 넷이 한결 같은데 황옥 같고, 그 형상과 구조는 바퀴 안에 바퀴가 있는 것 같으며 행할 때에는 사방으로 향한 대로 돌이키지 않고 행하며 그 둘레는 높고 무서우며 그 네 둘레로 돌아가면서 눈이 가득하며 생물이 행할 때에 바퀴도 그 옆에서 행하고 생물이 땅에서 들릴 때에 바퀴도 들려서 어디든지 신이 가려 하면 신이 그 바퀴 가운데 있음이라. 저들이 행하면 이들도 행하고 저들이 그치면 이들도 그치고 저들이 땅에서 들릴 때에는 이들도 그 곁에서 들리니 이는 생물의 신이 그 바퀴 가운데 있음이더라.

그렇게 움직이는 생물의 머리 위에는 무엇이 있었다는 것인지 묘사하고 있는 성구 기록이다.(에스겔 1장 22 ~ 24)

† 그 생물의 머리 위에는 수정과 같은 궁창의 형상이 펴 있어 보기에 심히 두려우며, 그 궁창 밑에 샘물들의 날개가 서로 향하여 펴 있는데, 이 생물은 두 날개로 몸을 가리웠고, 저 생물도 두 날개로 몸을 가리웠으며 생물들이 행할 때에 내가 그 날개 소리를 들은 즉 많은 물소리도 같으며……

이 묘사는 우주선 비행기가 내려와 정지하고 있는 모습이다. 이때의 비행기는 한 대가 아니라 여러 대로 생물들의 날개가 서로 향하여 펴 있다는 것이 그것이다. 또한 불이 번쩍번쩍 점멸하고 목적지에 도착하여 거의 착륙된 모습이며, 다음은 정지된 모습으로 두 날개로 몸을 가리고 있다고 묘사하고 있다. 그것은 비행물체들이 도착한 연후에 마지막 정지하려는 모습임에 틀림이 없다.

또한 '그 생물들이 몸을 행할 때에 그 날개 소리를 들은 즉 많은 물소리와도 같으며' 라고 묘사하고 있음은, 이때 그것을 지휘하는 신이 스피커를 사용하고 있었음을 다음 기록에서 더욱 확실하게 해준다.(에스겔 1장 24 ~ 26)

† 전능자의 음성과도 같으며 떠드는 소리 곧 군대의 소리와도 같더니 그 생물이 설 때에 그 날개를 드리우더라. 그 머리 위에 있는 궁창 위에 보좌의 형상이 있는데 그 모양이 남보석 같고 그 보좌의 형상 위에 한 형상이 있어 사람 모양 같더라.

그 기록에서 에스겔은 궁창 위에 보좌의 형상이 그 모양이 남보석 같았다는 것과, 그 형상 위에 정작 사람의 모양이 있었다는 것하며, 또 궁창의 재질이 수정이라 하지 않고 수정 같은 것이라고 표현하고 있다는 점이다.

그것은 투명 유리창이었을 것이다. 거기에 정작 사람의 모습이 투영되어 그 모습이 남보석 같다고 표현했을 것으로, 또 그 사람의 허리에 두르고 있는 '이상' 의 모양에서 '단쇠' 같다는 표현은 조종사와 연결하는 초고속성능의 무선 통신망이었을 것으로 짐작케 하는 것은 '엘리야' 선지자의 기록에서도 그와 같은 모습의 묘사를 보여주고 있기 때문이다.

그 천상의 사람, 신들이 사용했던 비행물체에 직접 탑승했던 엘리야의 체험을 성구가 기술하고 있다.(열왕기 하 2장 11절)

† 여호와께서 회리바람으로 엘리야를 하늘에 올리고자 하실 때에 두 사람이(엘리야와 엘리사) 행하며 말하더니 홀연히 불수레와 불말들이 두 사람을 격하고 엘리야가 회리바람을 타고 승천하더라.

이 성구에서 주목되는 것은 '올리고자' 했다는 단어로 또 어떤 수단에 의해 운반되어짐을 나타내 주고 있는 현상이 그때에 일어나는 '회리바람'이다.

엘리야는 기원전 9세기 전반에 살았던 이스라엘 선지자다. 하지만 성경은 그의 출생에 대해서 기록된 것은 없고, 다만 그가 일으킨 기적과 사역에 대해서만 기록해 두고 있다. 그래서 유대 사람들은 그 역시도 본래 하늘에서 온 사람이었다고 구전되고 있다.

그 엘리야가 선지자가 생도들 앞에서 일으킨 기적은 분명히 그 이스라엘 백성들의 의식진화를 돕기 위해 하늘에서 내려온 보좌신명이었음을 성구 기록을 통해서 더욱 짐작해 보게 한다.(열왕기 하 2장 7~8)

† 선지자의 생도 오십 인이 가서 멀리 서서 바라보매 그 두 사람이 요단강에 섰더니 엘리야가 겉옷을 취하여 말아 물을 치매, 물이 이리 저리 갈라지고 두 사람이 육지 위로 건너더라.

엘리야 선지자가 여기에서 보인 기적의 능력은 그가 취한 겉옷에 있었음을 나타내 주고 있는 것으로, 엘리사가 엘리야와 헤어진 후에도

그 겉옷으로 똑 같은 기적을 보이는 다음 기록이다.(2장 14)

† 엘리야의 몸에서 떨어진 그 겉옷을 가지고 물을 치며 가로되 "엘리야의 하나님 여호와는 어디 계시나이까" 하고 저도 물을 치매, 물이 이리 저리 갈라지고 엘리사가 건너니라.

이처럼 그 능력은 겉옷에 있었던 것으로, 엘리야가 엘리사를 만나 제자를 삼을 때에도 그 겉옷을 물 위에 던져 역시 그와 같은 기적을 나타내 보이므로 따르게 된 것이다.

그 능력의 기적은 이미 4차원의 문명된 천상의 '우주아들' 그 과학 무기였음을 더욱 짐작해 보게 하는 다음 성구다.(열왕기 상 18장 38 ~ 41)

† 이에 여호와의 불이 내려서 번제물과 돌과 흙을 태우고 또 도랑의 물을 핥은지라, 모든 백성이 보고 엎드려 말하되, 여호와 그는 하나님이시로다. 하나니 엘리야가 저희에게 으르되 바알의 선지자를 잡되 하나도 도망하지 못하게 하라, 하매 곧 잡은지라. 엘리야가 저희를 기손 시내로 내려다가 거기서 죽이니라.

이 기록에서 '여호와의 불'은 분명히 문명된 천상 4차원의 레이저 광선 불이었음을 나타내 준다. 레이저 광선은 눈에 잘 보이면서도 폭음이나 연기 또는 진동을 일체 동반하지 않고 제한적인 작은 목표물을 정밀 조준하여 명중시킬 수 있게 한다는 것이기 때문이다.

이것이 당시의 사람들 눈에는 여호와 능력의 불로, 이 레이저 불은 동시에 핵폭탄의 소이효과를 방불케 하는 위력을 가지고 있다고 했다.

그런데 그처럼 문명되지 못했던 당시의 사람들은 그들뿐 아니라, 고대의 수메르나 인도, 그리고 중남미에 산재해 있던 여러 부족들 역시도 그들의 신화 속에 신의 '불 번개' 혹은 '광선 불'로 묘사하고 있다. 그만큼 신의 불인지 빛인지를 구별하지 못했던 원시시대 사람들의 묘사인 것이다.

그러나 오늘날의 인류문명은 과거 최소한 30세기 이상 앞서 발사된 '여호와 불'의 능력이나 마찬가지인 '레이저 불'을 양자역학을 응용하여 발명해내면서, 약 40만㎞가 되는 달나라까지도 레이저 광선을 마음대로 보낼 수 있게 되었고, 미국의 아폴로 16호의 우주인들은 달에 착륙하여 소위 '레이저 반사경'이라는 것을 설치하기에 이른 것이다.

이러한 사실로 미루어 볼 때, 그 당시 하늘과 땅을 비행물체를 타고 자유자재로 오르내린 신들, 그 '여호와 불'은 하늘 어느 행성 일정한 구역에서 오늘날 지구인처럼 발사 장치를 해두고 있었을 것으로 짐작해 보게 한다는 것이다.

그와 같은 '여호와 불'의 능력은 이방 족속의 신들과의 대결에서 단연 우세했던 것으로, 오늘 지구촌 각 족속들 간에 벌리는 전쟁사를 그대로 보여주고 있는 기록의 장면이다.(열왕기 상 18장 27 ~)

† 엘리야가 저희 바알의 선지자를 조롱하여 가로되, "큰 소리로 부르라, 저(바알)는 묵상하고 있는지, 혹 잠깐 나갔는지, 혹 길을 행하는지, 혹 잠이 들어서 깨워야 할 것인지."

여호와 신의 '불'의 능력으로 갈멜 산에서 한판 벌인 대결에 승리한 이스라엘의 선지자 엘리야는 참패한 상대방의 신 '바알'이 불로 대결하지 못함을 보고 그 바알 신을 추종하고 돕는 보좌신명 선지자들을 향해 그처럼 조롱하고 있다.

이처럼 신과 신의 능력대결을 보여주는 구약성서 기록에서 이스라엘 백성들이 다른 신을 쫓아 섬긴다는 것은, 이스라엘의 하나님 여호와의 자존심에 대한 문제로 크게 진노하고 응징함을 보여준다.(열왕기하 1장 4 ~)

† 이스라엘에 하나님이 없어서 너희가 에그론의 신에게 물으러 가느냐, 그러므로 여호와의 말씀이 네(아하시야)가 올라간 침상에서 내려오지 못할지라, 네가 반드시 죽으리라 하셨다 하라.

여호와의 보좌신명 엘리야는 '아하시야'가 죽을 것임을 이렇게 예고했고, 이 말을 들은 사자가 그것을 왕에게 고한다. 그러자 왕이 저희 바알세불에게 보냈던 사자에게 묻는다. (열왕기 하 1장 7 ~ 8)

† 왕이 저희에게 이르되, 너희를 만나 이 말을 너희에게 고한 그 사람의 모양이 어떠하더냐, 저희가 대답하되, 그는 털이 많은 사람인데 허리에 가죽 띠를 띠었더이다. 왕이 가로되 그는 디셉 사람 엘리야로다.

여기에서 기록된 엘리야의 '가죽벨트'는 축지법 같은 초능력을 발휘했던 것으로 고속질주를 가능케 하는 천상의 과학문명의 이기로 이전에 50명의 생도가 지켜보는 앞에서 겉옷을 말아 물을 이리저리 침으로 요단을 가르게 했던 것으로, 20세기에 미국에서 개발한 1인용 로켓

벨트 띠에 비하면, 기원전 10세기의 엘리야의 가죽벨트는 초미니형이 었음을 짐작해 보게 하는 것이다.

그 로켓벨트 장비는 우주비행사들이 외계탐사를 할 때에 쓰려고 미국에서 개발된 것으로, 그 후 지상의 강이나 언덕 같은 장애물을 넘을 때 사용하기 위해 일인용으로 개조된 것이라고 했다.

오늘 그처럼 서양 과학문명을 발전시켜 나오게 한 것은, 그때 천상의 신들이 보여주고 제공한 4차원의 정보였던 것으로, 우리는 아폴로 우주선들의 발사장면을 아직도 생생하게 기억한다.

그 로켓 추진형의 비행물체들이 엘리야가 묘사하고 있는 것과 조금도 다르지 않은 것으로, 발사대에서 몸체를 서서히 들어 올릴 때에 그 후미의 연료 분사구에서 내뿜는 불기둥과 연기, 그리고 성서에서 묘사되는 '회리바람'을 똑똑히 보게 된다.

그것이 그 성구에서 '크고 강한 바람이 산을 가르고 바위를 부수었다'는 것하며, 그 일어나는 현상의 순서까지도 정확한 것으로, 비행물체 로켓 분사에 의해 발생되는 초고압풍의 엔진이 요란한 폭음으로 산전체를 지진이 일어난 것처럼 진동시켰다고 묘사를 해두고 있다.

이렇게 엘리야 표현의 묘사는 오늘 서양에서 발명된 우주 비행물체 연구에 대한 정보뿐 아니라, 천상무기의 정보를 일찍이 그와 같이 하늘 사람 우주아들이 지구인들에게 제공해 주었음을 성경을 통해 유추해 볼 수 있게 한다는 사실이다. 다만 그 '우주선'을 본 시대적인 상황이 그들의 눈에는 신비적인 '하나님의 이상'으로 생각할 수밖에 없는 원시시대였기 때문에 '하늘 사람'들이 우주선을 타고 와 승강기 계단을 오르내리는 것을 본 야곱은 마치 '꿈을 꾼 것' 같았다는 묘사를 하고 있다.(창세기 28장 12 ~ 15)

† 꿈에 본즉 사닥다리가 땅 위에 섰는데 그 꼭대기가 하늘에 닿았고, 또 본즉 하나님의 사자가 그 위에서 오르락내리락하고, 또 본즉 여호와께서 그 위에 서서 가라사대, 나는 여호와니 너의 조부 아브라함의 하나님이요, 이삭의 하나님이라. 내가 너와 함께 있어 네가 어디로 가든지 너를 지키며…….

그 장면이 도저히 믿어지지 않는 상황에 야곱은 '꿈에 본즉'이라고 생각할 정도이긴 했으나, 꿈은 아니었다는 묘사다. 이렇게 여호와신은 그 백성의 동태를 우주선을 타고 감시감찰하고 있었던 것으로 '네가 어디를 가든지 너를 지키려'라고 말하고 있다. 그처럼 하늘 사람 창조신들은 우주선을 타고 오르내렸음을 성구 묘사에서 분명히 해주고 있다.(시편 33장 13~14)

† 여호와께서 하늘에서 감찰하사 모든 인생을 보심이여, 곧 그 거하신 곳에서 세상의 모든 거민을 하감하시도다.

여기에서 '하감'이라 함은, 내려다보고 관찰한다는 뜻이다. 이렇게 그 백성의 모든 동태를 관찰하면서 상황에 따라 그의 보좌신명 사자를 내려 보내어 백성을 어려움에서 구해내는 기적을 보이기도 했는데, 다니엘이 사자굴 속에 던져졌을 때의 일이 그것이다.(다니엘 6장 22)

† 나의 하나님이 이미 그 천사를 보내어 사자들의 입을 봉하였으므로 사자들이 나를 상해치 아니 하였아오니……,

사자의 입을 봉했다는 천사, 그는 분명히 일종의 마비광선을 쏘아서 사자를 움직이지 못했음이 분명한 것이다.

오늘 우리의 과학수준을 그들과 비교해 보면, 그들은 오늘 우리 지구인보다 앞선 4차원의 문명의 이기로 지상을 오르내렸으며, 그 우주 지성으로 복제인간을 설계 창조할 수 있는 능력을 보유한 신계족들이다. 그들이 바로 태초 빛의 말씀(로고스)으로 창조된 '하늘 사람'으로 창조와 동시에 다스림의 권세를 축복으로 받은 '우주아'들임을 창세기 1장에 분명히 기록해 두고 있다.

이렇게 태초 본자연의 섭리가 음양 태극에 의해서 조화주 하나님의 몸체인 대우주가 형성되었고, 그러한 자연법칙에 의해서 자연계인 지구 또한 마찬가지로 동서로 갈라져 동양은 서양에 앞서 밝음의 정신문명을 이루어 나왔으며, 서양은 오늘날 지구촌 물질문명을 발전시켜 주도해 나오게 한 그것이 태초의 조화주이신 하나님 음양 섭리에 의한 것이다.

그러므로 서양인들이 만들어낸 인공위성 이름들이 대부분 그 정보를 제공해 준 서양 신들의 이름 그대로를 붙여, 미다스, 사모스, 코스모스, 헬리오스, 페가수스 등이며, 또 중거리 탄두탄이나 우주선 로켓에 붙여진 이름이 쥬피터, 아폴로, 타이탄, 아틀라스, 토르, 켄타우르스, 제우스 등이 그것이다.

또한 미국 샌프란시스코 리버모에 설치되어 있는 세계 최고 성능의 레이저 광선포의 이름이 인도의 원주민들이 믿던 주신의 이름으로 '시바'다. 그는 '제3의 눈'으로 사물을 볼 수 있을 뿐 아니라, 적을 향해서 무서운 광선불을 내쏘아 상대를 격파시켜 버린다는 불의 신이다. 그 '시바' 신의 이름을 붙인 초현대식 광선포 '시바'는 그 위력이 레이저 광선으로 수소폭탄을 점화하고, 적의 핵유도탄도 공중에서 폭파시킬 수 있다는 것이며, 섭씨 수백만 도의 고열로 수소원자가 녹아서 헬륨이 되는 현상의 핵융합도 할 수 있기 때문에 불과 10억분의 1초 동안에 모래알만한 크기의 표적을 20번이나 명중시킨다는 무서운 화력으로 고대인도 원주민들이 숭상하던 불의 신 '시바'의 능력을 잘 표현해 보이고 있다는 사실이다.

이처럼 각 민족의 뿌리 역사 속에 등장하는 주신들은 그때 이미 지구를 오르내리며 4차원의 레이저광선을 이용했음을 특히 유대민족의 뿌리 역사 구약성서를 통해 유추해 볼 수 있게 하고 있다.

이렇게 각 민족마다 가지고 있는 설화의 구전 속에 등장하는 신의 이름들이 우주시대를 열어가는 오늘 현실 속에서 재등장하면서 과거 불가사의한 신의 능력으로만 인식되어 오던 4차원의 무기들이 오늘 지구촌 문명화된 인간들로 하여 재현되고 있다는 사실이다.

그 구약성서 속에서 '하나님의 이상'으로 묘사되고 있는 성구를 처음으로 현대적 시각으로 조명하고 해석하려 했던 사람이 스위스의 대니켄(1935년생)이었다. 그는 외계의 지성체에 대해 남다른 견해를 가지고 1968년 238항에 달하는 외계문명의 의문을 다룬 그의 '슈퍼 베스트셀러' 《미래에 대한 추억》에서 에스겔이 본 '하나님의 이상'을 처음으로 언급했을 때 성직자들로부터 많은 반발을 받았다.

그러한 반발세력의 또 다른 공통점이라면 과학자와 기술자들은 성경의 종교적 내용에 대하여 언급할 수도 없고, 그러한 자격도 없다는 것이다. 그 자격은 어디까지나 신학을 연구해 온 그들에게만 주어져 있다는 참으로 바보 같은 이야기를 서슴없이 하고 있었던 것이다.

하지만 대니켄은 1970년대 중반 서태평양 멜라네시아 작은 섬 원주민들이 '큰 새'라고 믿고 전설로 남긴 비행기를 타고 그 섬을 찾아가 〈미래에 대한 추억〉이라는 영화를 찍고 돌아왔다. 그 섬의 원주민들은 제2차 세계대전 당시만 해도 과거 원시인들이나 마찬가지로 문명과는 고립상태로 살아가고 있었다는 것이다. 그처럼 문명과는 고립상태로 살아가는 섬에 영국 공군 카르고 비행기가 군수물자를 수송하던 중 이 작은 섬에 불시착하게 되었다고 한다.

그 섬의 원주민들은 갑자기 하늘에서 요란한 소리를 내며 지상으로 내려오는 '이상한 새'를 보고 놀란 그들은 감히 접근할 엄두조차 내지 못한 채, 숲에 몸을 숨기고 하늘로부터 내려온 기이한 큰 새의 동태를 살핀 것이다.

그런데 그 큰 새 속에서 이상한 모습들이 나타나기 시작한 것이다. 어찌 보면 사람 같기도 하고, 괴물 같기도 한 이상한 생물 비슷한 것들이 알아들을 수 없는 말들을 주고받는 것이었다. 그러더니 잠시 후 다시 또 그 '이상한 새' 같은 것이 그리로 날아와 앉더니 얼마 후 함께 하늘로 되돌아갔다는 것이다.

그들은 틀림없이 '큰 새'를 타고 하늘에서 내려온 신들이라고 믿었다. 그들이 본 것은 비행 조종사와 총과 무선 장비들을 짊어지고 있는 군복차림의 군인들이었다. 하지만 그런 모습을 처음 보는 그들은 신기하게 생긴 생물의 일거수일투족을 살핀 그들은 지금도 그 때의 이야기를 할아버지는 아버지에게, 아버지는 아들에게 구전하여 당시 에스겔이 묘사하고 있는 것처럼 말하고 있는 그들은 하늘의 큰 새기 날아왔다가 머물고 간 자리를 신성시하고, 새의 깃털 같은 '날틀'을 만들어서 그 자리에 놓고 하늘을 향해 빌며, 언젠가 그 신들이 다시 돌아올 것이라고 믿고 춤을 추며 노래를 한다는 것이다. 그것을 영화로 찍고 돌아온 대니켄이었다.

이처럼 문명의 이기를 접해 보지 못한 원시 인간들에게는 새롭게 보는 모든 것이 신비한 '신의 기적'으로 표현하고 또 그렇게 믿는다는 사실이다.

그런 시대적인 배경을 고려하여 성경 〈에스겔서〉의 묘사를 보다 주의 깊게 관심을 가졌던 사람이 바로 달착륙선 아폴로 11호와 그때 사용된 새턴 5호 로켓의 상단부 설계에 직접 참여했던 블름리시(Josef F. Blumrich, 1913)다.

그는 로켓 추진형 비행물체의 세계적인 권위자로 〈에스겔 성서〉에서 얻은 것을 다음과 같이 말했다.

우리가 얻은 결론은 그것이 우주선이었다는 사실이다. 이 우주선은 기술적으로 아무 문제없이 제작할 수 있을 뿐 아니라, 그 기능과 역할에 있어서도 매우 합리적인 것이었다.

우리는 그 기술 수준이 전혀 기상천외한 것이 아닌 것에 놀랐으며, 지극히 난해한 것으로 보였던 문제들이 거의 모두 우리의 현시점의 가능성 범위 안에 속하는 것들이었다. 겨우 우리보다 조금 앞선 정도의 수준에 있는 것이었다. 그러나 우리가 도저히 믿을 수 없었던 한 가지는 이러한 우주선이 지금으로부터 2500년 전에 실재했었다는 사실이다.

이렇게 세계적인 로켓 추진형 비행물체 권위자 블름리시 역시도 이미 문명된 천상의 신들, 그 4차원의 세계를 이해하지 못하고 다만 그러한 우주선이 2500년 전에 실재했었다는 사실에만 놀라워하고 있었다는 점이다.

하지만 성서학자들이 창세기를 제대로 이해하고 분석할 수 있었다면 그처럼 무지한 반론은 제기하지 않았을 것이다. 태초에 하나님 말씀으로 하나님 형상을 따라 창조되어진 '하늘 사람' 들에게 창조와 동시에 다스림의 권세자로 축복을 주었다는 것은 곧 우주의 지성을 부여해 주었다는 이야기다.

그렇기 때문에 그들은 창조와 동시에 문명된 우주지성을 보유하게 되면서, 그들의 지적설계는 지구에 내려와 그들 닮은 복제 인간을 창조할 수 있었던 것이며, 뿐만 아니라 그때 이미 4차원의 비행물체와 레이저 광선을 뿜는 기계 메커니즘을 사용했다는 것은 조금도 이상할 것이 없다.

하지만 당시의 미개했던 사람들은 비행물체를 '하나님의 이상' 으로 볼 수밖에 없었고, 또 '하나님의 능력이 손에 있어' 하는 묘사를 할 수밖에 없게 없었던 것이 구약시대 상황이었다. 그래서 세계적인 과학자들이 고대에 실재적으로 존재했다고 믿는 우주선의 미스테리한 정체를 풀어내기 위해서는 먼저 성서학자들이 언급하지 못하고 있는 태초 우주생명의 근원이라는 빛의 존재, 그 '있음' 의 근본부터 성서를 바탕으로 하여 진실하게 밝혀내야 하는 것이 그 수순일 것이다.

8부

신과 인간의 함수관계

우주통일시대
α & Ω 처음과 끝

아득한 옛날 지구에 내려와 이스라엘 조상 아담을 창조했다는 신의 이름, 그 성호가 '여호와' 인 것처럼 지구촌에 피부색을 달리한 각 족속마다 그들 나름대로 숭상해 온 주신의 이름을 간직하고 있다.

하지만 고대 인류가 그처럼 두려워하고 신성시했던 신의 존재는 '깨달음' 이라는 고등종교를 통해 내 자신이 바로 그 신의 소생임을 자각하게 해준다는 사실이다.

그래서 과거 고대 인간들이 그처럼 두려워했던 신의 존재는 마치 아직 이성을 눈뜨지 못한 어린아이와 장성한 어른의 차이와도 같은 것이라고 할 수 있을 것이다. 모든 사물을 분별하지 못한 어린아이에게 있어서 모든 것을 스스로 판단할 수 있는 어른이 존경스럽고 때로는 두려운 존재이듯이, 신과 인간의 함수관계도 그 차이일 뿐인 것이다.

분별하는 사고가 아직 영글지 못한 어린 아이에게 있어서는 조그만

신통력의 방언이나 예언, 또는 우주의 기를 활용하여 병 고침만 해 보여도 그를 하늘에서 내려온 특별한 신의 능력자로 허리 굽혀 받들어 모시기를 주저하지 않는다. 그 실례를 보다 분명하게 보여준 것이 우리와 가까운 일본이다.

일본의 천황가에서 여왕벌의 상징처럼 떠받들고 섬기는 '신 아미테라스 오미까미'의 존재가 그것이다. 원래 일본은 신라, 백제, 고구려 삼국이 정립될 때까지만 해도 원시 토착민이 살고 있던 이름도 없던 섬나라였다.

이 섬의 토착 원주민들은 체구가 왜소하게 생긴 데다가 겨우 치부에만 가리개(훈도시)를 하고 있었던 미개인 그대로였다고 한다. 그래서 '왜놈'들이라고 불리게 되었던 것이지만, 그런 원시 인간들 앞에 어느 날 긴 잠자리 날개옷 같은 '의복'을 화사하게 걸친 한 여인이 시녀들을 거느리고 수려한 모습으로 나타났다면, 문명을 접해 보지 못한 왜인들의 눈에는 그들이 하늘에서 내려온 여신들로 보이기에 충분했을 것이다.

그야말로 이 '여신' 앞에서 얼굴도 들지 못한 채 납작 엎드려 절하며, "오! 행운의 여신이시여, 오래 오래 우리를 저버리지 마시옵소서." 하고 자신들과 함께 살아 주기를 소원하며 빌었을 것을 짐작해 보게 한다.

하지만 그들 눈앞에 여신으로 나타나 보이는 여인들은 백제의 공주와 시녀들이었으며, 그 수행원들이었다. 당시 백제가 나당연합군에 의해 패망하게 되자, 난을 피해 해상에서 떠돌고 있던 백제의 왕족과 그들을 수행하던 대신들은 나라를 잃어버린 채, 어쩔 수 없이 토착 왜인들이 살고 있던 이 섬나라로 흘러 들어갈 수밖에 없었던 것이다.

그 때 조선은 이미 3천 5백년이라는 긴 역사를 가지고 삼국이 정립되고 있을 때였다. 그들의 눈에 비춰지는 몰락한 왕가의 사람들은 하늘에서 내려온 신으로 보이기에 충분하고도 남았을 것이다. 공주는 우매한 그들에게서 여신으로 섬김을 받게 되었고, 사실상 그때부터 그들을 다스려 나가는 정신적 구심점으로 그들의 지주가 된 것이다.

그 여신(공주)의 아들이 일본 최초의 군주로 천지천황이라는 것을 이제 일본 사학자들이 스스로 밝히면서, 조선이 그들의 종가 집임을 은연중에 인정하고 있다.

그 공주의 아들 천지천황은 언제나 그 어머니가 떠나온 고향 해 뜨는 동쪽을 바라보며 "해동, 해동" 했다고 하여 나라 이름을 일본이라고 붙였다고 한다. 그로부터 문명된 배달 조선의 '얼' 이 심어진 섬나라 일본은 그때를 비롯하여 나라 형태가 갖추어지면서 그때부터 백제의 원수를 갚기 위해 호시탐탐 현해탄을 건너오곤 했던 것이라고 한다.

그러한 일본의 국민정신은 죽어도 천황가를 위해 목숨을 바친다는 사무라이 정신으로, 그 정신의 기틀은 바로 우리 배달민족의 '얼' 화랑도정신인 것이었다. 이렇게 화랑맥으로 이어진 일본은 세력다툼에서도 천황을 절대적으로 앞세운다는 것이다.

그 때 섬나라로 건너간 우리 한민족 고유의 풍습과 문화유산을 기반으로 오늘날 세계 속에 그 모습을 강인하게 드러내 보이고 있는 일본은, 이러한 역사적인 혈류의 뿌리를 굳이 은폐하려고 했다는 것도 사학자들에 의해서 이미 밝혀지고 있는 사실들이다.

우리가 오늘 구약성서를 반추해 보는 것은 그 유대 민족의 뿌리 역사를 통해 지구촌에 산재해 있는 각 민족의 뿌리가 그 창조신을 달리하고 존재하게 되었음을 새롭게 유추해 볼 수 있게 한다는 것 때문이다.

그래서 민족이나 개인이나 뿌리를 찾는 일은 '나'의 실체를 바로 알자
는 데 있다.

지금까지 우리는 사실상 '나' 자신의 근원에 대하여 바로 알지 못하
고 있었던 것이 사실이다. 그것은 민족의 수난과 함께 뿌리 역사가 외
세의 의해 잘려나간 채 아직도 그대로 표류시키고 있음은 그로부터 여
과 없이 받아들인 왜래 종교 때문이라고 할 수 있을 것이다.

해방과 더불어 이 땅에 뿌리를 내리기 시작한 종교가 바로 기독교였
다. 그런데 문제는 기독교의 정체성을 십자가로 나타내는 그리스도 신
약복음 위에 이스라엘의 뿌리 역사 구약성서를 신약에서 성자 예수가
지칭한 성부 하나님과 동일한 세계관으로 묶어 설파함으로 "새 술은
새 부대에 담아야 둘 다 보존될 수 있느니라" 하신 성자 예수의 말씀에
사실적으로 역행하고 있는 것이 오늘 이 땅에 들어온 기독교리다.

그로 인한 성서 오류는 서양 이스라엘 족속의 아담과 이브를 인류의
조상이라고 설파하고, 그들 유대족속 조상 아담을 물질이라는 흙으로
빚어 창조했다는 여호와를 성자 예수가 지칭한 "하나님은 사랑이시
라"고 한 성부 하나님의 신위에 올려놓고 믿게 하는 커다란 오류를 범
하고 있다는 사실이다.

그러한 성서학자들의 해석 그대로를 받아들여 믿는다면 고대 문명
되지 못했던 원시 인간들이나 마찬가지로 무지가 유죄로 죽을 수밖에
없는 영원한 '죄인'일 수밖에 없을 것이다. 그래서 그 이스라엘 땅에
출현한 예수는 그 백성들을 향해 "의인은 없나니 하나도 없고" 한탄하
시고, 그가 다시 올 때는 그리스도가 이 땅에 심어 두고 간 사랑의 새
계명 천국복음으로 그 영혼의 씨알이 그리스도와 같이 잘 익어 있는
의인들을 거두러 오겠다는 것이 그 예언의 말씀인 것이었다.

바로 그것이다. 세상의 부모들이 자식을 낳아 기를 때는 날로 성숙하기를 기다리는 것이나 마찬가지로, 천지 부모 하나님의 섭리하심도 마찬가지다. 지구에 물질인간 생명을 심은 것은 '천상의 사람' 신들이었고, 그래서 그들은 창조에 따른 의무를 열심히 해왔던 것으로, 그 백성들에게 세상을 살아가는 이성의 눈뜸, 그 지혜를 열어 주고자 수 없이 진노하며 거기에 대한 응징으로 화복을 내렸던 여호와의 행사를 구약성서가 기록하고 있다.

그 천상의 사람 신계가 지구에 내려와 역사하던 종의 율법시대가 본체신 성자 예수의 태초 진리의 말씀이라는 복음시대가 그 문이 열리면서 하나님 종들이 역사하던 여호와의 구약시대가 마감된 것이다.

그로부터 문이 열린 '참 진리' 라는 그리스도의 복음은 구약에서 종들이 그 백성에게 세운 육신의 법이 아니라, 인간 육신의 물리적인 죽음 이후에 있을 영혼한 생명의 에너지를 그리스도 성현의 반열에 오르도록 일깨워 주는 영혼 '생명수' 로 그것이 태초에 우주를 형상화시켰던 생명력의 파토스며, 태초에 하나님과 함께 있었다는 그 빛의 말씀이라는 것이었다.

그러한 태초 빛의 성자 신약복음을 구약 종의 족보 아래로 묶어두고 있는 오늘의 기독교 신학자들의 성서 해석은 신약 복음서가 예언하고 있는 많은 생명을 죽인다는 '사단의 회' 그 '쑥물' 일 수밖에 없는 것이다.

그들이 오늘까지도 펴 오는 주장은 성서는 더도 덜도 말고 문자 묘사 그대로를 믿어야 한다는 것이다. 그러한 논리야말로 우주시대를 진입해 가는 현대인의 의식을 원시로 퇴보시키는 것이나 마찬가지다. 하지만 성경 신 · 구약을 나누어 볼 줄 아는 지혜가 열리게 되면 과거 문명이 발달하지 못했던 원시시대 사람들이 '기적'이나 '환상'으로 묘사하고 있는 신비의 정체를 밝혀 보게 되면서 신과 나와의 함수관계가 보다 선명해진다는 사실이다.

그러므로 오늘 우리가 그들의 주장대로 문명화된 천상의 과학을 이해하지 못했던 고대인들이 묘사하고 있는 로켓을 '까마귀', 잠수함을 '큰 물고기' 그대로 여과 없이 받아들여 믿는다면 인간의 성숙을 그처럼 기다리는 신의 섭리에 분명히 위배되는 것이며, 또한 스스로의 자멸을 초래하는 무지의 소산을 만들어내는 것일 것이다.

그것은 사람이란, 분별력의 사고가 없었던 어린아이가 사물을 보고 생각하며 말하는 것과 같이, 그 아이가 장성하여서 그 같은 사물을 놓고 생각하며 말하는 것이 달라질 수밖에 없다. 그런데 어른이 되어서도 세상의 이치를 모르고 부모의 가르침 속에 있던 그대로의 사고에 머물게 된다면, 그 사람은 미성숙된 기형아로 부모를 실망시키게 되면서, 부모가 바라는 온전한 자식 노릇을 할 수 없는 것이나 마찬가지다.

오늘 우리가 과거 원시시대 현자들이 써놓은 기록이라고 해서 문자 그대로 생각하고 믿는다면 무지몽매한 미신적인 신앙으로 영원한 '죄인'의 굴레에서 결코 벗어날 수 없을 것이다.

그래서 오늘 우리는 성서를 지성적으로 헤아려 볼 줄 아는 눈이 어느 때보다 필요한 것인지도 모른다. 성서가 예언하고 있는 알곡과 쭉정이를 가린다는 지구 종말의 징후가 지구촌 곳곳에서 그 이변현상을 보이고 있기 때문이다.

그런데도 아직까지 원시적인 종의 시대 그 율법신 여호와를 절대자 하나님으로 믿고 있는 현실에서 예수께서 "내가 너희를 위하여 수고한 것이 헛될까 염려하노라" 하신 그 말씀을 다시 상기시켜 보지 않을 수 없다.

그처럼 오늘 성서학자들이 설파하고 있는 기독교리는 본체신 하나님의 실체를 바르게 헤아려 가르쳐 주지 못하는 것은 말할 것도 없고, 나와 더불어 있는 국가와 민족 그 뿌리의 실체조차도 바로 찾아볼 수 없게 만든 그릇된 성서풀이 해석 앞에서 "아멘 믿습니다" 하고 머리 조아리고 있는 수많은 기독교인들을 보면서 안타까워하는 것은 천상의 조상신 하나님들일 것이다.

그래서 오늘 우리는 유대민족의 뿌리 역사를 담아 두고 있는 구약을 통해서 지금까지 수수께끼로 남아 있던 인류 종족의 뿌리 역사를 밝혀 볼 수 있을 뿐만 아니라, 과거 천상을 오르내리며 신들이 보여 온 4차원의 세계를 이해하고 진입해 가는 데 있어서 어쩌면 그 통로를 찾아낼 수도 있을 것이다.

그만큼 구약성서 기록은 그때 이미 천상에 4차원의 과학문명이 발달되어 있었음을 잘 나타내주고 있을 뿐만 아니라, 신과 인간의 함수관계까지도 잘 나타내 주고 있으면서, 유대 이스라엘의 하나님 여호와가 그 백성의 지능을 진보, 발전시키기 위해서 그토록 열심을 다했기 때문에 이스라엘 백성이 오늘날 지구촌 물질문명을 발전시킬 수 있었던 과학적 지능의 두뇌가 타민족에 비해서 우수했음을 그 기록을 통해 새삼 느끼게 한다는 사실이다.

물론 그 구약성서 속에서 이스라엘 백성과 이웃하고 있었던 타민족 조상신들도 그들 나름대로의 특성을 가지고 있었음을 발견하게 된다. 그래서 그 신의 정신 특성에 따라서 그 족속의 풍습과 문화가 이루어져 나왔음을 반추해 볼 수 있게 하는 것은 고대 타민족의 신전들이나 유적들이 그것을 대변해 주고 있는 것으로, 신의 메시지로 익히 잘 알려져 있는 이집트의 피라미드가 그것이다.

이렇게 인류역사와 함께 진보 발전해 나온 각 민족의 문화 속에서, 각 민족의 주신들이 능력 행사를 해보인 창조물들이 그 창조신들의 지적 수준에 도달할 수 있도록 끌어올리고자 한 것이 그 목적이었음을 발견하게 된다는 사실이다.

그 하늘 사람 '우주아'들이 천상의 문명된 정보를 그들 후세에 전해 주기 위해 여러 가지 방법으로 그 흔적들을 남겨 주었음을 성서뿐 아니라, 지구 도처에서 발견되고 있는 여러 기록들을 통해서 만나볼 수 있게 하기 때문이다.

고대 인도신화가 폴란드에서 발행된 잡지 『기술의 지평선』 1958년 5월호에 소개됐다. 거기에 기록된 고대 인도신화에 나오는 정체미상의 비행물체에 대한 설명이다.

배(비행선)의 중앙에는 동력을 만드는 무거운 금속 통이 있다. 이 통에서 쏟아져 나오는 힘은 배의 양쪽 끝에 있는 두 개의 움직이는 주 원 통(주 실린더) 속으로 들어간 후 다시금 이 주 실린더의 앞과 뒤에 있는 8개의 실린더 안으로 들어간다. 이것들은 두 줄로 나열된 구멍을 가지고 있으며, 그 구멍은 위에서 아래로 뚫려 있다. 여행을 시작할 때 8개의 구멍의 개폐장치가 작동한다. 이때 위로 향한 구멍은 닫혀 있고 아래로 향한 구멍만 열린다. 이 순간 중앙 통에서 나온 힘은 이 구멍들을 빠져 나오면서 땅을 치는데, 그 때문에 배는 땅에서 뜨게 된다. 필요한 고도에 도달하면 그 높이를 유지하기 위하여 아래로 향한 구멍들은 절반으로 닫힌다. 그 다음 중앙 통로의 힘의 대부분은 배의 양쪽 끝에 있는 주 실린더에서 내뿜는 힘에 의해 생겨나는 힘 때문에 앞으로 전진한다.

이 기사를 누가 고대에 있었던 인도 신화라고 하겠는가? 우리는 오늘날 이러한 이야기들을 홍밋거리 신화쯤으로 취급하기 마련이다. 하지만 1968년 인도를 방문하여 선사시대의 비행물체에 대한 고문서를 수집한 대니켄은 그의 저서 《별로 돌아가자》에서 이렇게 말했다.

인도의 고문헌에는 성서가 기록하고 있는 것이나 마찬가지인 하늘을 나는 비행물체뿐만 아니라, 오늘날 현대의 핵무기를 방불케 하는 신들이 사용했을 무기 같은 것을 비롯해서, 하늘에서 진행된 전쟁에 대한 기록들이 넘칠 지경이다.

우리가 막연하게 알고 있는 하늘나라는 평화만 있을 것이라는 생각들을 보통 일반적으로 갖게 마련이다. 그런데 하늘에서 진행된 전쟁에 대한 기록들이 넘칠 지경이라니, 도대체 그 기록들이란 무엇이란 말인가?

물론 그 고문서 자체를 버려진 이야기들로 넘겨 버리면 그만이다. 하지만 성서를 제대로 읽어 본 사람이라면 계시록에서 기록하고 있는 요한이 보고 온 천상의 두루마리 책을 떠올려보게 될 것이고, 또 엘리야 선지자가 본 여호와의 손에 들려 있었다는 두루마리 책을 연상해 볼 것이다.

이러한 고문서와 구전을 그대로 믿고 성공한 사람이 있다. 그리스 선사 고고학의 시조 슐리만(1822 ~ 1890)이다. 그는 호메로스가 남긴 〈트로이드 전쟁 이야기〉를 사실로 받아들여 믿었다. 그래서 1870년에 아니톨리아의 히사리크 언덕에서 대규모의 발굴 작업에 들어갔다. 그때 사람들은 그를 가리켜 '옛말을 믿는 멍청이'라고 손가락질을 해대며 비웃었다고 한다. 그러나 마침내 그는 작업 3년 만에 기원전 2000년에 존재했던 트로이의 유적지를 발굴해내어 전 세계에 충격을 던져 주었다.

그는 호메로스의 이야기 중에서 '황금이 풍부한' 이란 표현을 그대로 믿었기 때문에 마침내 1876년에 아트고리스 만의 기슭에서 미케네의 고분을 발견하였고, 여기에서 엄청난 재물의 보화를 획득할 수 있었다. 그로 하여 그는 그리스 문명전에게 해에 고대 문명이 있었다는 사실을 밝혀내면서, 크레타 문명과 에게 문명, 그리고 그리스 문명과의 관계를 밝혀내는 데 크게 기여를 한 것이다.

이렇게 지구촌은 아득한 옛날 천상의 신들이 내려와 그들 닮은 복제인간을 창조했을 뿐만 아니라, 천상세계를 본뜬 모형물을 땅에 세우고, 각기 그들의 영광으로 삼던 시대가 구약시대로 사실상 신과 인간이 하나로 어우러지던 신인합발의 시대가 있었음을 지구촌 곳곳에서 출토되고 발견되는 그 흔적들이 입증을 해주고 있다.

이러한 분명한 사실을 현대인들은 마치 꾸며진 이야기의 신화처럼 외면하기 때문에 고대 선사시대의 유물이나 초과학적인 흔적들에 대해서, 기원전에 지구에 외계인이 다녀갔다는 학설들에 대해서 단지 화젯거리로 생각할 뿐이다.

외계인에 대한 뉴스를 일간 스포츠가 기사로 보도한 일이 있다.

〈외계인이 4천 년 전 지구를 방문했었다.〉

외계인이 고대 지구를 방문했다는 주장이 나왔다. 근착 미국의 주간지 '월드 뉴스'에 따르면 일단의 과학자들이 화성의 표면에서 촬영된 얼굴 모양의 거대한 암석과 고대 이집트 동전에 새겨진 얼굴 모습이 서로 닮았다는 사실을 밝혀냈다. 과학자들은 이를 두고 외계인들이 4천년 전에 지구를 방문한 증거라고 주장했다. 호주의 고고학자 오스먼드 두마스 박사는 "고대 이집트 동전에 새겨진 얼굴 모습은 화성 표면의 얼굴모양 암석과 똑 같다"고 말했다.

지난 1976년 화성 탐사선 바이킹호는 화성의 표면 촬영에 성공, 화성의 표면에 사람의 얼굴 모습을 한 거대한 암석이 존재한다는 것을 밝혀냈다.

듀바스 박사와 6명의 그의 동료들은 지난 2월 2일 이집트에 있는 '왕들의 계곡'이라 불리우는 곳에서 문제의 동전을 발견했다. 동전이 발견된 것은 1922년 루트 왕의 무덤이 발굴된 곳에서 1.5km 정도 떨어진 곳, 분석 결과 이 동전은 기원전 2000년경 이집트를 지배했던 왕, 아메네헷 1세 때의 것으로 밝혀졌다.

그는 동전에 새겨져 있는 얼굴 모습을 복사해 전 세계의 고고학 전문가들에게 보내 기원을 알아보려 했지만, 그 기원을 알고 있는 사람은 아무도 없었다. 그래서 그는 이 동전이 외계에서 만들어진 뒤 지구로 옮겨져 왔거나, 아니면 외계인의 도움으로 지구에서 만들어졌을 것으로 가정하고 있다.

만약 다른 행성에서 4천 년 전에 외계인들이 지구를 방문했다면, 그들의 존재는 커다란 수수께끼로 남는다. 하지만 고대 이집트인들이 어떻게 거대한 피라미드 등을 건립할 수 있었는가 하는 의문은 자연히 풀리게 된다.(김동수 기자)

이러한 자료들을 4천 년 전쯤으로 추정한다면 에스겔이 본 이후 거의 1천 5백년이라는 시간대가 흐른 뒤에 출현했다는 이야기다. 4천 년 전의 외계인의 출현 뉴스가 그처럼 쇼킹하다는 것일까?

그러나 성서를 바로 이해한다면 그러한 뉴스는 그다지 흥미로운 뉴스에 머물지 않을 것이다. 외계인이란 지구 밖의 사람이란 뜻이다. 성서 창세기 1장의 기록에서 분명히 태초에 빛의 말씀으로 하나님의 형상을 따라 사람을 만들자고 하여 여자와 남자를 창조했다고 했다. 그들에게 하나님은 번성하여 그가 지은 모든 것을 다스리라는 축복의 권세를 주었다고 했다. 그 권세를 가지고 하늘과 땅을 오르내린 천상의 사람들이 바로 신계에 속하는 '우주아'들로 외계인들인 것이다.

그 외계인들이 아득히 먼 옛날부터 지구에 내려와 어떠한 일을 행하며 역사했는가를 성서는 자세히 기록해 두고 있다. 다만 문제는 성서 학자들이 그 기록을 실제 역사로 보지 않고 그 어떤 초자연적인 힘의 신의 기적 또는 환상으로 신성시해 오는 데서 바른 종교관도 세울 수 없었을 뿐만 아니라, 인류역사의 뿌리마저 혼돈스럽게 왜곡시켜 온 것이다.

그러나 태초 빛의 존체이신 조화주 하나님은 그 우주 지성을 대자연으로 펼쳐 그 이치를 말해 주고 있는 것이다. 처음 '우주 씨'라는 일신이 농사를 지음에 있어서 그의 법도에 따라 만사가 운행되면서 궁극적으로는 근본의 경지에 반드시 동참해야 하는 결실의 열매로 익어가야 하기 때문에, 알곡으로 성숙되어가는 법을 할아버지는 아버지에게, 아버지는 아들에게 가르쳐 주고 있는 이치나 마찬가지다.

천상의 신들이 지구에 내려와 인간을 창조하고 무엇을 가르쳐 주고 있었는가를 구약성서를 읽으면서 다시 한 번 생각해 볼 필요가 있을 것이다. 지구에 내려 온 '우주아' 창조신들은 그들의 영광이 된다는 피조물들에게 사람으로서 성숙되어가는 인간의 도리와 땅위에서 살아가는 여러 가지 방편의 창조성을 일깨워 주려고 노력했었음을 구약성서를 통해 엿볼 수 있게 한다는 사실이다.

그러한 대자연의 섭리를 이해하지 못하기 때문에 그들이 지구에 남겨 준 메시지 혹은 유물들을 보면서 아득한 옛날 지구에 외계인이 다녀갔다고 새삼스럽게 흥분들을 하고 있는 것이다.

그 모든 원인은 서구 신학자들에게 그 책임이 있다고 보아야 할 것이다. 그들이 풀이하고 있는 성서 해석은 이스라엘 종족신 여호와를 대우주적인 전지전능한 하나님 신위에 올려놓고 믿게 하면서, 그 이외의 각 족속의 신들은 마귀며 사탄으로 인정하려 하지 않는 모순이 태초의 빛의 하나님 그 천지창조의 섭리를 신도들에게 혼란스럽게 심어 주고 있기 때문에 종교와 과학이 그 일치점을 찾지 못하고 있는 주요 원인으로 작용해 왔다고 해도 과언은 아닐 것이다.

성서학자들이 전지전능하신 하나님으로 설파하여 믿게 하는 이스라엘의 하나님 여호와는 성서 기록을 보더라도 영적 존재의 성부 하나님이 아님을 "나는 이스라엘의 하나님 여호와로라" 하고 스스로가 지엽적인 주신임을 나타내 주고 있는 것이다.

하지만 그 본 모습을 바로 헤아려 전해 주지 못하는 성서학자들의 왜곡된 논리에 오늘 기독교인들은 아직도 그 여호와 손의 능력이 '기적'으로 나타나 주기를 바라면서 그 이름 여호와 하나님을 부르짖고 있지만, 이제 천상의 신들은 그들이 해야 할 의무와 책임을 다 마치고 제 위치로 돌아간 것이다.

그 족속 조상신들은 그들의 창조에서 끝난 것이 아니라 사람으로서의 지켜야 할 법과, 그들처럼 창조할 수 있는 지식 정보를 제공해 주고보다 문명화된 과학발전을 이룰 수 있도록 도와주고 떠난 것이다.

그것이 본체신 섭리에 따른 천도에 의해 인간 농사짓는 단계적 변화로 서양에서는 예수 그리스도 천국복음 시대가 그 문이 열리면서, 신약에서는 유대족의 창조신 여호와의 모습이 나타나지 않은 것은 물론, 그 음성조차도 그 이후 백성들에게 들려주었다는 기록이 없다.

그래서 그 지엄한 여호와신의 능력이 함께 했다는 이스라엘의 보물 '언약궤'는 이후 지금까지 유대족 역사를 전해 주는 전리품으로서만 남아 여호와 신이 말해둔 대로 "내 이름을 위하여 내가 거룩하게 구별한 이 전이라도 내 앞에서 던져 버리리니 이스라엘은 모든 민족 가운데 속담거리와 이야깃거리가 될 것이며……" 이렇게 여호와 신은 때가 이르면 그가 이스라엘 백성들에게서 떠날 것임을 암시해 두고 있었던 것이다.

그러한 시대 변화를 아직도 깨우치지 못하고 있는 성서학자들은 '여호와 하나님이 천지와 만물을 창조하신 전지전능하신 하나님'이라고 설파하면서 구약의 환상 속에서 깨어나지 못하고 있다. 그래서 현생인류는 과거 선사시대 하늘에서 내려왔던 천상의 사람, 우주아(엘로힘)들의 유물을 놓고 그것이 마치 충격적인 사건처럼 연구 자료를 삼는 등 쇼킹 기사로 다루고 있지만, 사실은 그와 관련된 직접적인 많은 관련 자료들이 성서 속에 담겨져 있음을 모르고 있을 뿐이다.

1994년 2월 22일자 신문 보도를 보면서 그동안 우리가 얼마나 그 진실을 바로 보지 못하고 있었는가를 다시 생각해 보게 하는 그 머리기사 〈우주 소년 미이라 UFO 잔해 발견〉이라는 제목이 세인들의 흥밋거리로 관심을 끌게 했다.

프랑스 고고학자 라발리 훼르 박사는 이스라엘의 한 동굴에서 지금으로부터 5천 8백 년 전 불시착한 것으로 추정되는 외계인의 미이라를 발견했다. 그는 이스라엘 정부의 함구령에도 불구하고 이를 발표했다.

그 미이라가 5천 8백 년 전의 것으로 추정되는 것이라면 여호와가 지구에 내려와 아담과 이브를 창조하고 그들에게 인간이 살아갈 여러 가지 삶의 방법을 가르쳐 주던 동년대의 시간대다. 그때 하늘에서 내려온 신계의 우주아들은 실제 인간의 모습으로 인간과 이성적 동침도 했으며, 음식도 함께 나누어 먹었음을 성서는 기록하고 있다.

그런 천상의 우주아들이 천상에서 지상으로 내려올 때는 이미 문명세계를 열고 있었던 천상의 우주선 비행물체를 이용하고 있었음을 성서는 기록하고 있다. 그러한 천상의 문명된 이기도 시행착오를 일으켜 고장을 일으켜 추락했다는 이야기가 된다. 그렇기 때문에 그 외계인의 시체 미이라 역시도 이상할 것은 없다. 그들은 분명히 영적인 존재가 아니라 인간과 다를 바가 없는 육체를 가질 수도 있는 보편적 존재들이기 때문이다.

그와 비슷한 기사가 1987년 6월 23일자 경향신문에 또 쇼킹 뉴스로 보도된 바가 있다.

〈외계인 시체 발견 1947년 문서 공개〉

미 UFO 새 논쟁, "실존자료 숨겨 왔다." 정부 비난, 최근 미국에서는 외계인의 존재를 입증하는 연방정부의 극비 문서가 공개되어 해묵은 UFO(미확인 비행체) 논쟁이 연재되고 있다.

논쟁이 발달된 이 극비 문서는 트루먼 대통령의 재임기간 중인 지난 1947년 뉴멕시코의 로스웰 근처에서 발생한 폭파사고를 조사한 보고서이다.

당시 트루먼 대통령은 로스웰 폭파사고를 조사할 대통령 특별 조사반을 편성, 현지로 급파한 것으로 돼 있다.

이 조사반은 당시 기상관측용 기구가 폭파된 것이라는 조사결과를 발표

했다. 그러나 이번에 공개된 로스웰 사고 극비 문서에는 당시 발표와는 달리 사고 현장에서 인간과 비슷한 모습의 시체 4구를 발견했고, UFO로 보이는 비행물체의 파편이 흩어져 있었다는 내용이 담겨져 있다.

이 보고서는 지난 1952년 11월 18일 대통령으로 선출된 드라이트 아이젠하워에게 보고하기 위해 당시 CIA 국장이었던 로스코 힐렌토에터 장군이 작성한 것으로 돼 있다.

이 같은 사실이 알려지자 미국의 UFO의원들과 외계인의 존재를 주장해온 사람들은 그 동안 연방정부가 외계인의 실존근거 자료를 숨겨 왔다고 비난하고 있다.

이와 함께 이 같은 내용을 담은 《교감》(위륨시 스트리버 저), 《광년》(개리 킨더 저) 등 3권의 UFO 신간들이 10여주 째 베스트셀러를 기록하고 있다.

이들 UFO 소설 등은 하나같이 연방 정부가 지난 1947년부터 40년 동안 UFO 조사보고서를 은폐해 왔다고 비난하고, UFO 실존을 주장하고 있다.

또 영국의 UFO 전문 연구가인 티모시 굿 박사는 올 7월 중 UFO 은폐사실 전모를 공개할 계획으로 있어 UFO를 둘러싼 논쟁은 계속 치열하게 벌어질 전망이다.

이렇게 미스터리로 국제 논쟁의 연구가 되고 있는 외계인과 UFO의 문제를 미연방정부는 무엇 때문에 은폐하려 했던 것일까? 하는 의문을 제시해 준다.

우선 이제까지의 서양 정신문명의 구심점이 되고 있는 기독교의 논리 주장에 대한 붕괴를 의식한 때문이 아니었을까? 하는 생각을 해보게 된다. 민족 사상은 곧 그 민족정신으로 이어지기 때문이다.

그래서 미 정부는 끝까지 은폐시킬 수밖에 없는 입장이며, 그러한 곤혹을 숨기면서 그들이 지금까지 섬겨 오게 한 이스라엘 민족 조상신 여호와의 성호를 땅에 추락시키는 일을 막고자 한 것인지도 모른다.

그처럼 과학문명을 발전시켜 나온 서양이 여호와가 구약시대 이스라엘의 족속에 국한된 지엽적인 하나님으로, 다만 아브라함의 하나님이며, 이삭의 하나님, 그리고 야곱의 하나님이라고 말해 두고 있기 때문에 분명히 전능하신 대우주적인 하나님이 아님을 모를 리가 없는데도, 서구 신학자들이 그 여호와를 인류가 믿어야 하는 영존하신 성부 하나님으로 설파해 오고 있었다는 것은 어쩌면 민족 자존심에 대한 문제 때문이 아니었을까? 하는 생각까지 해보게 된다.

이러한 시점에서 노벨 수상자인 켈빈을 비롯하여 세이건 같은 세계 석학 7명이 1961년에 채택한 '그린뱅크의 공식'으로 추산해 보면, 우리 은하계에는 태양과 같은 별(항성)들이 무려 2천 2백억 개나 존재하고, 20억 광년 이내의 우주 속에는 1억 조에 달하는 별들이 있다고 했다. 거기에 더욱 놀라운 사실은 지구와 같은 수준의 문명을 가진 혹성들이 최소한 2백만여 개나 되며, 그들은 우리 지구인들과 같은 전파교신을 할 수 있다는 것이다.

이러한 과학자들의 발표는 지구인과 같은 우주아들이 우리가 살고 있는 지구 위에 살고 있다는 소식이다. 그들의 문명은 지구보다 앞섰으며, 정체 미상의 비행물체 UFO의 출현을 보아서도 최소한 1만년 이상을 앞서 있을 것이라는 것이 오늘날 지구촌 과학자들의 추산이다.

그렇다면 UFO의 정체를 놓고 구약성서 속에 등장하는 불이 번쩍번쩍하게 나타났다는 여호와 '하나님의 이상'을 생각해 보지 않을 수 없다. 그들은 이미 UFO 비행물체를 타고 지구를 왕래하고 있었던 문명된 천상의 '우주아'들이었다는 사실이다. 그 당시 지구인들은 천상의 우주선을 보고 하나님의 능력이 '임하매' 하는 정도로 무지했었지만, 오늘에 이르러서는 그들의 흉내를 내고 달나라 탐사를 하고 시험관 아기도 창조해 내기에 이르렀다.

그러나 이미 진보되어 있었던 우주아들의 과학지식과 초광속 우주 비행기술로 볼 때, 지구인의 문명은 마치 구약시대 천상의 문명된 이기를 보고 졸도하거나 벌벌 떨었던 성서 속의 미개했던 당시의 사람들의 수준과 별로 다를 것이 없다.

그것을 당시의 사람들이 여호와 하나님의 기적으로 기술하고 있지만, 현재 세계 도처의 유적지 혹은 동굴 등지에서 발굴, 발견되고 있는 기원 미상의 비지구형 문화유산들로 미루어 볼 때, 그들은 구약시대에 실재적으로 지구를 왕래하면서 천상의 과학문명의 이기를 활용하고 있었음을 의심해 볼 여지가 없는 것이다.

또한 고대 암벽화에서 보여주는 것들이 비행복에 헬멧을 착용하고 있는 모습들로, 성서에서 에스겔이나 엘리야가 보고 묘사하고 있는 '독수리 같은' 혹은 '사자 같은' 생물로 그 모습을 표현하고 있지만, 사실은 우주복 차림의 비행사들이었음을 증명해 주고 있는 것이라고 할 것이다.

이처럼 하늘을 자유자재로 왕래한 천상의 신계족인 '우주아'들은 지구를 내방하면서 여호와가 돌판에 십계명 문자를 새기어 모세에게 건네주었듯이, 발달된 천상의 문명기술을 이용하여 그들의 흔적을 남겨 놓은 것이라고 할 것이다.

그들의 지구 내방 흔적들은 오스트레일리아의 산골짜기, 사하라 사막 등지에서 발견된 암벽화, 동굴 벽화에서도 거의 같은 모습으로 하나 같이 성서 속에서 엘리야나 에스겔이 묘사하고 있는 특수복장의 모습들이라는 것이다. 또한 틀라파코야에서 출토된 고대 멕시코의 신상은 그야말로 회전 전등을 허리띠에 두르고 있는 모습에다가 가스 마스크 같은 입 가리개를 하고 있는 특수복장의 모습이다.

그러한 모습을 과연 고대인들이 어떻게 그림이나 토우로 남겨 놓을 수가 있었을까? 하는 설이 분분하지만, 그것은 고대인들의 작품이 아니라 당시 지구를 왕래하던 하늘 사람들, 그 지적 설계에 의한 작품임을 성서를 통해 유추해 볼 수 있게 하는 것이다. 그처럼 그들이 남긴 내방 흔적들은 문명된 그들의 존재를 지구인들에게 알리고자 했던 메시지로 받아들여야 마땅할 것이다.

그런 그들이 지구라는 무대에서 어느 땐가부터 그 모습을 보이지 않게 되자 그 세대와 멀어진 지구인들은 고대에 그들이 남기곤 흔적들을 가지고 설왕설래 그 추측이 분분해진 것이 사실이다.

하지만 그들은 공식적으로 모습을 표면에 드러내지만 않을 뿐 그 때나 마찬가지로 내왕하고 있음을 심심치 않게 거론되고 있는 UFO 사건들을 통해 짐작해 볼 수 있게 하는 것이다. 특히 제2차 세계대전 이후 그 모습을 자주 드러냈음이 여러 보고서 자료에 의해 알려지고 있다. 다만 지구인들이 그 정체를 밝혀내지 못하고 있는 이들의 정체는 구약성서를 바탕으로 하지 않고는 도저히 가늠해 볼 수가 없게 되어 있다. 그래서 아직까지도 미연방 정부가 해결하지 못하고 있는 여러 건의 수수께끼의 사건들로 남아있다.

이미 우리에게 널리 알려져 있는 '마의 삼각해역' 사건이 그 중에 하나다. '죽음의 트라이앵글' 혹은 '대서양의 묘지'로 불리는 이 해역에서 일어난 불가사의한 사건들이 그것이다. 제2차 세계대전을 전후하여 이 지역에서 군함과 전투기를 비롯한 많은 선박과 항공기가 아무런 이유도 없이 그대로 사라진 채 지금까지 그 의문이 풀리지 않고 있다는 것이다. 전투기 편대 전체가 동시에 사라졌는가 하면, 수백 명이 승선한 군함까지도 무선 연락을 할 겨를조차 없이 순식간에 사라져 버렸기 때문에 그 어떤 흔적의 실마리조차도 찾지 못했다고 한다.

〈1945년 12월 5일〉

미국 플로리다 반도에 있는 포트로다데일 해군 항공기지는 이륙한 미 해군 피격기 5대가 훈련을 마치고 돌아오는 도중 버뮤다 해역 상공에서 동시에 실종되어 그 흔적조차 찾을 수 없는 채였다. 다만 편대장 데일러 대위가 실종 직전 기지로 보낸 교신만 남아 있을 뿐이었다.

"현재 위치 불명, 발향 불명, 자이로와 나침반이 듣지 않는다. 태양이 보이지 않는다. 바다가 이상하다."

그리고 사이를 잠시 두었다가 보내진 교신이다.

"우리는 하얀 물에 진입했다. 오! 우리가 있는 곳은 마치 완전히 미치겠다."

이것이 데일러 대위와 마지막 교신이었다. 교신을 받고 이들을 구조하기 위해 마리나호가 즉시 출동했다. 그런데 어이없게도 이 비행정까지 사라져 버린 것이다. 물론 대수색작전을 폈으나 잔해나 기름 한 점도 발견할 수가 없었다. 이날 기상은 쾌청했는데 태양이 보이지 않는다는 그의 절규는 무엇을 뜻하는 미스테리로 남았다.

그러나 그것은 해와 달 그 일체가 미치지 못하는 지구 영향권 밖의 공간에 진입해 있었다는 것으로 추측해 볼 수밖에 없을 것이다. 특히 그가 표현하고 있는 '하얀 물'은 하늘 저 너머 또 다른 세계권, 영대의 해상에 진입해 있었다는 뜻이 된다. 이것을 뒷받침해 주는 것이 그의 교신 "오! 우리가 있는 곳은 마치"라는 절규에서 엿볼 수 있다. 그 곳은 이제까지 본 일이 없는 새로운 세계였기 때문이다.

여기에서 우리는 성서가 기록하고 있는 하나님의 우주와 만물창조의 역사인 창세기 1장에서 "하나님께서 궁창과 궁창으로 나누고, 물과 물로 나뉘게 하리라" 하는 기록을 떠올려 보게 한다. 이때 물과 물로 나누어진 또 다른 세계의 물은 지구의 파란 물이 아니라 우리가 살고 있는 지구 저 너머 하늘나라에 있을 영대의 물로, 그 물은 물질세계의 물과는 다른 '하얀 물'일 것이 틀림없다.

옛날부터 우리 조상들은 사람이 죽으면 이 물을 건너간다고 했으며, 기독교인들은 그 물을 '요단강'으로 상징하여 부르고, 더러 가끔씩 죽었다가 다시 깨어난 사람들의 말에 의하면 대개가 물을 건너갔다가 돌아왔다고 말한다는 사실이다.

이러한 모든 상황으로 미루어 보아도 편대장 데일러 대위가 말하는 '하얀 물'은 지구권 밖의 영대의 세계로 진입해 있었음을 나타내 주고 있다. 하지만 의문은 다시 이어진다. 영대의 세계로 5대의 피격기가 어떻게 동시에 진입할 수 있었을까 하는 것이다. 그야말로 그 어떤 거대한 힘이 작용하지 않았다면 자이로와 나침반의 작동이 정지될 수 없다. 그것도 5대의 피격기가 동시에 같은 고장을 일으킬 수는 없기 때문이다.

그렇다면 오늘날 지구인들의 과학문명을 그처럼 한 순간에 마비시키는 거대한 힘의 세력권의 정체는 무엇인가? 그것이 미연방정부의 숙제로 미스터리일 수밖에 없다.

하지만 그런 미스터리의 숙제를 풀 수 있는 열쇠가 놀랍게도 성서 속에 담겨져 있었다는 사실이다. 그것이 바로 성서가 기록하고 있는 '어둠의 세력'이다. 그 존재를 성서는 '사단의 무리'라고 기록해 두고 있었다.

성서에 기록된 '사단'의 무리라 함은 정도의 질서를 이탈하는 무리들을 일컬음이다. 이 무리들과 하늘에서도 전쟁이 있었음을 성서 곳곳에 기록하고 있으며, 그들 무리가 땅으로 쫓겨났다는 것이고 보면, 그들은 어디에선가 그들만의 정부를 세우고 있을 가능성이 충분하다.

그들 사단의 무리가 모여 있을 세계는 과연 어디일까? 그들 역시도 하늘 사람으로 신의 능력을 지닌 엘로힘들임에는 틀림이 없다. 고도문명의 지식을 지닌 그들의 과학지식은 이미 몇 천 년 전 벌써 초광속 우주비행기술로 지구를 오르내리는 문명의 이기를 활용하고 있었던 능력자들이다. 그런 그들인 만큼 어느 곳인가 정착하여 그들만의 세력을 키워 나가고 있을 것이다.

《초고대 문명에의 초대》라는 책에 기록된 UFO에 관한 이야기다. 국제지구관측소에 딸린 과학자회의가 미국에서 열릴 때의 일이었다고 한다.

50여 명의 세계적으로 유명한 과학자들이 마침 한배를 타고 해안을 떠나려 하는 그 때, 저쪽 해안가에 정체 미상의 UFO가 나타났다. 이를 알게 된 일행의 한 사람이 재빨리 카메라로 그 순간을 촬영했는데, V를 옆으로 눕힌 코스를 비행하다 사라지는 UFO의 행적을 여러 컷 카메라에 담을 수가 있었다. 이것은 한 사람이 아닌, 그것도 전문 과학자들이 함께 보았다는 UFO의 목격사건이다.

또 1974년 6월 24일 오후 3시경 미국의 실업가 케네스 아놀드는 서 해안의 워싱턴 주 레이니아 산 상공을 자가용 비행기로 날고 있었다. 그때 그는 오른쪽에서 무엇인가 번쩍 빛나는 것을 느꼈다. 그가 목도한 것은 마치 기러기가 날아가듯 편대를 지은 9개의 물체였는데 상식을 벗어난 빠른 스피드였다고 한다. 이것이 '비행접시' 붐의 발단이 된 소위 아놀드 사건으로 불리우게 됐다.

하지만 정작 목격자 아놀드는 신문기자들에게 물체가 나는 모양을 설명할 때 '접시 같았다'고 말했고, 이에 '나는 접시' 즉, '비행접시'의 명칭이 생겨났다.

이 비행접시에 대해서 하이네 박사는 UFO에 대해 "공중 내지 지상에서 목격되는 물체 내지 발광체에 관해 보고되는 현상으로, 외관상으로 궤도 역학적, 광학적 행동이 어떤 기존의 논리적인 설명으로도 맞지 않다"라고 말했다. 또 "전문 기술적인 학식 있는 분석확인 능력을 지닌 사람들에 의하여 입수 가능한 모든 증거가 엄밀하게 검증된 후에도 계속 확인할 수 없는 현상"이라는 정의를 내렸다.

그런데 비행접시가 실제 존재하는 물체임을 알게 된 것은 우주 비행사들이라고 한다. 인공위성을 타고 은하계를 갔다 온 우주비행사들은 달의 뒷면에서 수없이 많은 오색찬란한 UFO를 보고 심경의 변화를 일으켜 성직자가 되기도 했다.

성서를 비추어 볼 때 그들이 어느 항성에선가 그들의 정부를 이루고 있을 것이 틀림이 없다면, 그들의 정체를 미확인된 물체인 UFO로 가정한다 해도 크게 벗어나지 않을 것이다.

그들은 심심치 않게 우리 지구인이 상상할 수 없는 행동을 지금도 계속 해 오고 있기 때문이다. 그 사건들을 미연방정부는 발표하지 못하고 숨겨 오고 있으며, 그 대표적인 사례가 버뮤다 삼각 해역을 지나가는 선박과 항공기들을 교란시키고 유인해 가는 사건의 기록들이다.

　콜럼버스가 아메리카 대륙을 발견하기 직전, 그는 해안에서 하얀 발광체를 목격했다고 했다. 그 후 아폴로 12호 우주비행사들이 같은 장소에서 또 이 같은 것을 목격했고, 이후에도 여러 차례 괴이한 빛(UFO 포함)이 사람들에 의해 목격됐으며, 1800년 미 해군 군함 사전트호는 승무원 340명이 전원 사라져 흔적조차 없어졌고, 또 1918년 미 해군 보급함 사이크로프스호도 마찬가지였다. 승무원 308명 전원이 어떤 단서도 남기지 않은 채 증발되어 미 해군의 수수께끼 사건으로 남아있다고 했다. 그런가 하면 1924년 일본 화물선 라이후쿠마루호의 증발사건에서도 역시 미스터리 같은 교신만 남아 있다.

　"지금 칼날 위에 올라앉은 것 같은 위험에 처해 있다. 빨리 와 주시오, 탈출할 수가 없다."

　그처럼 다급한 통신을 보내고 화물선은 이후 흔적조차 없이 사라졌다고 한다. 그 후 1948년 브리티시 남미공항 소속 여객기 스타타이거호의 증발 사건 역시도 마찬가지였다. 이 날도 기상은 쾌청했다.

　"천기 상태, 운항 상태 모두 쾌적함, 정각에 도착 예정."

　이 무전을 남긴 후 증발되었고, 1949년 같은 소속의 여객기 스타 엘알호도 사라졌다.

　1960년 미 공군의 슈퍼 세이버 전투기 증발 사건은 5대가 편대가 되어 바다 위의 구름 속으로 들어갔다가 나왔을 때는 4대로 줄어들었는데, 지상 레이더에도 1대가 사라진 것으로 나타났다고 한다.

　또한 1964년 여류 파일럿 캐로틴 카시오가 조종하던 경비행기 소멸 사건이 있었다. 지상에서는 보이는데도 조종사는 "아무것도 보이지 않는다. 탈출 방법을 알려 달라"는 괴이한 통신을 보내고 30분 가량 선

회하다가 어디론가 사라져 버렸다는 것이다.

그리고 1965년 미 공군의 C-115 날아가는 박스카기의 증발사건에서는 잘 들리지 않는 가냘픈 신호가 수신되었으나 점점 멀어지다가 두절되었는데, 같은 시각에 비행기와 같은 항로를 반대방향으로 날고 있던 다른 한 대는 "일기 청명, 시계 양호"로 보고해 옴으로써 이 역시도 미스터리 사건으로 남아 있다.

또한 1966년 석탄을 싣고 서독으로 항해하던 화물선 아니타호가 버뮤다에서 증발, 그 흔적조차 찾을 수 없게 되었다. 그 외에도 선박, 군함, 화물선, 소형 유람선, 요트에 이르기까지, 항공기로는 해, 공군 전투기, 여객기, 비행정정, 민간 수송기에 이르기까지 모두가 감쪽같이 증발하였다.

이렇게 원인을 알 수 없는 사건들이 자주 발생하자, 1977년 미 해군은 소련 함대와 합동으로 홀리모드 작전이라는 이름으로 공동탐사 작업에 들어갔다. 그러나 이듬해 공표된 발표는 "특별한 이상은 인정되지 않는다"고 한 것이다.

그야말로 그 흔적조차도 남아 있지 않은 증발사건이 과연 자연의 사고현상에 의한 것일까?

하지만 미루어 보건대 성서가 기록하고 있는 사단의 무리, 그 변방 정부가 보낸 사자들의 소행이 아닐까, 하는 추측을 해보게 된다. 이처럼 우리 지구인들이 말하는 외계문명권 내에는 성서가 기록하고 있는 일명 '어둠의 세력'이라는 우주인들이 엄연히 존재하고 있다는 사실이다. 이런 외계문명에 대해 떠도는 이야기를 바탕으로 한 영화를 만들어 대성공을 거둔 작품이 '스타워즈'이다.

이러한 미스터리 사건들을 종합해 볼 때 이미 이스라엘보다 앞서 배달국을 세운 '환웅 천황' 께서 "하늘은 별마다 문화의 정도가 다르다"라고 말씀하셨다는 것이고 보면, 유대민족이 지구상에 존재하기에 앞서 지구에 내려와 배달민족을 세운 조상신께서 그처럼 지구라는 항성에만 인간의 생명체가 존재하고 있는 것이 아님을 가르쳐 주었다는 사실이 새삼 경이로울 수밖에 없다. 그처럼 우리가 살아가는 지구 외에도 외계의 우주아들이 존재한다는 사실이 세상에 나돌면서 많은 사람들의 관심을 끌고 있다.

거기에 대한 뉴스의 기사가 〈에일리언의 아이를 맡은 클린턴 부부〉라는 제목으로 눈길을 끌게 했다.

UFO연구가 나사니엘 딘 씨가 그 사진까지 입수해 1993년 6월 8일 공개했다는 내용이다. 클린턴 대통령과 힐러리 여사가 에일리언의 아기를 은밀히 맡아 백악관에서 기르려는 놀라운 계획이 폭로되었다고 한다.

그 아기는 1993년 1월 아칸소 주의 오자크 산맥에 추락한 UFO 생존자 중한 명으로 당시 생후 4 ~ 5개월이었다. 이 아기는 1992년 8월 민주당 대회에서 은밀히 클린턴 대통령과 회담한 에일리언을 쏙 빼닮았다고 한다. 아직 클린턴 부부는 에일리언 아기의 입양에 대해서 코멘트를 피하고 있지만, 백악관에서는 공식적으로 사진을 촬영하고, 그 사진을 딘 씨가 입수하여 공개하였다고 한다.

이 기사와 함께 에일리언 아이를 안고 있는 힐러리 여사의 사진이 크게 실려 공개되었다. 힐러리 여사의 품에 평화롭게 안겨 있는 이 에일리언 아이의 모습은 지구인보다도 눈이 두세 배는 크고, 윗 눈썹 대신에 눈두덩이 불거져 보이는 데다가 두 귀 또한 지구인과는 다른 모습이었으나, 전체적으로는 사람 모습을 갖추고 있었다고 한다.

물론 세인들이 믿거나 말거나이지만, 어쨌든 이스라엘의 한 동굴에서 발견됐다는 우주인 아이의 시체인 미이라와 함께 우주선의 추락한 잔해가 발견되었다고 하여 4천 년 전 우주인이 지구에 내방했다는 증거라고 그렇게 흥분할 일만은 아니다. 구약성서 속에서 수없이 많은 우주아들의 방문과 그들의 행사 기록을 익히 읽어 왔기 때문이다. 다만 그것을 읽는 기독교인들이 '우주아'들과는 동떨어진 영적 존재의 하나님 세계관으로 주입되어 믿고 있다는 것뿐이다.

과거에 그처럼 인간의 생활 속에서 함께 어우러졌던 우주아들은 오늘날에도 가끔씩 그 모습을 비공식으로 드러내면서 화제가 되고 있을 뿐이다.

그 원인은 물론 성서학자들의 원시적인 성서풀이에 의해 전파되어 왔기 때문이기도 하지만, 어쨌거나 서양 문화권에서 구약과 신약을 하나의 세계관으로 묶어 전파하고 있는 성서 해석의 오류는 그것뿐만이 아니다.

물론 그것은 성서학자들의 유일신론의 무지에서 비롯된 것이지만, 인간의 물리적인 죽음 사후에 관해서도 천국과 지옥으로 양분되는 흑백논리의 개념이다.

그렇다면 죄질이 무거운 흉악한 큰 범죄인이나 죄질이 그보다 가벼운 범죄인이 몰아서 같은 불지옥으로 똑 같이 던져지는 것이라면, 인간 세상의 법보다도 하늘나라 심판이 더욱 불공평하다고 할 수밖에 없을 것이다.

그것은 이론적으로나 상식적으로 이치에 맞지 않는 것만큼은 사실이다. 오류는 그것뿐이 아니다. 신의 개념에 대한 문제도 그처럼 논리적이지 못한 유일신론을 주장하고 있다. 그러한 성서학자들의 주장은

다른 항성에 지구인과 같은 생명체들이 살고 있다는 것이 서서히 입증
되어지고 있는 현실에서 유일신 사상의 붕괴는 물론, 인간의 독보성과
긍지마저 반납해야 하는 결과를 초래할 수밖에 없을 것이다.

그것은 이제까지 이루어진 서양 민족정신의 말살이며, 붕괴를 의미
하는 것이기 때문에 미 정부는 그것을 우려하고 있는 것인지도 모른
다.

하지만 우주시대를 열어가는 현대인은 외계문명뿐 아니라 지저문명
에 대한 관심도 점점 높아져가고 있다. 특히 배달민족의 설화에서는
영대는 하늘 위에도 있지만, 수중 영대가 있는데, 수중 영대로는 동해
용궁을 꼽았고, 또 지하 영대로는 장엄한 연화장 세계가 있다고 전해
져 왔다.

또한 열자 탕문편 8장을 보면 북해 북쪽에 자리 잡고 있는 꿈의 낙원
종북국을 우 임금 9년 치수 사업을 할 때 가보았다는 기록이 있다. 또
한 주나라 추왕은 우연히 북쪽을 여행하다가 북국의 낙원 종북국에 들
어가서 3년간 생활을 하고 돌아왔는데, 그곳을 사모하는 마음을 지우
려는데 무려 두 달이 걸렸다고 했다.

설화를 벗어나 지구 공동설은 이미 과학자들 사이에서 인정되기도
했다. 과학자들은 지구 중심부가 비어 있을 가능성이 있다는 것으로,
그것은 지구 화생시 최초의 소용돌이 운동에 의해서 이루어졌을 것으
로 보고 있다. 지구 양극에 거대한 구멍이 뚫려 있어, 이 구멍이 열리는
때를 틈타 지하의 대왕국(아갈타)을 다녀온 사람들의 전설 같은 이야
기들도 에녹이 천상을 다녀왔다는 기록이나 마찬가지로 전해져 왔다.

서양에서 이 지구공동설은 지금으로부터 약 3백 년 전인 1692년 영
국의 헬리 혜성 발견자에 의해 처음으로 제기되었다. 성서 기록에도

분명히 "하늘 위에나, 땅 위에나, 땅 아래……"라고 적혀 있는 것이고 보면, 지저문명의 존재에 대한 가능성은 더욱 그 신빙성이 더해진다.

그런가 하며, 석가 불경에서는 구천 하늘이 있음을 적어 두고 있다. 우선 영대의 신들이 거하는 백옥경이 있고, 신계의 상제들이 거주하는 천계는 백옥경을 중심으로 각색 종족신의 상제들이 각기 그 천궁(백옥경)을 떠받들고 있는 사왕천을 비롯하여 도리천, 아마천, 도솔천, 화락천, 생천, 광과천, 무상천, 무번천, 무열천, 선견천, 선현천, 색구경천 등으로 이루어져 있으며, 이곳이 신들이 각기 정부를 이루고 있는 세계로 이 하늘을 공거천이라고 한다.

이렇게 구천으로 나누어진 세계마다 그 신의 역할이 다르며, 인간 중생들이 육신이라는 무거운 옷을 그 수명이 다하여 벗었을 때, 그 속 사람 영혼 닦음의 기운만큼 인도되어 가서 머무는 세계가 다르다는 것이고 보면, 단지 이분법으로 지옥과 천당으로만 나누어진 기독교리보다 논리적이며 상식적이라고 할 수 있다.

불교에서 말하는 사후의 세계는 인과응보법칙에 의해 다시 복제(환생)시키는 사명의 신이나 그 밖의 역할을 맡은 신, 말하자면 생명을 심어주는 신과 거두어 가는 신의 세계가 엄연히 나누어져 있다.

뿐만 아니라 불교에서는 땅의 모든 변화 이치를 다스리는 지신과 물속을 다스리는 수중신의 세계까지를 나누어 세분하고 있는 것으로, 서양문화권의 단순한 천당과 지옥으로 양분된 세계관하고는 엄청난 차이를 보이고 있다.

하지만 이제 천상의 신들이 각자의 사명으로 심어 놓은 인간 종자들은 그들 조상신의 음덕으로 어쨌거나 진보 발전하여 보이지 않는 신의 세계를 찾아 나설 만큼 성숙되어졌고, 또 그 지각이 깨우쳐진 만큼 땅

밑에 우리 인간과 같은 생명체들이 우주아(宇宙兒)로 마주보면서 살아가고 있다는 사실도 알아내기에 이른 것이다. 하지만 놀라운 것은 성서는 우주의 그 모든 비밀을 다 기록해 두고 있는 것으로, 하늘에서 쫓겨난 '어둠의 권세자' 들이 어떠한 모습으로 행사를 할 것인지도 예언적으로 기록해 두고 있다.(요한 계시록 13장 1 ~ 2)

† 내가 보니 바다에서 한 짐승이 나오는데 뿔이 열이요, 머리가 일곱이라. 그 뿔에는 열 면류관이 있고, 그 머리들에는 참람된 이름들이 있더라. 내가 본 짐승은 표범과 비슷하고 그 발은 곰의 발 같고 그 입은 사자의 입 같은데 용이 자기의 능력과 보좌와 큰 권세를 그에게 주었더라.

이 성구는 바다에서 나오는 짐승에게 능력과 보좌와 큰 권세가 있더라고 했다. 그로 미루어 볼 때, 어둠의 세력들은 하늘과 땅, 그리고 바다 밑에까지 그들의 정부를 이루고 있으면서 그들의 능력을 행사하는 것이고 보면, 대서양의 '마의 삼각해역' 이 그들이 기운을 펴고 있는 '죽음의 트라이앵글' 이 아닐까 하는 생각을 해보게 된다.

그러한 '어둠의 권세자' 사단의 무리와는 달리 하늘의 질서를 지키는 선신들은 천도의 변화 섭리에 따라 지구 성자들의 진리의 시대가 열리면서 제 위치로 돌아가 그 모습을 나타내지 않고 있는 것이라고 할 수 있다. 도의 변화는 하늘의 질서이기 때문이다.

그러나 어둠의 세력 악신들은 지구에 뿌려 놓았던 그들 어둠의 자식들과 지속적인 교감을 주고받으며 어둠의 역사를 이루어 나가고 있음을 성서 기록을 통해 짐작해 볼 수 있게 한다.

그러한 어둠의 자식들이 그리스도가 원하는 인류 평화보다는 전쟁을 즐기면서 그들의 조상신이 내려 보낸 감응으로 허상의 신, 사이비 종교를 만들어 할 수만 있으면 선택받은 자라도 그 영혼을 도륙하려 한다는 것을 성자 예수께서 예언으로 하신 말씀이다.

그처럼 어둠의 자식들이 미래에 어떠한 일을 행하는지를 성서는 또 예언해 두고 있다.(요한 계시록 6장 3 ~ 4절)

† 둘째 인을 떼실 때에 내가 들으니 둘째 생물이 말하되, 오라 하더니 이에 붉은 다른 말이 나오더라. 그 탄자가 허락을 받아 땅에서 화평을 제하여 버리며 서로 죽이게 하고 또 큰 칼을 받았더라.

그들 사단의 무리들이 어떠한 모습으로 행사하는지 다음 성구가 분명히 밝혀 두고 있다.(요한 계시록 9장 7 ~ 11절)

† 황충들의 모양은 전쟁을 위하여 예비한 말들 같고, 그 머리에 금 같은 면류관 비슷한 것을 썼으며, 그 얼굴은 사람의 얼굴 같고, 또 여자의 머리털 같은 머리털이 있고, 그 이는 사자의 이 같으며 또 철 흉갑 같은 흉갑이 있고, 그 날개들의 소리는 병거와 많은 말들이 전장으로 달려 들어가는 소리 같으며 또 전갈과 같은 꼬리와 쏘는 화살이 있어 그 꼬리에는 다섯 달 동안 사람들을 해하는 권세가 있더라. 저희에게 임금이 있으니 무저갱의 사자라. 히브리 음으로 이름은 아바돈이요, 헬라 음으로 이름은 아볼루온이더라.

이렇게 성구는 어둠의 권세자들도 임금이 있으며, 하늘에서 쫓겨난 그들은 지구와는 또 다른 항성(별)에 그들의 정부를 두고 있는데, 사람의 얼굴 같고 또 여자와 같은 긴 머리털을 하고 있다고 했다. 이들의 준비된 전쟁무기들의 묘사가 '그 날개들의 소리는 병거와 많은 전장으로 달려 들어가는 소리 같으며……' 또 '철 흉갑 같은 흉갑이 있고'에서 보이듯이, 그들이 매우 진보된 천상의 우주선 비행물체들을 보유하고 있음을 나타내 준다. 뿐만 아니라 그 어둠의 세력들은 세상 끝에 지구를 어떻게 혼돈시킬 것인가를 다음 성구가 기록하고 있다.(요한 계시록 6장 7 ~ 8)

✝ 넷째 인을 떼실 때에 내가 넷째 생물의 음성을 들으니 가로되, 오라 하기로 내가 보매 청황색 말이 나오는데 그 탄자의 이름은 사망이니 음부가 그 뒤를 따르더라. 저희가 땅 사분 일의 권세를 얻어 검과 흉년과 사망과 땅의 짐승으로써 죽이더라.

그들 어둠의 세력이 땅에 전쟁을 일으키고 흉년이 들게 하여 많은 사람들을 사망에 이르게 한다는 예언의 계시다. 또 그들은 전쟁과 기근뿐 아니라 진리 아닌 허상의 사교를 만들어 사람들에게 영생수가 아닌 영혼을 고갈시키는 '쑥물'을 먹게 한다는 것이다. 그 기록이다.(요한 계시록 8장 10 ~ 11)

✝ 셋째 천사가 나팔을 부니 횃불같이 타는 큰 별이 하늘에서 떨어져 강들의 삼분의 일과 여러 물샘에 떨어지니 이 별 이름은 쑥물이라, 물들의 삼분의 일이 쑥이 되매 그 물들이 쓰게 됨을 인하여 많은 사람이 죽더라.

여기에서 여러 샘물에 떨어져 물들을 쓰게 하여 많은 사람들을 죽인다는 별의 이름이 '쑥'이라고 했다. 참된 진리의 말씀을 '샘물'로 비유하고 있는 것으로, 쑥은 사단이며, 큰 권세자임을 큰 별로 나타내고 있다. 바로 그것이 말세의 현상임을 기록하고 있다. 오늘 우리가 사는 세상에는 이 땅에 와서 진리를 가르친 성자들의 말을 왜곡하여 혹세무민하는 거짓된 성직자와 종교 장사꾼들로 하여 부패의 극으로 치닫고 있다고 해도 과언은 아니다.

그들은 우매하고 선량한 신도들 생명의 피로 자신들의 가죽배를 불리는 흡혈귀로, 곧 성구가 예언해 둔 어둠의 자식들이다. 그들의 특징은 오직 그들에게 있다는 신의 능력에 의지해야 한다는 맹신을 주입시킴으로 심지어는 신체적으로 들어오는 질병까지도 그러한 정신에 의지하게 한다는 사실이다.

그러한 어둠의 세력들은 그들이 뿌려 놓은 악의 종자 씨들을 감응으로 움직여 그들의 요구를 이룬다는 예언이다. 이 어둠의 권세자들이 하늘의 질서를 어지럽히고 한때는 갇혀 있었으나 잠시 놓여나서 또 그같은 여러 가지 사망의 행위를 땅 위에서 할 것을 기록해 두고 있다.(요한 계시록 9장 13 ~ 19)

† 여섯째 천사가 나팔을 불매 내가 들으니 하나님 앞 금단 네 뿔에서 한 음성이 나서 나팔 가진 여섯째 천사에게 말하기를 큰 강 유브라데에 결박한 천사를 놓아 주라 하매 네 천사가 놓였으니, 그들은 그 년월일시에 이르러 사람 삼분의 일을 죽이기로 예비한 자들이더라. 마병대의 수는 이만만이니 내가 그들의 수를 들었노라. 이같이 이상한 가운데 그 말들과 그 탄자들을 보니 불빛과 자줏빛과 유황빛 흉갑이 있고, 또 말들의 머리는 사자 같고, 그 입에서는 불과 연기와 유황이 나오더라. 이 세 재앙

곧 저희 입에서 나오는 불과 연기와 유황을 인하여 사람 삼분의 일이 죽임을 당하니라. 이 말들의 힘은 그 입과 그 꼬리에 있으니 그 꼬리는 뱀 같고 또 꼬리에 머리가 있어 이것으로 해하더라.

이 예언의 성구에서 입과 꼬리의 능력은 사단의 간교한 술수를 나타내는 것이다. 그처럼 간교한 어둠의 자식들의 술수에 넘어가지 않기 위해서는 성자들이 말씀으로 두고 간 경전의 진리를 바르게 이해하지 않으면 안 된다. 그들의 능력이 '입'에 있어 많은 사람들을 현혹시켜 죽이고, 그들 어둠의 세력에 죽임을 당한 어린 양(예수)의 생명책에 기록되지 않은 사람들이 결국 그들의 술수에 넘어가게 된다는 것을 기록해 두고 있다.

그러므로 말세에 이르러 더욱 기승을 부리는 거짓된 자들과 '생명줄'이라는 참 진리를 잘 분별해야 됨을 다음 성구가 기록하고 있다.(요한 계시록 13장 5~10)

† 또 짐승이 큰 말과 참람된 말하는 입을 받고 또 마흔 두 달 동안 일할 권세를 받으리라. 짐승이 입을 벌려 하나님을 향하여 훼방하되 그의 이름과 그의 장막 곧 하늘에 거하는 자들을 훼방하더라. 또 권세를 받아 성도들과 싸워 이기게 되고 각 족속과 백성과 방언과 나라를 다스리는 권세를 받으니 죽임을 당한 어린양 생명책에 창세 이후로 녹명되지 못하고 이 땅에 사는 자들은 다 짐승에게 경배하리라. 누구든지 귀가 있거든 들을지어다. 사로잡는 자는 사로잡힐 것이요, 칼로 죽이는 자는 자기도 마땅히 칼에 죽으리니 성도들의 인내와 믿음이 여기 있느니라.

이렇게 성경은 처음 시작에서 마지막 장까지 빛의 존재가 있고, 어둠의 존재가 있어, 그 권세가 역사할 것임을 기록해 두고 있다. 어둠은 빛의 존재를 더욱 드러나게 하는 쓰임의 도구로써 그 역할을 하는 것으로, 빛의 아들들의 자성을 키워내기 위해 이 어둠의 권세자들을 심판의 그날까지 둔다는 것을 예수께서는 말씀해 두고 있었다.

그렇다. 우리 인간은 무지의 원시시대를 거쳐 구석기, 신석기, 청동기 시대를 지나오는 동안 인간 무지를 깨우치게 하는, 초등학문을 하늘 사람들을 통해서 가르침을 받아왔다. 그러한 선천의 구약시대가 있었으며, 단계적 시대변화로 본체신의 성품을 깨닫게 하는 성자들의 진리의 시대로 인류 정신문화는 진보하고 발전되어 나온 것이다.

그래서 지구촌 5색 인종의 창조신이 각기 존재해 오던 다신숭배의 한 시대가 이미 2천 년 전으로 마감했던 것이다. 이러한 시대 변화를 오늘 우리는 성서를 통해 새롭게 조명해 봄으로써, 바로 내가 천상천하 유아독존하는 진리의 하나님 그 소생이라는 사실을 새삼 깨달을 수 있게 된다는 사실이다.

그러한 지혜의 눈뜸이 우주보다 귀하다는 바로 내 한 생명을 구원할 수 있는 기적이 될 것이다. 그 기적의 축복을 내려 주기 위해서 인생 한 생의 삶은 인내를 요구하는 고통을 맛보게 한다는 것이 성현들의 말씀으로, 인간 종자씨가 봄, 여름, 가을, 겨울로 단계적 계절변화를 거치면서, 어둠이라는 천둥 먹구름 속에 몸살을 앓게 한 것은 알곡으로 익으라는 천부(天父)의 자연 농사지도로써 섭리며, 이 도의 섭리를 공자께서는 격물치지하여 보라고 한 것이다.

그와 같은 이치의 말씀은 일대사를 인연하여 이 땅에 출현했던 성현들 모두가 한결 같은 가르침이었던 것으로, 하나님의 종이라는 천상의 신들이 지구에 내려와 심어 놓은 인간 '종자씨'들에게 자성을 깨우치게 하기 위한 '생명수'라는 것이며, 또한 감로수로 "먹고 마시는 자는 살아나리라" 하신 그 말씀이 진리라는 것이었다.

그 진리의 말씀을 들어 깨달음을 얻고 그 자성이 우주의식으로 상승되어진 사람, 그들이 바로 성현의 반열에 오르게 된다는 신인으로, 이 땅에서 지상낙원 세계를 열어가게 된다는 하나님의 '종자씨'라는 것이다. 이렇게 말세에 신의 성품을 이룬 신인들이 또한 불교 경전이 말하는 미륵 용화세계로, 천지인의 삼천대세계가 '하나'가 된다는 우주 통일이며, "나는 처음과 끝이라"고 하신 알파와 오메가 하나님의 성공 시대라는 것이다.

그런데 오늘 종교인들의 모습은 어떠한가?

그들 예배의 대상으로부터 복을 구하기 위해 제사 형식의 온갖 행위로 스스로를 치장하며 거기에서 위안을 얻는 미신적인 신앙의 모습을 보게 된다. 그리고 그보다 더 나쁜 미신은 자기가 믿는 신이야말로 최고의 신으로 손꼽는다는 데 있다. 그러나 대우주적인 하나님의 진리는 인간 영혼을 성숙시키고자 하는 데 그 목적이 있는 것으로, 천상세계와 고리를 잇고 있는 인간 세상은 태초 본자연하신 조화주 하나님의 유일한 법칙을 따르고 있을 뿐임을 보여주고 있다.

그러므로 진리는 하늘과 땅의 가르침으로 여러 갈래로 분파되어 있는 것 같으나, 완전한 도의 목적은 우주 존재 속에 하나로 집결되는 우주 이성으로, 그것이 단 '하나' 태초의 빛이며 진리의 결과체라는 것을 성경 신·구약을 통해 보다 진실하게 밝혀보게 해주고 있다. 태초의 하나님 그 우주신도의 역사를……

에필로그

우주통일시대
α & Ω 처음과 끝

인간은 왜 이 세상에 태어났으며, 이 세상에 태어난 인간의 운명
이란 과연 무엇인가?

우리가 알고 있는 기독교의 창시자 예수 그리스도 역시 그가 운명적
으로 짊어져야 했다는 십자가의 고난 앞에서 인간 육신의 고뇌를 토해
냈음을 분명히 보여줌과 동시에 그것이 하늘 아버지의 뜻이므로 따르
겠다는 순종하는 아들의 모습을 보여준다.

"아버지여, 만일 아버지의 뜻이거든 이 잔을 내게서 옮기시옵소서,
그러나 내 뜻대로 마옵시고 아버지의 원대로 되기를 원하나이다."

이렇게 하느님은 각 사람에게 감당할 만한 십자가 이외는 주지 않는
다는 것으로, 사람마다 크고 작은 그릇의 분량만큼 주어진 제몫의 '십
자가' 라는 고통이 있음을, 그것이 인간 숙명으로 타고난 탯줄에 감겨
나온다는 말이 아니겠는가 싶다.

숙명이라는 업장, 그것이 천명이라는 것이기에 예수께서는 '그 십자가를 지고 나를 따르라' 하셨음이다. 이렇게 인간은 하늘이 내려준 세상이라는 텃밭에서 속사람인 마음씨를 잘 닦고 영혼 에너지가 성숙해야만 영생한다는 진리의 하나님, 그 '빛'의 아들로서 성현의 반열에 오르게 됨을 말씀해 주신 것이다. 바로 그것이다. 이 세상에 태어난 인간은 누구나 나름대로 숙명적으로 무겁게 짐 지워진 십자가가 있음을, 그것이 만세 전에 이미 각 사람에게 정해져 있는 삶의 무게임을 신약성서는 분명히 기록해 두고 있다.

만세 전에 이미 예정되어 있었다는 예수 그리스도의 십자가 고난, 그것이 인류에게 모델이 되어 보여준 성서적인 교훈으로 어떠한 운명에도 우연이란 없음을 그처럼 보여준 것이라고 하겠다. 이것이 또한 불교의 스승 붓다의 인연법에 의한 연기법으로 연을 알면 도를 통한다는 말씀을 하셨던 것이고 보면 더욱 그렇다는 생각이다.

나 또한 이 글을 쓰게 되기까지 내가 살아온 삶의 길에서 진리의 무지로 시행착오를 거듭하면서, 그때마다 "진정으로 하나님은 살아 계시는 겁니까?" 하는 원망의 소리를 하늘을 향해 얼마나 쏘아 올렸는지 모른다. 그것은 분명히 진리를 바로 알지 못했던 어리석음의 무지가 만들어낸 결과로 그 뒷자리에 남겨진 것은 확신 없는 구원에 영육으로 안겨준 상처 투성이 신음뿐이었기 때문이다.

그러나 그 고통의 신음은 마침내 이 글을 쓸 수 있게 해준 축복으로 슬픔이 영혼을 성숙시킨다는 뜻에서 "심령이 가난한 자는 복이 있나니……" 하신 예수 그리스도의 말씀을 다시 떠올려 보게 한다.

그토록 '어디에 참된 불빛 없는가' 하고 방황하며 두리번거리던 내 눈물이 이처럼 《우주통일시대, 알파와 오메가》 인류 구원이라는 그리스도의 진리를 바로 보며 깨닫게 해주었기 때문이다.

이 커다란 축복을 확신 없는 믿음에 목말라 하는 우리 이웃들에게 귀 띔해 주고 싶다. 그것이 어쩌면 하늘이 정해준 내 운명 같은 것이었다 고 믿으면서 독자들과 함께 하고 싶은 아침 햇살이 더 없이 눈부시다. 더 없이 맑고 청명한 진리처럼, 그 태초의 말씀처럼……

우주통일시대 α&Ω

지은이 / 한승연
펴낸이 / 김재엽
펴낸곳 / **한누리미디어**
디자인 / 지선숙

·

121-840, 서울시 마포구 서교동 395-13 서원빌딩 3층
전화 / (02)379-4514, 379-4519
Fax / (02)379-4516
E-mail/hannury2003@hanmail.net

·

신고번호 / 제300-2006-61호
등록일 / 1993. 11. 4

·

초판발행일 / 2008년 5월 26일

값 12,000원

·

※잘못된 책은 바꿔드립니다.

·

ISBN 978-89-7969-321-8 03210